CRÍTICA DO FASCISMO

Alysson Leandro Mascaro

CRÍTICA DO FASCISMO

© Boitempo, 2022
© Alysson Leandro Mascaro, 2022

Direção-geral	Ivana Jinkings
Edição	Frank de Oliveira
Coordenação de produção	Livia Campos
Assistência editorial	João Cândido Maia
Preparação	Trisco Comunicação
Revisão	Sílvia Balderama Nara
Diagramação e capa	Antonio Kehl

Capa: Destruição de símbolos fascistas em Milão após a queda de Mussolini, 1943 (Maria Castell/Wikimedia Commons)
Contracapa: Multidão reunida na praça de Loreto, em Milão (Itália), observa os corpos de Benito Mussolini, de sua amante Claretta Petacci e de outros fascistas após estes serem executados, em 1945 (Enciclopédia Britannica)

Equipe de apoio Camila Nakazone, Elaine Ramos, Erica Imolene, Frederico Indiani, Higor Alves, Isabella Meucci, Ivam Oliveira, Kim Doria, Lígia Colares, Luciana Capelli, Marcos Duarte, Marina Valeriano, Marissol Robles, Maurício Barbosa, Pedro Davoglio, Raí Alves, Thais Rimkus, Tulio Candiotto, Uva Costriuba

CIP-BRASIL. CATALOGAÇÃO NA PUBLICAÇÃO
SINDICATO NACIONAL DOS EDITORES DE LIVROS, RJ

M362c

Mascaro, Alysson Leandro
  Crítica do fascismo / Alysson Leandro Mascaro. - 1. ed. - São Paulo : Boitempo, 2022.

  Inclui bibliografia
  ISBN 978-65-5717-177-6

  1. Fascismo. 2. Comunismo 3. Socialismo. 4. Capitalismo. I. Título.

22-79434
CDD: 335.6
CDU: 330.85

Meri Gleice Rodrigues de Souza - Bibliotecária - CRB-7/6439

É vedada a reprodução de qualquer
parte deste livro sem a expressa autorização da editora.

1ª edição: setembro de 2022;
1ª reimpressão: dezembro de 2022; 2ª reimpressão: agosto de 2023

BOITEMPO
Jinkings Editores Associados Ltda.
Rua Pereira Leite, 373
05442-000 São Paulo SP
Tel.: (11) 3875-7250 / 3875-7285
editor@boitempoeditorial.com.br
boitempoeditorial.com.br | blogdaboitempo.com.br
facebook.com/boitempo | twitter.com/editoraboitempo
youtube.com/tvboitempo | instagram.com/boitempo

Sumário

Introdução 7

1. Crítica do fascismo 13
   Leituras juspositivistas do fascismo 15
   Leituras não juspositivistas do fascismo 19
   Leituras marxistas do fascismo 23

2. O marxismo, Weimar e o nazismo 41
   Da Segunda Internacional a Weimar 42
   Marxismo e Weimar ao tempo 48
   De Weimar ao nazismo: balanços marxistas 57

3. Pachukanis e o fascismo 69

4. Gabriele D'Annunzio 85
   O mito D'Annunzio 85
   D'Annunzio literato 89
   Fiume e Carnaro 97

5. Fascismo e subjetividade jurídica 105
   A crítica da subjetividade jurídica 105
   A crítica do fascismo 108
   Teorias marxistas sobre o fascismo no tempo 111
   Teorias marxistas posteriores sobre o fascismo 116
   Fascismo e formas sociais 119

6. Em defesa das causas perdidas 123
    Os passos e suas direções 125
    O que se há de fazer? 128

7. Direitos humanos: uma crítica marxista 131
    Direitos humanos e pensamento jurídico 133
    Direitos humanos e direitos subjetivos 136
    Direitos humanos e reprodução capitalista 138
    O conteúdo dos direitos humanos 140
    O processo histórico dos direitos humanos 143
    Revolução e direitos humanos 147
    Direitos humanos e dignidade humana 148

Referências bibliográficas 151

Introdução

Em outubro de 1922, numa apresentação farsesca, Mussolini marcha sobre Roma. Mais de duas décadas depois, a empreitada termina com a também farsesca República de Salò. Primeiro e ao fim a farsa; no meio, a tragédia. Ocorre que o trágico não está totalmente encerrado nesses marcos de farsas, que não lhe são derradeiros. Horrores outros já existiam e continuaram existindo. Além disso, a própria tragédia nazifascista, tal como se apresentou, pode voltar a qualquer tempo na sociabilidade capitalista. Por tal razão, já com um século de fascismo, é fundamental inscrever sua crítica em bases materiais, compreendendo suas formas sociais e daí a insuficiência de muito do combate a seus sintomas e efeitos.

A posição crítica em relação ao fascismo, embora majoritariamente espraiada pelo mundo desde o final da Segunda Guerra Mundial até hoje, é fingida ou frágil. Fingida da parte das classes burguesas e de seus asseclas que controlam a ideologia das sociedades capitalistas – parte dos intelectuais, os meios de comunicação de massa, as religiões, as forças armadas –, dado que, para a sustentação da exploração e da dominação do capital, essas classes e setores retornam sem peias a posições fascistas. Frágil nos setores da classe trabalhadora e também dos intelectuais que se fiam na denúncia moral dos fascistas – apelo às consciências, mesmo após Freud, com a descoberta do inconsciente, e Althusser, com a materialidade da ideologia – ou no louvor às instituições como modo de combater o fenômeno – ilusões juspositivistas e liberais. Não compreender a íntima conexão entre fascismo e capitalismo é desconhecer a plena possibilidade de sua recorrência. E, de fato, após Auschwitz, um mundo de outros horrores, não necessariamente comparáveis nem similares, mas mesmo assim horrores, é reiterado. Em favor da exploração capitalista e de suas classes, grupos e estamentos dominantes, o reacionarismo é seu padrão sempre possível e reclamado.

É preciso afirmar – como, além de tantos outros, Max Horkheimer bradara em meados do século XX – que a crítica mais importante e material ao fascismo envolve, inexoravelmente, a superação do modo de produção que lhe gesta. Ser antifascista envolve valer-se de dispositivos de luta específicos para o combate a seus particulares males, mas é, necessariamente, ser anticapitalista – socialista, pois.

É meu intento consolidar, neste livro, esse vasto e mais decisivo conjunto de análises e teorias a respeito do nazismo e do fascismo. Também é meu propósito estabelecer um sistema sobre tal conjunto secular de críticas, posicionando as visões marxistas em face daquelas liberais (juspositivistas) e das não liberais (não juspositivistas). O nazifascismo é objeto central das ocupações teóricas marxistas desde seu despontar. No primeiro capítulo desta obra, proponho duas formas de sistematização da crítica marxista ao nazifascismo, uma delas cronológica, a outra temática. Além disso, busco consolidar as leituras críticas a respeito do fenômeno estabelecendo uma topografia de seus pensadores – como o próprio Horkheimer dando-lhe o pano de fundo e Nicos Poulantzas seu contorno específico – e resgatando e acoplando a tal sistema contributos como os de Evguiéni Pachukanis, Alfred Sohn-Rethel e Charles Bettelheim, entre tantos outros. Além de demais estudos acerca do tema – como a investigação a respeito de Gabriele D'Annunzio ou a leitura dissociativa entre socialismo e nazismo feita por Slavoj Žižek –, trago ainda as reflexões a respeito dos limites dos instrumentos jurídicos como mecanismos de combate ao nazifascismo, demonstrando a natureza da forma de subjetividade jurídica e da ideologia dos direitos humanos.

O primeiro capítulo, "Crítica do fascismo", que dá inclusive título ao livro, estabelece e estrutura tal sistema teórico. No segundo capítulo, "O marxismo, Weimar e o nazismo", desenvolvo a crítica marxista à experiência alemã da República de Weimar e ao nazismo, tanto aquela que se deu concomitantemente aos fatos quanto, também, a dos balanços posteriores a sua ocorrência. O terceiro capítulo, "Pachukanis e o fascismo", apresenta o importante conjunto de textos do jurista soviético a respeito dos casos italiano e alemão. No quarto capítulo, "Gabriele D'Annunzio", resgato o personagem mais emblemático prévio ao fascismo, que deu base mesmo a boa parte dos horizontes e da simbologia do movimento de Mussolini, e desenvolvo as contraditórias facetas de sua obra e de sua política. O quinto capítulo, "Fascismo e subjetividade jurídica", trata da relação entre a crítica marxista do nazifascismo e a crítica às ilusões jurídicas como armas de combate ao reacionarismo. O sexto capítulo, "Em defesa das causas perdidas", apresenta a reflexão žižekiana acerca do resgate dos horizontes socialistas e de seu pleno contraste com o fascismo. No sétimo e derradeiro capítulo, "Direitos humanos: uma crítica marxista", sistematizo a compreensão crítica a respeito dos direitos humanos, demonstrando seus limites e contradições e, ainda, expondo os horizontes materiais de defesa da dignidade humana.

Publicam-se aqui, originalmente, os capítulos "Crítica do fascismo", "Gabriele D'Annunzio" e "Fascismo e subjetividade jurídica". "O marxismo, Weimar e o nazismo" veio a lume, originalmente, no importante livro *Cem anos da Constituição de Weimar (1919-2019)*, organizado por Gilberto Bercovici e lançado em 2019 pela Editora Quartier Latin do Brasil. "Pachukanis e o fascismo" é, originalmente, o prefácio do livro *Fascismo*, de Evguiéni B. Pachukanis, coletânea que organizei e foi publicada pela Boitempo Editorial em 2020. "Em defesa das causas perdidas", é o texto do prefácio que fiz para o livro *Em defesa das causas perdidas*, de Slavoj Žižek, também publicado pela Boitempo Editorial em 2011. "Direitos humanos: uma crítica marxista" saiu, primeiramente, na revista *Lua Nova*, n. 101, de 2017. No presente livro, as citações de trechos de obras referenciadas em italiano, alemão, francês, espanhol e inglês foram traduzidas por mim.

Tema recorrente em minhas preocupações teóricas, atividades universitárias e intervenções públicas, o fascismo perpassa também várias discussões de filósofos e sociólogos de que trato nos livros *Filosofia do direito* e *Sociologia do direito* (ambos publicados pela GEN-Atlas). Tal tema se acopla, ainda, às reflexões que desenvolvo em *Estado e forma política* e *Crise e golpe* (publicados pela Boitempo Editorial) a respeito das formas sociais do capitalismo, sua dinâmica e sua crise. No grupo de pesquisa que lidero na Faculdade de Direito da Universidade de São Paulo, Crítica do Direito e Subjetividade Jurídica, tratei do tema do fascismo no ano de 2019. Em 2020, o primeiro seminário internacional do grupo de pesquisa teve por temática "Análise estrutural do fascismo". O evento contou também com o apoio da TV Boitempo, que transmitiu ao vivo suas conferências e mesas de debate, disponibilizando-as posteriormente ao público interessado, alcançando, desde então, expressiva visualização. "Fascismo e subjetividade jurídica", que aqui se publica, é a transcrição de minha conferência na abertura desse seminário, em 27 de julho de 2020. Busquei manter, na forma de texto, a maior fidelidade possível à fala original e as características de sua oralidade. Agradeço a Reginaldo Gomes pela sua prestimosa transcrição. Ainda dentre outras atividades universitárias tratando do tema do fascismo, orientei, na Faculdade de Direito da USP, a importante tese de doutorado de Camila Alves Hessel Reimberg, que teve por título "Crítica marxista do fascismo: encruzilhadas do capitalismo e do direito", defendida neste ano de 2022.

Dedico este livro a Jeannette Antonios Maman, Ari Marcelo Solon e Gilberto Bercovici. Dedico-o também a Luiz Roberto Benatti. E, por estas páginas, a todas e todos que no passado tombaram sob as dores do flagelo.

Em mais um tempo no qual cresce o reacionarismo, não é possível continuar opondo à exploração, às dominações e às opressões o clamor moral ou a aposta de que as instituições lhes serão barreiras, sendo estas, pelo contrário, exatamente um de seus mecanismos e sendo o clamor moral um de seus combustíveis. A ciência sobre o fascismo é a ciência sobre a transformação da sociabilidade que lhe dá base e ensejo. A crítica material há de se abrir para a ação materialmente decisiva, a fim de que a história do fascismo venha a ser, um dia, pré-história da humanidade. Sejam estas páginas a fusão da utopia benjaminiana de honrar os que no passado foram vilipendiados, perseguidos, oprimidos e vencidos com a esperança blochiana de que o novo é possível.

São Paulo, inverno de 2022.
O autor

Ma a che serve la luce?
Pier Paolo Pasolini, *Le Ceneri di Gramsci*

1
Crítica do fascismo

Desde há muito, os fascismos ampliaram a desgraça das sociabilidades capitalistas pelo mundo. Se é verdade que da época de seu surgimento até hoje encontraram resistências e oposições, a maior parte das críticas ao fascismo, ao não alcançar a materialidade de suas causas, contribui para sustentar as condições de possibilidade e reafirmação de tal experiência. Mediante deslocamentos ou diluições de suas razões, assim operam as leituras liberais, que insistem nas instituições políticas e jurídicas capitalistas como salvaguarda daquilo que elas próprias contribuem para gestar. Do mesmo modo operam os moralismos, via de regra tendentes à reafirmação liberal dos raros sujeitos bons contra a maioria – banalidade do mal – ou, mesmo, quando o moralismo se apresenta com pretensões realistas – fascismo eterno. Os moralismos tomam as manifestações das subjetividades constituídas sob o capitalismo como se fossem devidas à natureza humana. De um lado, o louvor idealista às instituições políticas e jurídicas liberais. De outro, a acidez de uma crítica genérica, inespecífica e incapaz de alcançar as determinações das relações sociais sob o modo de produção capitalista e suas correlatas subjetividades.

Debaixo do grande arco de tais críticas, ainda há aquelas que acabam por ser diretamente legitimadoras e sustentadoras dos fascismos. As mais abjetas delas são as que buscam igualar esses fenômenos aos socialismos. Trata-se da legitimação e da defesa do fascismo sob a desculpa de um inimigo principal do qual este seria seu gêmeo e ao mesmo tempo seu antípoda e, portanto, escusado de seus gravames pelo combate realizado contra as lutas socialistas. E, ainda, há as críticas revisionistas que buscam no parcial a contradição em face do geral e, daí, o enfraquecimento da totalização do fenômeno social do fascismo. Assim, fala-se em fascismo como remédio amargo para doenças piores ou como experiência de alcance mitigado; busca-se salvar o povo contra seus governantes, apontando-se para heroísmos e contraposições de luta como prova de que o fascismo não era totalmente dominante nas sociedades. As leituras liberais e moralistas acabam por sustentar a persistência da possibilidade do fascismo por conta da incapacidade de apreensão material de suas causas; já as leituras de extrema-direita e revisionistas são mantenedoras do fascismo em razão de diretas legitimações baseadas no inimigo maior (o socialismo) ou nos pretensos espaços e conjuntos relacionais não fascistas dentro do próprio fascismo.

Proporei que o vasto conjunto de tais visões reputadas críticas ao fascismo, que não alcançam sua materialidade histórica e social, seja perfilhado em dois grandes grupos. O primeiro deles, liberal, que gira em torno da garantia das instituições e de idealizadas boas calibragens destas. O segundo deles, não liberal, que ao cabo se revela no problema da legitimação do poder que combate o poder. Tais leituras, embora possam aportar contribuições pontuais, são deficitárias, quando não falseadoras, em face do problema do fascismo na sociabilidade contemporânea. Em meu delineamento de três caminhos da filosofia contemporânea, exposto em *Filosofia do direito*[1] com base em seus termos jurídicos – juspositivismos, não juspositivismos e crítica –, esses dois grupos de leitura sobre o fascismo exprimem diretamente dois dos três caminhos jusfilosóficos: os juspostivistas e os não juspositivistas. Será o marxismo o caminho filosófico materialmente crítico do fascismo.

Somente a compreensão da materialidade histórica e social do modo de produção capitalista enseja a crítica ao fascismo em suas causas e em sua especificidade. O marxismo permite estabelecer os nexos entre fascismo e capitalismo e disso extrair tanto o diagnóstico sobre sua manifestação no seio da sociabilidade burguesa quanto, também, a inferência do tratamento: as instituições não salvam; a genérica subjetividade é constituída ideologicamente e, portanto, forjada para a exploração, para as dominações e para as opressões, sem que reclames morais surtam efeitos decisivos. O fascismo é sempre uma possibilidade do capitalismo em sua reprodução, dadas suas contradições e crises.

As investigações, reflexões e estratégias marxistas na crítica ao fascismo são múltiplas, num conjunto vasto e mesmo dissonante em termos de análises das causas e de postulações de enfrentamentos. Têm por base comum a determinação produtiva da sociabilidade, ainda que sobredeterminada por variados fenômenos que acabam por erigir o imediato do fenômeno. Assim, é tanto fundamental unir fascismo a capitalismo quanto, também, compreender suas específicas armações que o fazem surgir apenas sob dadas situações. Dois marcos teóricos se revelam aqui incontornáveis: o conclame de Max Horkheimer a ler o fascismo necessariamente como um problema do capitalismo; a proposição de Nicos Poulantzas de que há condições políticas específicas do capitalismo nas quais a sociabilidade toma forma fascista.

---

[1] Alysson Leandro Mascaro, *Filosofia do direito* (9. ed., São Paulo, GEN-Atlas, 2022), cap. 12-15.

A articulação desses dois quadrantes teóricos é todo o engenho da mais avançada crítica materialista ao fascismo.

Leituras juspositivistas do fascismo

O fascismo é mais frequentemente lido pelo ângulo de sua crítica liberal tanto quanto é a ideologia liberal a dominante nas sociedades capitalistas. Suas bases se fundam no individualismo burguês, na função do Estado e das instituições políticas como garantes da ordem, no direito como consagrador e garantidor de direitos subjetivos e liberdades. Seu pressuposto é o de uma coesão social fundada na ficção do contrato social empreendido pelos cidadãos. Há, aqui, uma naturalização do indivíduo sob as condições do capitalismo, de tal sorte que, desde o Iluminismo moderno, despontam preocupações como aquelas da maldade ou da bondade intrínseca dos seres humanos – homem lobo do homem; homem bom corrompido pela sociedade etc. No campo da filosofia do direito, seu arcabouço teórico é o dos juspositivismos: o direito se confunde com a normatividade estatal e as relações intersubjetivas devem estar adstritas à moldura do ordenamento jurídico.

As ideologias e as leituras filosóficas liberais sobre o fascismo erigem-se sobre a mescla de defesa das instituições políticas burguesas ditas democráticas, respeitadoras dos direitos humanos, com perspectivas morais sobre o indivíduo na sociedade. Assim, os liberalismos acabam por ser ao mesmo tempo politicistas e moralistas: as instituições salvam; nenhuma luta por fora da ordem; a democracia burguesa é o valor universal; as instituições falham, mas a ausência delas é mais perigosa que seus erros; os indivíduos devem ser conclamados ao respeito aos direitos humanos; a banalidade do mal e o microfascismo só podem ser combatidos com a eterna vigilância das leis, do Estado de direito e das instituições.

No senso comum imediato da ideologia social e também no senso comum dos intelectuais, é tal horizonte liberal e juspositivista que organiza a crítica ao fascismo. Opera-se um imediato apagamento da determinação econômica e das formas sociais do capital. Os fascismos seriam devidos ao campo político e moral, não necessariamente ao econômico. Eleições, votos, fraudes, manipulações políticas, inabilidades na coesão de resistências, fraquezas judiciais e institucionais são alguns dos problemas que circunscrevem o fascismo ao campo político. Constrangido o problema, sem que se alcance sua materialidade, então o apontamento de suas resoluções só pode ser moralista: esclarecimento dos eleitores, repressão às fraudes e manipulações, superação de divergências políticas em nome do combate ao mal maior, reforço da democracia e do Estado contra extremismos, conclame à mudança da consciência social.

Se tal é o prisma médio das visões liberais a respeito do fascismo desde sua derrota até hoje, algumas leituras teóricas têm lhe servido de referencial decisivo.

De todas elas, Hannah Arendt desponta como formuladora da proposta filosófica mais nuclear de entrelaçamento entre liberalismo e clamor moral individualista. Em seu livro *Eichmann em Jerusalém*, consagra a expressão "banalidade do mal", abrindo margem a uma crítica da forja ética dos sujeitos em face dos horrores extremos, como o genocídio. Ao analisar o caso de Adolf Eichmann, carrasco nazista capturado pelos israelenses na Argentina em 1960 e conduzido a julgamento em Jerusalém, Arendt aponta para a naturalização das práticas nazistas, deslocando o problema de um campo de nítido contraste entre bem e mal para uma diluição do mal no cotidiano dos sujeitos que, na cadeia de interesses militares, profissionais, sociais, pessoais e valorativos, nem sequer percebem sua condição.

Assim Arendt se refere à banalidade do mal e a Eichmann:

> Quando falo da banalidade do mal, falo num nível estritamente factual, apontando um fenômeno que nos encarou de frente no julgamento. Eichmann não era nenhum Iago, nenhum Macbeth, e nada estaria mais distante de sua mente do que a determinação de Ricardo III de "se provar um vilão". A não ser por sua extraordinária aplicação em obter progressos pessoais, ele não tinha nenhuma motivação. E essa aplicação em si não era de forma alguma criminosa; ele certamente nunca teria matado seu superior para ficar com seu posto. Para falarmos em termos coloquiais, ele *simplesmente nunca percebeu o que estava fazendo*. Foi precisamente essa falta de imaginação que lhe permitiu sentar meses a fio na frente do judeu alemão que conduzia o interrogatório da polícia, abrindo seu coração para aquele homem e explicando insistentemente como ele conseguira chegar só à patente de tenente-coronel da SS e que não fora falha sua não ter sido promovido. Em princípio ele sabia muito bem do que se tratava, e em sua declaração final à corte, falou da "reavaliação de valores prescrita pelo governo [nazista]". Ele não era burro. Foi pura irreflexão – algo de maneira nenhuma idêntico à burrice – que o predispôs a se tornar um dos grandes criminosos desta época. E se isso é "banal" e até engraçado, se nem com a maior boa vontade do mundo se pode extrair qualquer profundidade diabólica ou demoníaca de Eichmann, isso está longe de se chamar lugar-comum. Certamente não é nada comum que um homem, diante da morte e, mais ainda, já no cadafalso, não consiga pensar em nada além do que ouviu em funerais a sua vida inteira, e que essas "palavras elevadas" pudessem toldar inteiramente a realidade de sua própria morte. Essa distância da realidade e esse desapego podem gerar mais devastação do que todos os maus instintos juntos – talvez inerentes ao homem; essa é, de fato, a lição que se pode aprender com o julgamento de Jerusalém. Mas foi uma lição, não uma explicação do fenômeno, nem uma teoria sobre ele.[2]

Se o mal se apresenta em banalidade, não se permite estabelecer confortáveis marcos contrastantes entre os atos nazistas e a vida cotidiana. Daí, Hannah Arendt situa o âmbito fascista na dimensão da sociabilidade, privilegiando a naturalização

---

[2] Hannah Arendt, *Eichmann em Jerusalém: um relato sobre a banalidade do mal* (trad. José Rubens Siqueira, São Paulo, Companhia das Letras, 1999), p. 310.

de seus comportamentos e práticas. Sendo verdade que a banalização do mal é sua não localização no indivíduo isolado, isso é apenas uma ampliação do moralismo político liberal para a sociedade. Ainda o problema é moral, mas de um mal tão diluído e extenso que se torna banal, demandando sua reversão em uma amplitude de sujeitos, não apenas em alguns destacados. A dimensão de classes ou da reprodução da exploração capitalista não entra em cena. Sendo o nazismo uma prática de promoção, sustentação e controle do mal mediante sua banalização – sistematização de sua universalização –, Arendt então o compara ao bolchevismo e ao stalinismo, sob o argumento de uma pretensa similitude na organização político-social totalitária. Com isso, Arendt estrutura teoricamente um esquema liberal de interpretação do nazismo, separando-o das ditaduras e aproximando-o de seu antípoda socialista. Não se trataria de uma disputa pelo Estado ou pelo poder, mas pelo molde da maioria das pessoas, movimentando-as no sentido de uma dominação total[3].

Bastante próximas desse diapasão, embora com bases distintas, são as proposições que reconhecem no fascismo elementos tão arraigados que suplantam sua própria existência fenomênica. Há práticas fascistas antes do fascismo histórico e, após ele, outras práticas continuam. Nas últimas décadas, em torno do problema tomaram vulto as ideias de Umberto Eco acerca de um fascismo eterno, que ele chama de Ur-Fascismo.

Em um livro originário de uma conferência por ele realizada acerca do tema, *O fascismo eterno*, Eco começa por apontar a peculiaridade de que o totalitarismo tenha assumido o rótulo genérico de fascismo, não de nazismo. É pela experiência italiana, não pela alemã, que se dá a sinédoque dos regimes políticos extremos. Para Eco, no entanto, o fascismo italiano, pela sua debilidade teórico-filosófica, foi um "totalitarismo *fuzzy*", esfumaçado, desfocado. Mas, mesmo incoerente quanto ao amálgama de princípios, razões e interesses, organizava uma coesão suficiente ao domínio e à falta de tolerância:

> A prioridade histórica não me parece ser razão suficiente para explicar por que a palavra "fascismo" se transformou numa sinédoque, uma denominação *pars pro toto* para os

---

[3] "Nem o nacional-socialismo nem o bolchevismo jamais proclamaram uma nova forma de governo ou afirmaram que seu objetivo seria alcançado com a tomada do poder e o controle da máquina estatal. Sua ideia de domínio – a dominação permanente de todos os indivíduos em toda e qualquer esfera da vida – é algo que nenhum Estado ou mecanismo de violência jamais pôde conseguir, mas que é realizável por um movimento totalitário constantemente acionado. A tomada do poder por meio dos instrumentos de violência nunca é um fim em si, mas apenas um meio para um fim, e a tomada do poder em qualquer país é apenas uma etapa transitória e nunca o fim do movimento. O fim prático do movimento é amoldar à sua estrutura o maior número possível de pessoas, acioná-las e mantê-las em ação; um objetivo político que constitua a finalidade do movimento totalitário simplesmente não existe"; Hannah Arendt, *Origens do totalitarismo* (trad. Roberto Raposo, São Paulo, Companhia das Letras, 2012), p. 456.

mais diversos movimentos totalitários. Não adianta dizer que o fascismo continha em si todos os elementos dos totalitarismos sucessivos "em estado quintessencial", por assim dizer. Ao contrário, o fascismo não possuía nenhuma quintessência e nem sequer uma só essência. O fascismo era um totalitarismo *fuzzy*. O fascismo não era uma ideologia monolítica, mas antes uma colagem de diversas ideias políticas e filosóficas, um alveário de contradições.

É possível conceber um movimento totalitário que consiga reunir monarquia e revolução, exército real e milícia pessoal de Mussolini, os privilégios concedidos à igreja e uma educação estatal que exaltava a violência e o livre mercado? [...]

A imagem incoerente que descrevi não era devido à tolerância: era um exemplo de desconjuntamento político e ideológico. Mas era um "desconjuntamento ordenado", uma confusão estruturada. O fascismo não tinha bases filosóficas, mas do ponto de vista emocional era firmemente articulado a alguns arquétipos. [...]

O termo "fascismo" adapta-se a tudo porque é possível eliminar de um regime fascista um ou mais aspectos, e ele continuará sempre a ser reconhecido como fascista.[4]

Umberto Eco lista características do fascismo que, em conjuntos parciais, podem também ser vistos em fenômenos sociais do passado, em outros coetâneos e em outros mais pelo mundo desde então até hoje. Nesse rol estão: culto da tradição; recusa da modernidade; culto da ação pela ação; não aceitação de crítica; racismo; apelo às classes médias frustradas; nacionalismo e xenofobia; fantasias de força e fraqueza dos adversários; combate ao pacifismo; desprezo pelos fracos; heroísmo; machismo, homofobia e fixação em questões sexuais; populismo da maioria; "novilíngua" e empobrecimento léxico e sintático.

Tais características do fascismo na visão de Eco, bastante calcadas em aspectos psicológicos e culturais – sem uma leitura econômica e política materialmente estrutural –, permitem então observar quadros parciais de fascismo em variados tempos históricos que lhe foram anteriores e posteriores – daí a proposição do fascismo eterno:

> O Ur-Fascismo ainda está ao nosso redor, às vezes em trajes civis. Seria muito confortável para nós se alguém surgisse na boca de cena do mundo para dizer: "Quero reabrir Auschwitz, quero que os camisas-negras desfilem outra vez pelas praças italianas!" Infelizmente, a vida não é fácil assim! O Ur-Fascismo pode voltar sob as vestes mais inocentes. Nosso dever é desmascará-lo e apontar o dedo para cada uma de suas novas formas – a cada dia, em cada lugar do mundo.[5]

À sombra de um fascismo eterno, cujas características estão diluídas no mundo da cultura, uma leitura de denúncia moral acaba por ser em Eco o corolário de um combate exatamente nos termos liberais.

---

[4] Umberto Eco, *O fascismo eterno* (trad. Eliana Aguiar, Rio de Janeiro, Record, 2018), p. 32, 39 e 42.
[5] Ibidem, p. 60.

Leituras não juspositivistas do fascismo

Um conjunto de pensamentos a respeito do fascismo flerta com sua imperiosidade em vista de um mal maior, o socialismo. Suas variadas leituras apontam para a necessidade do poder excedente à lei para combater o poder das massas, das classes trabalhadoras ou dos partidos revolucionários. Em minha proposta de classificação da filosofia contemporânea em três caminhos, tais visões são aquelas de perfil tipicamente não juspositivista. Não louvam a legalidade nem o idealismo liberal de respeito às instituições. Via de regra, fundam-se em teorias realistas, argumentando pelo louvor ao poder. Trata-se de uma perspectiva tipicamente reacionária, ainda que tentando sempre se esquivar da total sagração do nazismo, do fascismo ou das ditaduras reconhecendo sua indesejabilidade ou suas mazelas, mas respaldando-as no que é fundamental: seriam o preço a pagar para evitar o socialismo.

Ludwig von Mises tem destaque no âmbito de tais leituras não juspositivistas de perfil reacionário sobre o fascismo. E, para isso, opera uma torção entre dois fundamentos filosóficos. Liderando um movimento teórico na economia conhecido por Escola Austríaca, orienta-se politicamente para o liberalismo. Sua obra, girando em torno da defesa de conceitos basilares para o capitalismo, como a propriedade privada e a liberdade negocial, é em grande parte uma apologia do juspositivismo e das instituições liberais que garantam a reprodução burguesa. No entanto, suas posições guardam um amálgama bastante divergente em termos principiológicos entre a defesa da liberdade e das instituições juspositivistas e a justificação de ditaduras ou do fascismo. Organiza uma espécie de justificação indulgente deste em face dos inimigos socialistas. Assim, trata-se de um caso de ambiguidade coesa: juspositivista na economia e na política econômica, não juspositivista na política decisional e social. Se tomada na faceta econômica, sua obra é liberal; se tomada na faceta de sua avaliação do fascismo, é não liberal.

Em seu livro *Liberalismo*, publicado pela primeira vez em 1927, Mises anela sem maiores constrangimentos o fascismo ao seu escopo de defesa do liberalismo. Fazendo um pastiche de acusações ao socialismo, com argumentos inclusive racistas em relação aos povos russos, dá razão ao fascismo em seu combate, ainda que dizendo de uma eventual degeneração sua:

> A ideia fundamental desses movimentos (os quais, com base no nome do mais grandioso e ferrenhamente disciplinado deles, o italiano, podem ser designados, em geral, como fascistas) consiste na proposta de fazer uso dos mesmos métodos inescrupulosos na luta contra a Terceira Internacional, exatamente como esta faz contra seus oponentes. A Terceira Internacional visa a exterminar seus adversários e suas ideias, do mesmo modo que o sanitarista luta para exterminar um bacilo pestilento. Não se considera, de modo algum, obrigada aos termos de qualquer pacto que venha a celebrar com seus oponentes e considera permissível todo crime, toda mentira e toda calúnia, na execução

de seus planos. Os fascistas, ao menos em princípio, professam as mesmas intenções. A constatação de que ainda não puderam desvencilhar-se de modo tão cabal como os bolcheviques, russos, de qualquer consideração por noções e ideias liberais e por tradicionais preceitos éticos, deve ser atribuída, tão somente, ao fato de que os fascistas atuam em países nos quais a herança intelectual e moral de milhares de anos de civilização não pode ser destruída num piscar de olhos e não entre povos bárbaros de ambos os lados dos Urais, cuja relação com a civilização nunca foi mais do que a de habitantes predadores da floresta e do deserto, acostumados a se envolverem, de tempos em tempos, em pilhagem de terras civilizadas, na caça à sua presa. Em razão desta diferença, o fascismo nunca conseguirá sucesso tão completo, como o bolchevismo russo, em se livrar, totalmente, [do] poder das ideias liberais. Foi apenas pela impressão recente, deixada pelos assassinatos e atrocidades perpetrados pelos adeptos dos soviéticos, que os alemães e italianos foram capazes de bloquear a lembrança das tradicionais restrições da justiça e da moralidade e de encontrar incentivo para represálias sangrentas. As ações dos fascistas e de outros partidos que lhe correspondiam eram reações emocionais, evocadas pela indignação com as ações perpetradas pelos bolcheviques e comunistas. Ao passar o primeiro acesso de ódio, a política por eles adotada toma um curso mais moderado e, provavelmente, será ainda mais moderado com o passar do tempo.
Tal moderação resulta do fato de que os pontos de vista tradicionais do liberalismo continuam a exercer influência inconsciente sobre os fascistas.[6]

A leitura de Mises, além de situar as razões estruturais do fascismo num inimigo socialista, também considera que foi o socialismo o responsável por degenerar os ímpetos fascistas e, tendencialmente, pelas razões do liberalismo inconscientemente presente em si, o fascismo inclinar-se-ia a se moderar. Trata-se de um rol de caricaturas que, ao cabo, legitimam o reacionarismo e afirmam sua ligação ao liberalismo, ainda que como coroa da cara, mas se tratando da mesma moeda. Assim se expressa quanto à indesejabilidade do fascismo, mas ao mesmo tempo seu mérito e seu valor "de emergência" em face do socialismo:

> Não se pode negar que o fascismo e movimentos semelhantes, visando ao estabelecimento de ditaduras, estejam cheios das melhores intenções e que sua intervenção, até o momento, salvou a civilização europeia. O mérito que, por isso, o fascismo obteve para si estará inscrito na história. Porém, embora sua política tenha propiciado salvação momentânea, não é do tipo que possa prometer sucesso continuado. O fascismo constitui um expediente de emergência. Encará-lo como algo mais seria um erro fatal.[7]

O peculiar amálgama de liberal na economia e fascista na política se verifica também em outro conhecido teórico, F. A. Hayek. Em *O caminho da servidão*, de 1944, sua obra mais conhecida, Hayek argumenta no mesmo diapasão de Mises,

---

[6] Ludwig von Mises, *Liberalismo* (São Paulo, Instituto Ludwig von Mises, 2010), p. 74.
[7] Ibidem, p. 77.

apontando pretensas raízes socialistas no nazismo. Tal se deveria, no apontamento de Hayek, não apenas a um movimento político contra o socialismo, mas numa pretensa plataforma comum entre fascismo e socialismo no plano da racionalidade. Assim se refere:

> É um engano comum considerar o nacional-socialismo uma simples revolta contra a razão, um movimento irracional sem antecedentes intelectuais. Se assim fosse, constituiria um perigo bem menor. Nada mais longe da verdade, porém, ou mais ilusório. As doutrinas do nacional-socialismo representam o ponto culminante de uma longa evolução de ideias, da qual participaram pensadores cuja influência se fez sentir muito além das fronteiras da Alemanha. [...]
> Por que, então, essas ideias, sustentadas por uma minoria reacionária, vieram a conquistar o apoio da grande maioria do povo e de praticamente todos os jovens alemães? Não foram apenas a derrota, o sofrimento e a onda de nacionalismo que as conduziram ao sucesso. Tampouco, como muitos querem acreditar, foi o seu êxito ocasionado por uma reação do capitalismo contra o avanço do socialismo. Ao contrário, o apoio a essas ideias veio precisamente do lado socialista. Não foi, por certo, a burguesia, mas antes a ausência de uma burguesia forte, que favoreceu sua escalada ao poder.
> As doutrinas pelas quais, na geração anterior, as lideranças alemãs tinham-se pautado não se opunham aos elementos socialistas do marxismo, e sim aos elementos liberais que este continha – seu internacionalismo e sua democracia. Ao se evidenciar cada vez mais que esses elementos eram justamente os que constituíam um obstáculo à realização do socialismo, os socialistas da esquerda aproximaram-se cada vez mais dos da direita. Foi a união das forças anticapitalistas da esquerda e da direita, a fusão do socialismo radical e do socialismo conservador, que destruiu na Alemanha tudo quanto ali havia de liberal.[8]

As posições de Hayek a respeito do fascismo, tal como as de Mises, prosseguem buscando estabelecer vínculos deste com o socialismo. No entanto, se Mises louva o fascismo como movimento político e social excepcional em defesa de interesses capitalistas, Hayek argumenta por um pretenso caminho teórico comum que teria feito com que o socialismo ampliasse o impacto do fascismo, devido ao iliberalismo de ambos. Aponta que as massas e sua cultura socialista são no fundamental as responsáveis pelo nazismo, não as elites cuja tradição prussiana ele resguarda:

> Conforme esperamos demonstrar, o conflito existente na Alemanha entre a "direita" nacional-socialista e a "esquerda" é o tipo de conflito que sempre se verifica entre facções socialistas rivais. Se esta interpretação for correta, significará, todavia, que muitos daqueles refugiados socialistas, ao aferrarem-se às suas ideias, estão atualmente, embora com a melhor boa vontade do mundo, cooperando para induzir seu país adotivo a seguir o caminho tomado pela Alemanha.

---

[8] F. A. Hayek, *O caminho da servidão* (trad. Anna Maria Capovilla, José Ítalo Stelle e Liane de Morais Ribeiro, 6. ed., São Paulo, Instituto Ludwig von Mises, 2010), p. 163.

Sei que muitos dos meus amigos ingleses se sentiram algumas vezes chocados pelas ideias semifascistas ocasionalmente expressas por refugiados alemães de cujas genuínas convicções socialistas não se podia duvidar. Mas enquanto esses observadores ingleses atribuíam tais ideias ao fato de que os outros eram alemães, a verdadeira explicação é que eles eram socialistas cuja experiência os havia levado muitos estágios além dos já atingidos pelos socialistas na Inglaterra e nos Estados Unidos. É sem dúvida verdade que os socialistas alemães encontraram grande apoio, no seu país, em certos aspectos da tradição prussiana; e o parentesco entre prussianismo e socialismo, do qual ambos os lados se glorificam na Alemanha, fortalece nosso principal argumento. Mas seria um erro acreditar que foi o elemento especificamente alemão, e não o elemento socialista, que produziu o totalitarismo. Era, com efeito, a preponderância das ideias socialistas, e não o prussianismo, o que a Alemanha tinha em comum com a Itália e a Rússia – e foi das massas e não das classes imbuídas da tradição prussiana, e auxiliado pelas massas, que surgiu o nacional-socialismo.[9]

Estabelecer conexões entre fascismo e socialismo representou, desde o tempo do surgimento das experiências de Mussolini e Hitler, um modelo reiterado de legitimação do capitalismo por sua pretensa natureza de tolerância, acusando um fenômeno plenamente capitalista como o fascista de ser ou mal necessário ou desvirtuamento, mas acoplando-o de modo fantasioso ou burlesco ao inimigo maior que, sim, é a causa da reação tanto de fascistas quanto de liberais: o socialismo.

O apoio a ditaduras por parte de liberais, que a princípio faz soar exótica a posição de Mises e Hayek – juspositivista nos vínculos negociais e não juspositivista no que tange à política – é, na verdade, um padrão reiterado que se revela, desde então até o presente, em frequentes experiências históricas pelo mundo. Milton Friedman, no Chile sob os horrores de Pinochet, argumenta em favor de um neoliberalismo radical, de choque, sem gradualismos, aproveitando-se da brutal repressão política[10]. Dos *Chicago boys* que dirigem a economia de Pinochet a Paulo Guedes e o

---

[9] Ibidem, p. 35.
[10] "Não creio que para o Chile uma política de gradualismo faça sentido. Temo que o 'paciente' possa chegar a morrer antes que o 'tratamento' surta efeito. Creio que o Chile possa ganhar muito examinando os exemplos relacionados com o tratamento de 'choque' para o problema da inflação e da desorganização. [...] Fui informado de que o governo adotou muitas medidas que estão de acordo com a orientação que apoio e defendo. Tem havido um esforço para devolver atividades ao setor privado. Esforços têm sido feitos para reduzir os gastos do governo e o déficit governamental. Houve uma reforma tributária e também há um compromisso para reduzir as barreiras alfandegárias e os controles de preços e salários. Tudo isso é positivo. Confio que o Chile terá a coragem, a força e a sabedoria para acelerar esse processo e superar esse período inicial difícil, de maneira que possa começar a decolagem para uma grande melhoria no nível de vida. É factível e possível, se de uma vez por todas conseguir atravessar o período de transição"; Milton Friedman, *Milton Friedman en Chile: bases para un desarollo económico* (Santiago, Fundación de Estudios Económicos, 1975), p. 25 e 36 (tradução nossa).

neoliberalismo brasileiro sustentador de Bolsonaro, numa tradição que tem exemplar notável no engendramento do golpe militar de 1964, trata-se de um frequente amálgama de liberdade e repressão em variadas doses – extremas sempre que necessário –, a fim de manter a reprodução do capital, a exploração e a acumulação.

Leituras marxistas do fascismo

O marxismo abre o campo da compreensão do fascismo com base em sua materialidade e sua específica posição no seio da sociabilidade capitalista. Assim, nem é um problema moral, de indivíduos banalmente enviesados ao mal, nem tampouco é tomado como poder excepcional legítimo em face de um perigo socialista. As lutas socialistas, em verdade, apresentam o fascismo como um marco necessário da dinâmica do capitalismo na salvaguarda das classes burguesas. Não se trata, portanto, de inscrever a política – liberalismo, democracia, ditadura, fascismo – no âmbito de uma métrica idealista, mas de compreendê-la na movimentação concreta das classes, suas frações, seus interesses e seus meios de consecução. Para além das instituições e do poder, as formas de sociabilidade capitalistas.

No arco das indagações marxistas a respeito do fascismo, abrem-se imediatamente dois grandes campos temáticos, o da história e o da ação política de combate – tática e estratégia. A determinação das razões históricas do fascismo é uma investigação persistente na teoria marxista desde o surgimento de tal fenômeno, constituindo boa parte da pesquisa que floresceu após as derrotas da Itália e da Alemanha e que persiste até a atualidade. Doutra sorte é a perquirição tática e estratégica de luta contra o fascismo. Ela envolveu nomes expressivos da luta socialista – de Clara Zetkin a Antonio Gramsci, de Leon Trótski ao próprio Josef Stálin – e se apresenta em variadas interseções de análises políticas com prospecções de ação concreta.

Se um campo é fundamental por organizar o arcabouço de enfrentamento político ao nazismo, o outro o é por constituir e consolidar o conhecimento factual e materialmente consequente do fenômeno histórico do fascismo. No entanto, em grau ainda maior encontra-se o campo das reflexões teóricas que alcançam as razões do fascismo, suas características gerais e específicas, suas semelhanças e diferenças em face de outros movimentos sociais e políticos. Tal campo, vulgarmente tomado por sendo das ciências sociais, da sociologia, da ciência política e, em especial, da filosofia, é aquele no qual o fascismo é esquadrinhado estruturalmente em suas determinações e em sua natureza. De Evguiéni Pachukanis à Escola de Frankfurt, de Ernst Bloch a Alfred Sohn-Rethel, mas também em especial em pensadores da segunda metade do século XX, como Charles Bettelheim ou Nicos Poulantzas, dá-se aqui o mais importante conjunto de teóricos a assentar as razões do fascismo e do nazismo.

Proponho que tal vasto conjunto de pensadores marxistas possa ser lido em duas possíveis linhagens didáticas: uma cronológica, outra temática. No que tange a seu aparecimento cronológico, as teorias marxistas sobre o fascismo e o nazismo podem ser compreendidas em três grandes blocos: aquelas dos períodos prévios, imediatamente antecedentes de tais fenômenos (como é o caso da análise da República de Weimar na Alemanha); as análises em termos de tempo (donde despontam as teorias de combate, como a de Trótski, ou as reflexões sobre ações que alcancem a sensibilidade das massas, como a de Bloch); as análises após os acontecimentos (nas quais pensadores como Bettelheim e Poulantzas tomam proeminência).

No que diz respeito aos eixos temáticos das abordagens marxistas sobre o fascismo e o nazismo, proponho um agrupamento das teorias em quatro eixos: factualidade histórica; tática e estratégia; subjetivação social; teoria geral. Trata-se de uma proposição didática, na medida em que a maior parte dos pensadores marxistas se debruça sobre vários desses eixos ao mesmo tempo. O primeiro de tais eixos é o da factualidade histórica. Aqui, desponta a consolidação da história em sua mais típica acepção. Boa parte dos textos de Evguiéni Pachukanis sobre o fascismo – publicados entre nós pelo título *Fascismo*[11] – tem tal contribuição e, ainda, o livro de Alfred Sohn-Rethel a respeito da economia alemã na década de 1930, *The Economy and Class Structure of German Fascism* [A economia e a estrutura de classes do fascismo alemão][12], trabalha na consolidação de materiais, informações e ângulos de interpretação sobre o fenômeno histórico do nazismo. No âmbito das táticas e estratégias, há o exemplo das intervenções de Trótski, revelando urgências e projeções de combate. No campo da subjetivação social, o conjunto de pensadores do chamado freudo-marxismo, quase sempre ligados à Escola de Frankfurt, se ocupou das estruturas psicanalíticas do desejo e da repressão na sociedade autoritária fascista. E, na temática de uma teoria geral sobre o nazifascismo, há grandes intérpretes, como o próprio Max Horkheimer entre os frankfurtianos, além de, depois, Nicos Poulantzas.

As investigações sobre a factualidade histórica e sobre tática e estratégia têm dinâmicas próprias; na primeira, a consolidação factual do fenômeno do nazifascismo; na segunda, o deslinde das hipóteses e possibilidades de luta ao tempo. No entanto, os eixos de uma investigação da subjetividade no fascismo e de uma teoria geral sobre o fascismo são os campos mais altos e de resultados mais perenes a respeito da crítica do tema, por tratarem exatamente dos pontos nodais da aferição da natureza, das causas e das soluções do fenômeno.

No campo da subjetivação fascista, despontam dois quadrantes teóricos decisivos: as proposições de Antonio Gramsci sobre a hegemonia e os aportes da Escola de Frankfurt sobre o caráter autoritário. No campo de uma teoria geral da crítica

---

[11] Ver Evguiéni B. Pachukanis, *Fascismo* (trad. Paula Vaz de Almeida, São Paulo, Boitempo, 2020).
[12] Ver Alfred Sohn-Rethel, *The Economy and Class Structure of German Fascism* (trad. Martin Sohn-Rethel, Londres, Free Association Books), 1987.

ao fascismo, são os compassos de Max Horkheimer e de Nicos Poulantzas que lhe dão os ângulos decisivos.

Fascismo e subjetivação: hegemonia

Desde o início, o fascismo suscitou, da parte das críticas marxistas, investigações acerca das razões de seu fácil albergue no seio das variadas classes sociais. Antonio Gramsci, que pagou com a vida o preço da luta socialista e da oposição ao fascismo, de modo pioneiro encaminhou seu pensamento a compreender o amálgama entre a cultura e os valores italianos e a direção política fascista. Seu conceito de hegemonia busca articular a economia e a política com as dimensões de subjetivação.

Gramsci reconhece na crise de hegemonia o momento decisivo no qual se expande o poder do fascismo. A incapacidade do movimento socialista de forjar valores e consciência nas massas e também a inapetência governamental italiana de proceder a uma diluição das contradições sociais sob o rótulo e o interesse genérico da nação fazem com que o partido fascista seja o desaguadouro da crise social e política na Itália. Na proposta gramsciana, em algumas situações críticas perde-se o velho consenso hegemônico sem, no entanto, abrirem-se as condições para que as massas, lideradas pelo partido socialista, pudessem empreender a transformação social. Nesse solo brota o fascismo:

> O aspecto da crise moderna que se lamenta como "onda de materialismo" está ligado ao que se chama de "crise de autoridade". Se a classe dominante perde o consenso, ou seja, não é mais "dirigente", mas unicamente "dominante", detentora da pura força coercitiva, isto significa exatamente que as grandes massas se destacaram das ideologias tradicionais, não acreditam mais no que antes acreditavam etc. A crise consiste justamente no fato de que o velho morre e o novo não pode nascer: neste interregno, verificam-se os fenômenos patológicos mais variados.[13]

O velho morrer e o novo não poder nascer é o impasse social que gesta o fascismo. Para Gramsci, é exatamente a hegemonia, quando em crise, que levará às soluções de força e ao surgimento de líderes carismáticos ou salvadores, como Mussolini:

> Em um certo ponto de sua vida histórica, os grupos sociais se separam de seus partidos tradicionais, isto é, os partidos tradicionais naquela dada forma organizativa, com aqueles determinados homens que os constituem, representam e dirigem, não são mais reconhecidos como sua expressão por sua classe ou fração de classe. Quando se verificam estas crises, a situação imediata torna-se delicada e perigosa, pois abre-se o campo às soluções de força, à atividade de potências ocultas representadas pelos homens providenciais ou carismáticos. Como se formam estas situações de contraste entre representantes e representados,

---

[13] Antonio Gramsci, *Cadernos do cárcere*, v. 3: *Maquiavel. Notas sobre o Estado e política* (trad. Luiz Sérgio Henriques, Marco Aurélio Nogueira e Carlos Nelson Coutinho, Rio de Janeiro, Civilização Brasileira, 2000), p. 184.

que, a partir do terreno dos partidos (organizações de partido em sentido estrito, campo eleitoral-parlamentar, organização jornalística), reflete-se em todo o organismo estatal, reforçando a posição relativa do poder da burocracia (civil e militar), da alta finança, da Igreja e, em geral, de todos os organismos relativamente independentes das flutuações da opinião pública? O processo é diferente em cada país, embora o conteúdo seja o mesmo. E o conteúdo é a crise de hegemonia da classe dirigente, que ocorre ou porque a classe dirigente fracassou em algum grande empreendimento político para o qual pediu ou impôs pela força o consenso das grandes massas (como a guerra), ou porque amplas massas (sobretudo de camponeses e de pequenos burgueses intelectuais) passaram subitamente da passividade política para uma certa atividade e apresentam reivindicações que, em seu conjunto desorganizado, constituem uma revolução. Fala-se de "crise de autoridade": e isso é precisamente a crise de hegemonia, ou crise do Estado em seu conjunto. [...]

A unificação das tropas de muitos partidos sob a bandeira de um único partido, que representa melhor e sintetiza as necessidades de toda a classe, é um fenômeno orgânico e normal, ainda que seu ritmo seja muito rápido e quase fulminante em relação aos tempos tranquilos: representa a fusão de todo um grupo social sob uma só direção, considerada a única capaz de resolver um problema vital dominante e de afastar um perigo mortal. Quando a crise não encontra esta solução orgânica, mas sim a do chefe carismático, isto significa que existe um equilíbrio estático (cujos fatores podem ser muito variados, mas entre os quais prevalece a imaturidade das forças progressistas), que nenhum grupo, nem o conservador nem o progressista, dispõe da força necessária para vencer e que até o grupo conservador tem necessidade de um senhor.[14]

A investigação gramsciana sobre o fascismo não apenas estabelece uma linearidade automática entre crise capitalista e reacionarismo. Gramsci buscará compreender a formação social italiana e suas especificidades. Um país unificado tardiamente, apenas no século XIX, que nem sequer tinha toda a população falando a língua oficial, e que, mesmo com uma parcial industrialização, mantinha os padrões de exploração do norte sobre o sul – a questão meridional – e o atraso nas relações agrárias. Soma-se a esse quadro a debilidade dos setores nacionalistas e da política de integração dos polos de conflito sob comando de líderes como Giovanni Giolitti, Antonio Salandra ou Francesco Nitti, pondo o Estado como "partido geral" por sobre interesses de frações ou setores específicos, num fenômeno conservador de diluição de oposições denominado transformismo[15]. Também o peso da Igreja na política italiana impedia uma ruptura com os padrões tradicionais de dominação.

---

[14] Ibidem, p. 60-1.
[15] "O Governo, de fato, operou como um 'partido', colocou-se acima dos partidos não para harmonizar seus interesses e atividades no quadro permanente da vida e dos interesses estatais nacionais, mas para desagregá-los, para separá-los das grandes massas e ter 'uma força de sem-partido ligada ao Governo por vínculos paternalistas de tipo bonapartista-cesarista': assim, é preciso analisar as chamadas *ditaduras* de Depretis, Crispi, Giolitti, bem como o fenômeno parlamentar do *transformismo*"; ibidem, p. 201.

Gramsci percebe as peculiaridades culturais e valorativas italianas e as contradições desse velho que morria sem que permitisse novidades de desenvolvimento capitalista ou de socialismo. Se em outros países capitalistas a traição de líderes e intelectuais socialistas era individual, na Itália essa mudança se fazia em grupo – a exemplo dos que abandonaram as lutas de esquerda em favor do fascismo. Além disso, a ausência de uma história nacional nos séculos recentes fazia com que a intelectualidade italiana se pensasse como universalista – num sentido no qual se via também a Igreja católica –, sem condições de promover, então, uma revolução burguesa nacional[16].

O fascismo surge, então, não como uma razão coerente ou principiológica, assentada em bases teóricas e com finalidades delineadas. Pelo contrário, representa uma saída de força por sobre as contradições gerais e suas próprias, e, com o poder que adquiria na prática, disputava a hegemonia, vetorizava-a e a empalmava[17]. Num quadro histórico de apatia popular e de falta de mobilização expressiva por parte das lideranças trabalhadoras e do socialismo, na ausência de um partido de massas, as soluções carismáticas gerariam a resolução da hegemonia[18]. Na análise do caso

---

[16] "A causa do fenômeno italiano, ao que me parece, deve ser buscada na escassa aderência das classes altas ao povo: na luta das gerações, os jovens se aproximam do povo; nas crises de mudança, tais jovens retornam à sua classe (foi o que ocorreu com os sindicalistas-nacionalistas e com os fascistas). No fundo, trata-se do mesmo fenômeno geral do transformismo, em condições diversas"; Antonio Gramsci, *Cadernos do cárcere*, v. 2: *Os intelectuais, o princípio educativo, jornalismo* (trad. Luiz Sérgio Henriques, Marco Aurélio Nogueira, Carlos Nelson Coutinho, Rio de Janeiro, Civilização Brasileira, 2000), p. 95.

[17] "Claro que Mussolini é figura-chave para se entender o fascismo e é evidente que as ideias fascistas surgiram para dar conta dos problemas que a Itália vivia naquele momento. Ainda assim, é importante perceber que o fascismo foi se adaptando às necessidades políticas que iam surgindo e que as ideias que os fascistas usaram para criar seu movimento já estavam presentes há um bom tempo na sociedade italiana. [...] Os ideais fascistas não estavam desconectados do mundo político, social e cultural da Itália, tendo, portanto, representatividade em pelo menos parte da sociedade. A novidade do fascismo foi reorganizar todas essas ideias para aquilo que a política do momento exigia e, claro, colocá-las em prática para a conquista do poder, de acordo com os interesses de seus líderes e num momento específico de crise da sociedade italiana, ou seja, o imediato pós-Primeira Guerra Mundial"; João Fábio Bertonha, *Fascismo e antifascismo italianos: ensaios* (Caxias do Sul, Educs, 2017), p. 17.

[18] "A liderança carismática corresponde a uma fase ainda primitiva no desenvolvimento dos partidos de massa, uma fase na qual a doutrina política figura como qualquer coisa de nebuloso para as massas e estas precisam de um 'papa infalível', capaz de interpretá-la e adaptá-la às diferentes situações. Uma fase dominada por ideologias contraditórias e sem coerência, que se afirmam através da habilidade oratória do chefe e da emotividade das suas classes sociais de referência. Na descrição mais detalhada que faz Gramsci, figura aqui claramente a pequena burguesia que, embora em dissolução, se amarra às glórias do passado como escudo contra o futuro. O fácil sucesso de figuras carismáticas como D'Annunzio e Mussolini fora a consequência da natureza passiva e apolítica do povo italiano, da sua tendência a fazer-se seduzir por qualquer aventura. Mas também fora o fruto da ausência de uma forte tradição de um partido de massa capaz de conduzir as paixões

italiano, Gramsci percebe como Mussolini é um líder político assentado não apenas na força, mas na mobilização de afetos das massas: "Mussolini é outro exemplo de líder partidário que tem algo de profeta e de crente. Além disso, ele não é apenas chefe único de um grande partido, mas é também o chefe único de um grande Estado"[19]. O próprio Mussolini, em seu texto *A doutrina do fascismo*, apontava para uma tal "atitude espiritual" dos fascistas[20]. A subjetivação foi o elo fraco da corrente sobre o qual o fascismo cresceu e no qual instaurou um vetor ideológico não coerente, mas coeso, de repressão suficiente para nova fase da reprodução capitalista.

Fascismo e subjetivação: psicanálise

Outro eixo teórico de especial relevo para a compreensão da subjetividade e da ideologia no fascismo deu-se no entorno da chamada Escola de Frankfurt. No segundo e no terceiro quartos do século XX, um movimento pioneiro buscou anelar as descobertas freudianas sobre a subjetividade e o inconsciente com as dimensões marxistas a respeito da sociabilidade capitalista. Tal dinâmica de acoplamento entre Freud e Marx representou uma novidade – e foi recebida mesmo com estranhamento tanto no seio do marxismo quanto no da psicanálise. Seus primeiros teóricos, Erich Fromm e Wilhelm Reich, relativamente próximos da Escola de Frankfurt, eram médicos e psicanalistas orientados a horizontes políticos socialistas. Theodor Adorno e Max Horkheimer, além de Herbert Marcuse, posteriormente, abririam outras vertentes no campo da junção de psicanálise e crítica do capitalismo.

O chamado freudomarxismo verá no fascismo um dos plexos fundamentais daquilo que muitos de seus teóricos denominarão de caráter autoritário. Wilhelm Reich, em *Psicologia de massas do fascismo*, investiga a ideologia autoritária e alcança questões como a da economia sexual da família autoritária e da política sexual. A proposta reichiana é a de alcançar as raízes do desejo e da repressão que se encontram na base do fenômeno nazifascista.

Para Reich, o caráter cristaliza a ideologia social. A subjetividade é resultado de variadas interpelações sociais ao indivíduo, num processo amplo pelo qual os sujeitos impõem seu caráter socialmente e socialmente são constituídos pela sociedade.

---

populares"; Gianni Fresu, *Nas trincheiras do Ocidente: lições sobre fascismo e antifascismo* (Ponta Grossa, Ed. UEPG, 2017), p. 164.

[19] Antonio Gramsci, *Cadernos do cárcere*, v. 3, cit., p. 163.

[20] "Assim, muitas das expressões práticas do fascismo, tais como organização partidária, sistema educacional e disciplina só podem ser entendidas em relação à sua postura geral no tocante à vida. Uma atitude espiritual. [...] A concepção fascista de vida é religiosa, na qual o homem é visto em sua relação imanente com uma lei superior, dotado de um arbítrio objetivo que transcende o indivíduo e o eleva à comunhão consciente em uma sociedade espiritual"; Benito Mussolini, "A doutrina do fascismo", em Benito Mussolini e Leon Trótski, *Fascismo* (trad. Regina Lyra, Rio de Janeiro, Nova Fronteira, 2019), p. 13 e 15.

O fascismo não é, na visão de Reich, um dado alheio às personalidades e a seu caráter: é, efetivamente, uma resultante de perfis sociais de caráter autoritário esparramados socialmente. Estabelecendo uma distinção entre função objetiva e função subjetiva da ideologia, Reich propõe que os fundamentos do interesse de classe burguês (ideologia objetiva) são internalizados e reelaborados com base em pulsões de prazer e repressão dos indivíduos (ideologia subjetiva). Assim, o fascismo não estabelece uma linha direta de imposição de uma força política contra os sujeitos, mas uma dinâmica de construção recíproca com base em coesões entre interesses e pulsões. Reich aponta para uma junção entre a ciência de análise da ideologia objetiva – o marxismo – e a ciência dos aparelhos psíquicos – a psicanálise – como capaz de alcançar fenômenos sociais como o do fascismo:

> A ideologia de cada agrupamento social tem a função não só de refletir o processo econômico dessa sociedade, mas também – e principalmente – de inserir esse processo econômico *nas estruturas psíquicas dos seres humanos dessa sociedade*. Os seres humanos estão duplamente sujeitos às condições da sua existência: de um modo direto, pelos efeitos imediatos da sua situação socioeconômica, e, indiretamente, pela estrutura ideológica da sociedade; deste modo, desenvolvem sempre, na sua estrutura psíquica, uma contradição que corresponde à contradição entre a influência exercida pela sua situação material e a influência exercida pela estrutura ideológica da sociedade. O trabalhador, por exemplo, tanto sofre a influência da sua própria situação de trabalho como a da ideologia geral da sociedade. Mas como o homem, seja qual for a classe social a que pertença, não é apenas objeto dessas influências, mas também as reproduz em suas atividades, o seu modo de pensar e de agir deve ser tão contraditório quanto a sociedade que lhe deu origem. Mas *a ideologia social, na medida em que altera a estrutura psíquica do homem, não só se reproduz nele mas também – o que é mais importante – se transforma numa força ativa, num poder material, no homem que por sua vez se transformou concretamente e, em consequência, age de modo diferente e contraditório*. Desta maneira, e *só* desta, é possível verificar a repercussão da ideologia de uma sociedade sobre a base econômica de que provém. [...]
>
> A sociologia da economia sexual é uma ciência construída sobre a base *sociológica* de Marx e *psicológica* de Freud, sendo, na sua essência, uma ciência da psicologia de massas e da sociologia sexual. Tendo rejeitado a filosofia da civilização de Freud, ela começa exatamente onde termina o campo clínico-psicológico da psicanálise.
>
> A psicanálise revela-nos os efeitos e mecanismos da opressão e da repressão sexual e suas consequências patológicas para o indivíduo. A sociologia da economia sexual vai mais longe, perguntando: *por que motivos sociológicos a sexualidade é reprimida pela sociedade e recalcada pelo indivíduo?* [...]
>
> A psicanálise de homens e mulheres de todas as idades, países e classes sociais leva às seguintes conclusões: *a combinação da estrutura socioeconômica com a estrutura sexual da sociedade e a reprodução estrutural da sociedade verificam-se nos primeiros quatro ou cinco anos de vida, na família autoritária*. [...] *A estrutura autoritária do homem é basicamente produzida* – é necessário ter isto presente – *através da fixação das inibições e dos medos*

sexuais na substância viva dos impulsos sexuais. [...] O resultado é o conservadorismo, o medo da liberdade; em resumo, a mentalidade reacionária.[21]

A investigação reichiana da junção entre ideologia objetiva e subjetiva compreenderá a repressão sexual como o núcleo da fascistização. As classes médias – pequena burguesia –, organizadas por sujeitos posicionados de modo intermediário na cadeia do poder e da fruição da sociabilidade capitalista, são forjadas por famílias fundadas em uma ideologia antigenital, na qual a submissão aos de cima e a autoridade sobre os de baixo revelam tendências sadomasoquistas em seu caráter neurótico. O nazismo, ao inscrever socialmente noções como honra, dever, pureza racial ou nação, junto de estéticas como a do militar fardado, vai ao encontro da repressão sexual de base e gratifica a libido reprimida[22]. O mesmo processo se dá com as classes trabalhadoras, embora, neste caso, em doses distintas e em posições próprias. A menor repressão sexual no seio das famílias proletárias faz com que haja mais dificuldade em associar-se à cadeia do poder autoritário, mas não há uma plena libertação do horizonte geral da objetividade ideológica. Os pobres são também interpelados pela ideologia burguesa e sua repressão sexual, mesmo que menor que a das classes médias, é presente e nucleia suas subjetividades. O fascismo, assim, alcança toda a sociedade.

É fundamental reconhecer essa contradição e descobrir de que modo concreto o fator reacionário e o fator revolucionário e progressista presentes no trabalhador se antagonizam. O mesmo se aplica, evidentemente, ao indivíduo da classe média. É facilmente compreensível que, em época de crise, ele se revolte contra o "sistema". Mas o que não se pode compreender de um ponto de vista estritamente econômico é que, embora economicamente na miséria, ele receie o progresso e se torne mesmo extremamente reacionário. Também aqui se faz sentir a contradição entre sentimentos de revolta e objetivos e conteúdos reacionários. [...]
Tanto a moralidade sexual, que inibe o desejo de liberdade, como aquelas forças que apoiam interesses autoritários tiram a sua energia da sexualidade reprimida. Agora,

---

[21] Wilhelm Reich, *Psicologia de massas do fascismo* (trad. Maria da Graça M. Macedo, 3. ed., São Paulo, Martins Fontes, 2001), p. 17, 26, 28-29.

[22] "O nazismo é o fenômeno exemplar que permite compreender o cruzamento da dimensão objetiva e subjetiva da ideologia. Sem dúvida, e nisso tem razão o marxismo ortodoxo, o nacional-socialismo resulta de um reflexo de pânico da grande burguesia alemã diante do perigo bolchevista. [...] O problema, para Reich, é o mesmo que se coloca para os seus contemporâneos: quais as condições subjetivas do triunfo da ideologia nacional-socialista? [...] Se examinarmos de perto os principais elementos da ideologia nazista, veremos que traduzem, de uma ou outra forma, a mesma estrutura básica, que é a negação da sexualidade. Os conceitos-chave da 'honra' e do 'dever' são meramente a expressão positiva da renúncia pulsional. O horror ao sexo assume a forma racionalizada do sacrifício voluntário: primitivamente, a 'honra' não é outra coisa que uma ideologia justificadora do tabu do incesto. [...] A eficácia da propaganda nacional-socialista vem justamente dessa correspondência entre sua doutrina e as estruturas psíquicas e socioeconômicas da pequena burguesia"; Sérgio Paulo Rouanet, *Teoria crítica e psicanálise* (Rio de Janeiro, Tempo Brasileiro, 1998), p. 39-40.

compreendemos melhor um ponto fundamental do processo do "efeito da ideologia sobre a base econômica": *a inibição sexual altera de tal modo a estrutura do homem economicamente oprimido, que ele passa a agir, sentir e pensar contra os seus próprios interesses materiais.* [...]

Economicamente, o homem da classe média urbana não está em melhor situação que o trabalhador manual. Assim, no seu esforço para se diferenciar do trabalhador, ele só pode apoiar-se na sua forma de vida familiar e sexual. Suas privações econômicas têm de ser compensadas por meio do moralismo sexual. [...]

Nesse interjogo dos fatores econômicos e estruturais, a família autoritária apresenta-se como a principal e a mais essencial fonte reprodutora de todo o pensamento reacionário; é uma fábrica onde a ideologia e a estrutura reacionária são produzidas. A "proteção à família", isto é, à família autoritária e numerosa, é o princípio básico de toda a política cultural reacionária. Isto se esconde, fundamentalmente, na expressão "proteção ao Estado, à cultura e à civilização".[23]

Outro grau da junção entre marxismo e psicanálise para a reflexão a respeito do fascismo se dá com as pesquisas dos dois pensadores centrais da chamada Escola de Frankfurt, Theodor Adorno e Max Horkheimer. Ao contrário do freudomarxismo de Reich, que buscava, num movimento similar ao de Freud, dosar desejo e repressão em quantidades melhores, Adorno reconhece a força da negatividade na contradição entre tais pulsões. O capitalismo é inconciliável em suas relações sociais e, também, o desejo não pode ser adestrado com boas doses de repressão. Adorno e Horkheimer, em obras como *Dialética do esclarecimento*, insistem na impossibilidade de que a razão ultrapasse as dimensões das formas sociais do capitalismo, exploratórias e dominadoras. Razão, desejo e repressão já se encontram articulados nas estratégias da acumulação.

O fascismo é compreendido, por Adorno e Horkheimer, não como uma oposição ao iluminismo ou à racionalidade contemporânea, mas como uma de suas manifestações necessárias. A decadência da família patriarcal não possibilitou, na sociedade capitalista, o surgimento de personalidades não autoritárias. Antes, sujeitos de caráter fragilizado são levados ao albergue sob o domínio de figuras como a da liderança nazista. Com o fascismo, dá-se uma regressão psíquica a níveis não só de substituição do pai pelo *Führer*, mas alcançando a identificação narcísica do sujeito com o objeto fascista idealizado no qual se espelha, tanto na projeção de força quanto na de fraqueza. O líder fascista, assim, não é distante do liderado e das massas: tem as virtudes e os poderes desejados por cada sujeito e também os mesmos defeitos, acabando por legitimar suas fraquezas[24]. O fascismo não se revela, então, um oposto da razão

---

[23] Wilhelm Reich, *Psicologia de massas do fascismo*, cit., p. 20, 30, 49 e 57.
[24] "Em acordo com a teoria psicanalítica geral, Freud crê que o vínculo que integra os indivíduos em uma massa tem uma natureza *libidinal*. [...] Freud vai além de tais observações ao explicar a coerência das massas em geral em termos do princípio de prazer, ou seja, das gratificações reais ou vicárias

burguesa assentada historicamente, mas um espelho narcísico dessa mesma inteligência, atravessado por suas contradições. Dizem Adorno e Horkheimer:

> A contradição que consiste na estupidez da inteligência é uma contradição necessária. Pois a *ratio* burguesa tem que pretender a universalidade e, ao mesmo tempo, desenvolver-se no sentido de restringi-la. Assim como, na troca, cada um recebe sua parte, daí resultando, porém, a injustiça social, assim também a forma reflexiva da economia da troca, a razão dominante, é também justa, universal e, no entanto, particularista, isto é, o instrumento do privilégio na igualdade. É a ela que o fascista apresenta a conta. Ele representa abertamente o particular e revela assim as limitações da própria *ratio*, que insiste injustificadamente em sua universalidade. O fato então de que, de repente, os inteligentes são os estúpidos prova para a razão que ela é a irrazão.
> Mas o fascista também é atormentado por essa contradição. Pois a razão burguesa, de fato, não é meramente particular, mas também universal, e sua universalidade cai de surpresa sobre o fascismo, quando ele a renega. Os que tomaram o poder na Alemanha eram mais inteligentes do que os liberais, e mais estúpidos. O progresso em direção à nova ordem recebeu um amplo apoio daqueles cuja consciência não acompanhou o progresso, ou seja, dos falidos, dos sectários, dos tolos. Eles estão a salvo dos erros, na medida em que seu poder impede toda competição. Mas, na competição dos Estados, os fascistas não só são igualmente capazes de cometer erros, mas também, com suas qualidades como miopia intelectual, obstinação, desconhecimento das forças econômicas e, sobretudo, com a incapacidade de ver o negativo e levá-lo em conta na avaliação da situação em seu conjunto, também contribuem subjetivamente para a catástrofe que, no íntimo, sempre esperaram.[25]

Não se dá, com o fascismo, uma mudança da natureza psíquica ou das personalidades: ocorre, antes, sua confirmação. Todo o movimento fascista no plano político e seus combates – aos judeus, aos comunistas, aos grupos perseguidos – é, em sua materialidade, a manutenção das condições de reprodução da exploração capitalista, mudando o político para conservar o econômico. Em processos como os de mimese e projeção, goza-se a liberação permitida pelo líder – mimese – e encarnam-se desejos eróticos e repressões em figuras que passam a ser odiadas – falsa projeção.

---

obtidas pelos indivíduos ao se renderem a uma massa. Hitler, aliás, estava bem consciente da fonte libidinal da formação de massa por rendição quando atribuiu características especificamente femininas, passivas, aos participantes de seus encontros, e assim também apontou para o papel da homossexualidade inconsciente na psicologia de massa. [...] No fascismo alemão, [...] a fronteira entre homossexualidade aberta e recalcada, tal como aquela entre sadismo aberto e recalcado, foi muito mais fluente do que na sociedade liberal de classe média. [...] O mecanismo que transforma a libido no vínculo entre líder e seguidores, e entre os próprios seguidores, é o da *identificação*"; Theodor Adorno, *Ensaios sobre psicologia social e psicanálise* (trad. Verlaine Freitas, São Paulo, Ed. Unesp, 2015, coleção Adorno), p. 160 e 166.

[25] Theodor Adorno e Max Horkheimer, *Dialética do esclarecimento* (trad. Guido Antônio de Almeida, Rio de Janeiro, Zahar, 1985), p. 196.

O impulso recusado é permitido na medida em que o civilizado o desinfeta através de sua identificação incondicional com a instância recusadora. Passado o limiar, o riso aparece. É este o esquema da reação antissemita. É para celebrar o instante da liberação autoritária do proibido que os antissemitas se reúnem, só ele transforma-os numa coletividade, e constitui a comunidade da espécie. Seu alarido é a gargalhada organizada. Quanto mais medonhas as acusações e as ameaças, quanto maior a fúria, mais compulsório o escárnio. A fúria, o escárnio e a imitação venenosa são a rigor a mesma coisa. O sentido das fórmulas fascistas, da disciplina ritual, dos uniformes e de todo o aparato pretensamente irracional é possibilitar o comportamento mimético. Os símbolos engenhosamente arquitetados, próprios a todo movimento contrarrevolucionário, as caveiras e mascaradas, o bárbaro rufar dos tambores, a monótona repetição de palavras e gestos são outras tantas imitações organizadas de práticas mágicas, a mimese da mimese. O *Führer*, com sua cara de canastrão e o carisma da histeria orquestrada, puxa a roda. Sua representação realiza substitutivamente e em imagem o que é vedado a todos os demais na realidade. [...]

O antissemitismo baseia-se numa falsa projeção. Ele é o reverso da mimese genuína, profundamente aparentada à mimese que foi recalcada, talvez o traço caracterial patológico em que esta se sedimenta. [...] Os impulsos que o sujeito não admite como seus e que, no entanto, lhe pertencem são atribuídos ao objeto: a vítima em potencial. Para o paranoico usual, sua escolha não é livre, mas obedece às leis de sua doença. No fascismo, esse comportamento é adotado pela política, o objeto da doença é determinado realisticamente, o sistema alucinatório torna-se a norma racional no mundo, e o desvio a neurose [...] O patológico no antissemitismo não é o comportamento projetivo enquanto tal, mas a ausência da reflexão que o caracteriza. Não conseguindo mais devolver ao objeto o que dele recebeu, o sujeito não se torna mais rico, porém, mais pobre. Ele perde a reflexão nas duas direções: como não reflete mais o objeto, ele não reflete mais sobre si e perde assim a capacidade de diferenciar. Ao invés de ouvir a voz da consciência moral, ele ouve vozes; ao invés de entrar em si mesmo, para fazer o exame de sua própria cobiça de poder, ele atribui a outros os "Protocolos dos Sábios de Sião". Ele incha e se atrofia ao mesmo tempo. Ele dota ilimitadamente o mundo exterior de tudo aquilo que está nele mesmo; mas aquilo de que o dota é o perfeito nada, a simples proliferação dos meios, relações, manobras, a práxis sinistra sem a perspectiva do pensamento.[26]

Em seu exílio nos Estados Unidos, Theodor Adorno passa a organizar pesquisas empíricas sobre o fascismo e o caráter autoritário. O conjunto de tais estudos, publicado entre nós sob o título *Estudos sobre a personalidade autoritária*, busca sistematizar a compreensão a respeito da subjetivação social fascista em solo de democracia burguesa, como o estadunidense. Amaciando sua crítica em favor de uma convergência aos padrões ideológicos governamentais dos Estados Unidos, Adorno dá ênfase, nesse contexto de exílio, à contraposição entre fascismo – lido

---

[26] Ibidem, p. 172, 174 e 176.

de modo mais amplo com base em uma tipologia do caráter autoritário – e liberalismo. Percebe traços e inclinações de autoritarismo em muitos grupos na sociedade estadunidense[27]. O horizonte de leitura adorniano é o de que o potencial fascista estava presente de modo certeiro no capitalismo de perfil liberal[28].

No contexto da Escola de Frankfurt, Herbert Marcuse construirá ainda uma leitura própria a respeito da subjetividade fascista. Também anelando marxismo e psicanálise, o pensamento marcusiano abre uma clivagem em relação às proposições de Adorno e Horkheimer: ao contrário destes, para os quais a contradição entre desejo e repressão não permitiria sua superação, para Marcuse seria possível abrir a mudança revolucionária com base nos impulsos do desejo das massas deserdadas do capitalismo – a grande recusa da sociabilidade burguesa como instrumento de transformação[29]. No entanto, no século XX, em vez de ter sido libertária, a força da política erótica tinha sido utilizada com grande eficácia pela reação nazista, alterando o quadro político e social para a manutenção dos termos decisivos da reprodução do capitalismo:

> O estado nacional-socialista não é o reverso, mas a consumação do individualismo competitivo. O regime libera todas as forças do autointeresse brutal que os países democráticos haviam tentado dominar e as combina com o interesse da liberdade. [...]
> A emancipação da vida sexual está definitivamente ligada à política populacional do Terceiro Reich. As relações sexuais são pervertidas em ações recompensadas: acasalamento e reprodução controlados. São meios para atingir um fim político, postulado e propagado pelo governo. Os instintos e impulsos assim liberados estão presos a uma finalidade externa e, desta forma, amordaçados e privados de sua força perigosa. [...]
> A abolição nacional-socialista dos tabus está condicionada à criação simultânea de novos objetos de humilhação e escravização. Os indivíduos podem ser liberados apenas se

---

[27] "Há um grande número daquilo que pode ser chamado de constituintes mais formais da ideologia política que parece permear todo o padrão ao contribuir, a partir de sua própria dinâmica, para as persuasões reacionárias e potencialmente fascistas. Aqui pertencem, como será discutido em detalhes, a ignorância geral e a confusão em questões políticas, os hábitos de 'pensamento de *ticket*' e 'personalização', o ressentimento contra os sindicatos, contra a interferência governamental nos negócios, contra as limitações de renda e uma série de outras tendências"; Theodor Adorno, *Estudos sobre a personalidade autoritária* (trad. Virgínia Helena Ferreira da Costa, Francisco López Toledo Corrêa e Carlos Henrique Pissardo, São Paulo, Ed. Unesp, 2019, coleção Adorno), p. 341.

[28] "Adorno começa por aproximar as descrições freudianas e a fenomenologia das lideranças fascistas, para ao final mostrar o quão vulneráveis seríamos ao retorno periódico de tais figuras. Ele percebe assim, no livro de Freud, o quadro teórico fundamental para uma teoria do totalitarismo pensada como fenômeno interno à própria elaboração das estruturas de interação social na democracia liberal. [...] Insistirá em compreender o fascismo como uma patologia social de traços paranoides e encontra os mesmos traços de patologia social na ideologia das sociedades de democracia liberal, especialmente através das produções da indústria cultural"; Vladimir Safatle, *O circuito dos afetos: corpos políticos, desamparo e o fim do indivíduo* (Belo Horizonte, Autêntica, 2016), p. 77.

[29] Ver Marcos Alcyr Brito de Oliveira, *Sujeito de direito e marxismo: da crítica humanista à crítica anti-humanista* (São Paulo, Alfa Omega, 2017).

forem ao mesmo tempo elevados acima dos grupos sociais que são infinitamente mais limitados, desamparados e infelizes do que eles. Os liberadores apelam para impulsos que mantinham os indivíduos liberados presos à frustração social e à submissão: apelam para o ressentimento, a inveja, a crueldade, o ódio ao companheiro mais fraco. Estes impulsos florescem somente num sistema social antagônico e, fomentando-os, o regime perpetua o sistema dominante na estrutura do caráter dos indivíduos e faz com que suas reivindicações e protestos passem dos executores para suas vítimas.[30]

Marcuse percebia que, tal como depois se deu com a revolução sexual, o nazismo abria formas eróticas que, no entanto, eram afirmadas como pervertidas ou esterilizadas, ainda autoritárias e repressoras mesmo que num primeiro momento parecessem liberadoras em relação a velhas repressões, tudo isso em benefício da dominação e da reprodução capitalista. Desejo e repressão eram plexos decisivos das estruturas sociais burguesas, de potenciais necessariamente reacionários.

Teoria geral da crítica ao nazifascismo

No vasto arco das compreensões marxistas sobre o fascismo – suas dimensões históricas, táticas e estratégias de combate, sua sociabilidade com base na subjetivação –, há ainda um campo decisivo de análise: a indagação acerca da natureza do fascismo, sua identificação e sua tipologia. Trata-se do estabelecimento de uma teoria geral a seu respeito, que se abre em duas vertentes: a primeiro delas, de especificação; a segunda, de manifestação e recorrência potencial.

Uma teoria geral sobre o fascismo opera um grande âmbito de especificação, valendo-se de ferramentais analíticos como o da sua identificação e, ainda, da sua semelhança e da sua distinção em face de fenômenos que lhe sejam contíguos ou relativamente parecidos, como as ditaduras. Além disso, opera também um grande âmbito de perquirição a respeito de sua historicidade singularmente dada e seu potencial de recorrência. Neste sentido, trata-se de estabelecer uma teoria sobre a natureza repetível ou não do fascismo.

É verdade que boa parte das investigações factuais e históricas a respeito do nazifascismo organiza também uma teoria geral sobre o fenômeno, com base nos eixos de explicação tomados. Quando Antonio Gramsci analisa a relação entre a ascensão do movimento fascista italiano e a crise de hegemonia, quando Daniel Guérin aponta para a potencialidade do fascismo dada a contínua operação do grande capital[31] ou

---

[30] Herbert Marcuse, *Tecnologia, guerra e fascismo* (trad. Maria Cristina Vidigal Borba, São Paulo, Ed. Unesp, 1999), p. 121, 127 e 129.
[31] "Uma última ilusão teria de ser dissipada, se o triunfo do nacional-socialismo na Alemanha não lhe tivesse desferido o golpe de misericórdia: a ilusão de que o fascismo seria um fenômeno 'especificamente italiano' ou 'particular aos países retardatários, de predominância agrícola', contra o qual as grandes nações industriais, as 'grandes democracias ocidentais', estariam prevenidas. [...]

quando Charles Bettelheim opera uma ligação entre o nazismo e o subconsumo em seu livro *A economia alemã sob o nazismo*, todos estão analisando casos concretos e postulando inferências a respeito da identificação e do potencial de recorrência dos fenômenos. Crises de hegemonia são estruturais no capitalismo. O domínio do grande capital é seu eixo. O mesmo ocorre com o subconsumo e a incapacidade dos instrumentais políticos capitalistas em resolver essa contradição. Gramsci, Guérin e Bettelheim, então, em estudos históricos, de modo imediato apontam consequências teóricas e políticas. O próprio Bettelheim, explicitamente, estabelece essa conclusão sobre a recorrência do fascismo nas sociedades capitalistas:

> A análise da economia da Alemanha nazista nos ensina ainda outra coisa. Ensina-nos, sobretudo, que essa economia revela, em escala mais desenvolvida, aquilo que outras economias capitalistas revelam de uma forma mais ou menos clara. [...] Indicam que o capitalismo atual contém em potencial uma estrutura econômica análoga à da Alemanha nazista.[32]

No que tange às interpretações gerais sobre o nazifascismo, proponho que seus quadrantes sejam dados pela combinação das suas duas mais expressivas propostas: a de Max Horkheimer e a de Nicos Poulantzas. Horkheimer, associando indelevelmente fascismo a capitalismo, em uma citação com grande poder de síntese, oferece a moldura mais ampla a respeito do nazifascismo, reforçando a noção de seu potencial de recorrência. Por sua vez, Poulantzas opera no marco da distinção do fascismo em relação a manifestações políticas como aquelas das ditaduras militares – da sua própria terra natal, a Grécia, mas também das latino-americanas, como a do Brasil. A inclinação de Poulantzas, então, é pela especificação, delineando e elaborando os contornos dos personagens em tela, enquanto Horkheimer crava seu pano de fundo. *É verdade que* Poulantzas escreve diretamente contra a afirmação teórica de Horkheimer. No entanto, será a conjugação dos dois movimentos – de especificação e de recorrência de potencial – que estabelecerá a composição mais decisiva de uma teoria geral da crítica ao nazifascismo.

Max Horkheimer escreve, no rescaldo do nazifascismo, a frase eventualmente mais famosa e impactante a respeito da crítica ao fenômeno: "*Wer vom Kapitalismus nicht reden will, sollte auch vom Faschismus schweigen*", ou seja, "Quem não quer

---

Não está absolutamente excluído que as mesmas causas profundas que levaram os magnatas italianos e alemães a financiar os bandos fascistas, depois a alçar o fascismo ao poder, reproduzam em outros lugares os mesmos efeitos. Aqui e ali, no mundo, os trustes confiam ao Estado reforçado – se não ao "Estado forte" – o cuidado de restaurar seus lucros. Assiste-se ao esfacelamento progressivo das instituições 'democráticas', à proliferação de um fascismo latente"; Daniel Guérin, *Fascismo e grande capital* (trad. Lara Christina de Malimpensa, Campinas, Ed. Unicamp, 2021), p. 318-9.

[32] Charles Bettelheim, *La economía alemana bajo el Nazismo*, v. 2 (trad. Ignacio Romero de Solís, Madri, Editorial Fundamentos, 1973), p. 183-4 (tradução nossa).

falar de capitalismo deveria também se calar sobre o fascismo"[33]. Horkheimer opera, aqui, a associação inexorável entre fascismo e capitalismo, estabelecendo definitivamente um ponto de não retorno em face de leituras liberais, moralistas ou fundadas meramente no poder institucional ou político – visões juspositivistas e não juspositivistas. Para Horkheimer, o mundo pós-Segunda Guerra Mundial, a partir dos centros capitalistas, estabeleceu uma hegemonia de perspectivação teórica a respeito do nazifascismo que escondeu seu caráter burguês e sua natureza capitalista, tratando então do fenômeno como desvio, extremismo ou outro em face da burguesia. A retomada da associação, em frase lapidar, restabelece, na teoria geral, as razões decisivas do fascismo, fazendo com que não saiam isentos ou limpos os grupos ou indivíduos que buscavam se dissociar do extremismo mantendo as bases da exploração capitalista.

Em diapasão oposto, Nicos Poulantzas reclama uma posição de especificação do fascismo em sua obra *Fascismo e ditadura*, escrita em 1970. Para o senso comum, a imediata associação – contra a qual Poulantzas se insurge – é entre fascismo e ditadura, como se se desse, aqui, apenas uma diferença quantitativa: o fascismo como ditadura mais extremada. A proposta poulantziana, no entanto, é a de alcançar a específica forma social e política do fascismo, distinta qualitativamente de outras ditaduras, como aquelas militares, e mesmo distinta de fenômenos como o do chamado bonapartismo. Assim se refere ao seu intento:

> O fascismo não é senão uma forma particular de regime da forma de Estado capitalista de exceção: existem outras, notadamente o bonapartismo e as diversas formas de ditadura militar. Não se pode assim analisar o fenômeno político específico do fascismo senão propondo, ao mesmo tempo, uma teoria do Estado de exceção e da crise política, que contemple igualmente as outras formas de regimes capitalistas de exceção. [...]
> Com efeito, o Estado fascista é uma forma específica de Estado de exceção, que não pode ser confundida de nenhum modo com as outras formas de Estado capitalista. O Estado capitalista constitui uma forma crítica de Estado e de regime, que corresponde a uma crise política. Porém, é próprio de toda crise revelar traços que não lhe são exclusivos: o exame do fascismo, precisamente como fenômeno crítico e específico, permite aprofundar o estudo de certos aspectos do Estado capitalista em sua própria natureza. Do mesmo modo para uma série de outras questões: aquela da pequena burguesia, notadamente, cujo funcionamento no quadro do fascismo é revelador. Igualmente, enfim, para um conjunto de conceitos de análise social e política que trouxemos aqui para formular, precisar e retificar.[34]

---

[33] Max Horkheimer, "Die Juden und Europa", em Max Horkheimer (org.), *Zeitschrift für Sozialforschung/Studies in Philosophy and Social Science*, ano 8: *1939-1940* (Munique, Deutscher Taschenbuch, 1980), p. 115.
[34] Nicos Poulantzas, *Fascismo e ditadura: a III Internacional face ao fascismo* (Florianópolis, Enunciado Publicações, 2021), p. 22.

O propósito de considerar o fascismo não apenas como um símile do capitalismo, mas como um fenômeno dado a partir de circunstâncias específicas deste, leva Poulantzas a tomá-lo, em sua manifestação historicamente dada – Itália e Alemanha –, sob as condições do imperialismo. Polemiza então diretamente com Horkheimer, apontando para a causa imediata do fascismo italiano e alemão, e não só para o pano de fundo geral do capitalismo:

> Começaremos, então, pelo exame do período dos fascismos. Aproveitamos aqui a ocasião oferecida por uma citação do sociólogo alemão Max Horkheimer, citação colocada em destaque em um livro recente: *Fascismo e capitalismo*, editado na Alemanha. Horkheimer, se erguendo muito cedo contra a série de concepções do "totalitarismo", dizia: "Mas aquele que não quer falar de capitalismo deveria também se calar no que concerne ao fascismo". Isto, com todo rigor, é falso: é aquele que não quer falar de *imperialismo* que deveria assim se calar no que concerne ao fascismo.[35]

Poulantzas perde, aqui, um guia de reclame ideológico forte em favor de um conceito cientificamente mais específico. Horkheimer alcança as razões últimas do fascismo; Poulantzas quer identificar seu talhe imediato e singular. Isto se deve ao fato de que o pensamento poulantziano acerca do fascismo, ao contrário da leitura filosófica de Horkheimer, toma o fenômeno pelo prisma que se poderia chamar de ciência política marxista. A respeito do Estado fascista, Poulantzas estabelece um sistema de classificação que separa o domínio burguês sob forma democrática daquele sob forma ditatorial, mas apresenta, nesse quadro, uma distinção entre bonapartismo, ditadura militar e fascismo. É verdade que há diferenças de grau, quantitativas, mas há, principalmente, diferenciações qualitativas, de forma. Assim diz Poulantzas:

> Seria necessário ver agora o que especifica o Estado fascista, enquanto forma de regime, em relação às outras formas de regime de exceção, bonapartismo, ditaduras militares. Antes de tudo, é evidentemente o "grau" com que ele apresenta as características mencionadas acima, grau que difere segundo os regimes de exceção. Mas são também as *formas* de funcionamento e de relações dos aparelhos de Estado, aspectos a que nós iremos nos deter aqui.
> I. A existência, no seio dos aparelhos ideológicos de Estado, de um partido de massa com características particulares. O Estado fascista é caracterizado pela mobilização permanente das massas populares.
> II. As relações particulares, seguindo as etapas, do partido fascista e do aparelho repressivo de Estado.
> Antes de tudo, o fascismo é originalmente, e essencialmente, "*exógeno*" a esse aparelho. Apesar das conivências entre o partido fascista e os ramos do aparelho de Estado, o instrumento principal da ascensão ao poder é um aparelho exterior ao aparelho repressivo de Estado invadido "de fora".

---

[35] Ibidem, p. 26.

Essa situação se prolonga durante toda a permanência do fascismo no poder, no sentido de que não há jamais uma fusão entre o partido fascista e o aparelho de Estado. O partido fascista assume sempre um papel próprio.[36]

Poulantzas prossegue nas separações entre fascismo e ditaduras apontando para o fato de que não é genericamente que o aparelho de Estado se impõe. No fascismo, é um ramo particular desse aparelho que domina outros ramos: a polícia política. Dá-se uma reorganização do campo político e seus aparelhos, numa sequência que vai da polícia política à administração e desta ao Exército, que acaba por ter papel secundário em face do aparelho policial-político. Tal remodelagem dos aparelhos se dá mediante a presidência do partido fascista, que controla os aparelhos ideológicos estabelecendo uma saliência da família e dos meios de informação e propaganda. Dirá Poulantzas: "Portanto, *partido-família-propaganda* são aqui o tríptico dominante dos aparelhos ideológicos de Estado"[37].

O movimento poulantziano pela especificação do fascismo em face das ditaduras militares e do bonapartismo não quer, de modo algum, representar sua circunscrição aos dois fenômenos historicamente dados – Itália e Alemanha – e a impossibilidade de sua manifestação hodierna ou futura. Pelo contrário, tanto fascismos quanto demais ditaduras são possíveis no seio da sociabilidade capitalista:

> Esse estudo sobre o fascismo e o estado de exceção foi realizado em razão da atualidade da questão do fascismo. Mas nós nos enganaríamos acreditando que as possibilidades de outros regimes de exceção doravante desapareceram. O fascismo não é a única face do perigo: o bonapartismo e as ditaduras militares conservam sempre suas chances. E não se poderia também esquecer as formas concretas combinadas de regimes de exceção que, segundo as conjunturas concretas, podem surgir.
> Quanto ao próprio fascismo, cujo ressurgimento permanece possível, tampouco se poderia acreditar que ele assumiria necessariamente, assim como o processo de fascistização que conduziria a ele, formas idênticas às do passado. A história não se repete jamais por completo. Uma mesma forma de regime de exceção e uma mesma espécie de crise política apresentam traços distintos, segundo os períodos históricos no seio dos quais elas surgem.[38]

Sendo fenômenos de reiteração possível, tanto o fascismo quanto as ditaduras merecem, na atenção de Poulantzas, uma especificação tipológica, permitindo instrumentais teóricos e científicos para identificar estratégias de combate, luta e superação. Com isso, sua proposta impede a banalização da acusação de fascismo a regimes que lhe sejam distintos, com outras características e aportes. Como muitos fenômenos reacionários se avolumam nos tempos do capitalismo, há também uma

---

[36] Ibidem, p. 350.
[37] Ibidem, p. 352.
[38] Ibidem, p. 378.

tendência a generalizá-los sob a alcunha de fascismo, de rápido reclame ideológico. Armando Boito Jr., com fundamentais proposições sobre o fascismo no campo da ciência política, aponta para a importância do acerto científico na identificação dos fenômenos regressivos a fim de estabelecer, por consequência, o acerto nas estratégias de ação:

> As condições do jogo político, a dinâmica do processo político e atividade de organização das instituições do Estado variam em função do tipo de regime ditatorial – ditadura burocrática civil, militar ou fascista. [...]
> Em primeiro lugar, a base de massa do regime político ditatorial fascista possibilita que tal regime recorra à mobilização de massa contra seus adversários, seja a direita tradicional, seja o movimento operário e popular. Essa é uma possibilidade ausente nos regimes de ditadura militar.
> Em segundo lugar, e esse ponto diz respeito ao movimento operário e popular, a base de massa do regime político ditatorial fascista impõe um cerco de massa às direções dos partidos e das associações reivindicativas dos trabalhadores. A ditadura fascista está presente de modo capilar no conjunto da sociedade, obrigando socialistas e comunistas a intervirem, de modo clandestino, nos espaços institucionais do fascismo. [...]
> Sob uma ditadura militar, os métodos de luta são outros, porque é outra a organização institucional do regime. Há um fosso organizativo entre o poder ditatorial e as classes trabalhadoras. Essas, umas mais outras menos, podem se deixar atrair pelo regime ditatorial, mas estarão, todas, desorganizadas. A adesão, quando existe, é passiva. Estamos trabalhando no nível do conceito, da teoria. Evidentemente, verificam-se variações históricas quando se consideram casos concretos.[39]

No específico, o fascismo se destaca das demais ditaduras pelo seu elemento de atendimento do interesse burguês reativo por meio da mobilização de massa, demandando-se, em face disso, estratégias específicas de resistência e luta. Mas, no pano de fundo, o capitalismo é seu problema decisivo. Daí, a combinação necessária das especificações de Poulantzas com a precaução geral de Horkheimer. O limite de combate ao fascismo não é o próprio fascismo, mas sim o capitalismo.

---

[39] Armando Boito Jr., "O lugar do conceito de fascismo na teoria marxista do Estado", em *Crítica Marxista*, n. 53, 2021, p. 26-8. Ver ainda Armando Boito Jr., "Por que caracterizar o bolsonarismo como neofascismo", em *Crítica Marxista*, n. 50, 2020, p. 111-9, e João Quartim de Moraes, "Configurações históricas da ditadura", em *Crítica Marxista*, n. 50, 2020, p. 87-93.

2
O marxismo, Weimar e o nazismo

A República de Weimar representa uma das encruzilhadas mais simbólicas das divergentes estratégias do socialismo no século XX. Por sua causa, no seu entorno, em paralelo e em contraste com ela, consolidaram-se métricas sobre o marxismo e sobre a superação do capitalismo. Revolução, reforma, gradualismo, ditadura ou democracia proletária são alguns dos temas que, via de regra, passam por Weimar em suas referências.

As relações entre a República de Weimar e o pensamento marxista podem ser desdobradas, de modo cronológico, em três etapas. O contexto do marxismo alemão, quando advém a época weimariana, já é o de uma longa história de lutas e posições teóricas anteriormente desenvolvidas no seio do marxismo ou contra ele, aquelas da Segunda Internacional e do reformismo. Kautsky e Bernstein, bem antes de Weimar, conduziram teoricamente as lutas de esquerda a caminhos não revolucionários. As posições dos partidos de esquerda alemães e o problema da Primeira Guerra Mundial e seus desdobramentos encontram em Rosa Luxemburgo sua principal teórica crítica. Numa segunda etapa, desdobra-se o pensamento marxista sobre a República de Weimar ao tempo de sua instalação e de seu desenvolvimento. A natureza da social-democracia alemã é investigada por um vasto arco de teóricos marxistas que vai de Lênin a Trótski e Bloch. As comparações do caso alemão sob Weimar serão dadas com experiências como a da Revolução Soviética – sendo Lênin, então, a métrica de uma ação revolucionária que logrou êxito – e a do austromarxismo, tendo em vista que a Viena vermelha afirmava-se num espaço de ação relativamente comum, porém mais dinâmico e radical – e, nesse caso, a República de Weimar foi tomada então pelos austríacos como o polo mais à direita no campo da esquerda, enquanto os russos foram tomados como o polo mais à esquerda, sendo a própria experiência austromarxista considerada um meio--termo entre ambos. No próprio seio das social-democracias alemã e austríaca, o marxismo é reclamado por pensadores como Hilferding ou Max Adler. Numa terceira fase cronológica, muito do debate teórico sobre a relação entre o marxismo e Weimar se dá *a posteriori*. A hecatombe da República de Weimar com a ascensão do nazismo enseja a investigação a respeito de suas contradições, limites e potenciais não cumpridos. A determinação da especificidade do nazismo na dinâmica capitalista local e mundial e sua relação com a sociabilidade alemã geram linhas divergentes de interpretação entre os teóricos marxistas. De posições canônicas da Escola de Frankfurt a outras que investigam de modo mais sistemático as questões econômicas e políticas subjacentes, desenvolve-se um arcabouço bastante distinto de explicações acerca do nazismo. Após seu fim, as posições teóricas sobre o tempo weimariano vagueiam, de modos radicalmente polarizados, entre acepções positivas – de uma experiência consequente e de mais fácil exequibilidade política – até aquelas mais negativas, que o enxergam como antessala do nazismo. Daí, no conjunto das reflexões sobre Weimar, está o problema teórico e prático da transição ao socialismo e está, ainda, um índice histórico central para os impasses da política na administração da crise do capitalismo presente.

Da Segunda Internacional a Weimar

Há uma história de debates e ações no campo da esquerda alemã e mundial que se revelará como pano de fundo para as experiências de Weimar. Boa parte de tal contexto se dá com o desenrolar da Segunda Internacional. Desde o final do século XIX, com a crise de movimentos revolucionários abertos como os da Comuna de Paris, ganha corpo uma reflexão de gradualismo ou reformismo na ação política de esquerda. Na confluência de posições e debates que vão desde pensadores como Anton Menger na Áustria a Eduard Bernstein na Alemanha, a Segunda Internacional é o esteio no qual a experiência socialista do início do século XX se organiza[1].

O Partido Social-Democrata Alemão (SPD – *Sozialdemokratische Partei Deutschlands*) congrega, em suas diversas fases e posições, alguns dos principais vetores da luta revolucionária e reformista alemã. No século XIX, sua fundação se dá no entorno de nomes como August Bebel e Wilhelm Liebknecht. Movimentos ligados às ideias de Ferdinand Lassalle a ele também se incorporaram. Nesse contexto, Karl Marx dedicou aos debates de unificação dos movimentos partidários e operários alemães sua *Crítica do Programa de Gotha*, publicada postumamente por Friedrich

---

[1] Ver Ricardo Musse, *De socialismo científico a teoria crítica: modificações na autocompreensão do marxismo entre 1878 e 1937* (doutorado em filosofia, São Paulo FFLCH-USP, 1997), e Eric J. Hobsbawm (org.), *História do marxismo*. v. 2: *O marxismo na época da Segunda Internacional, primeira parte* (trad. Leandro Konder e Carlos Nelson Coutinho, 3. ed., Rio de Janeiro, Paz e Terra, 1982, coleção Pensamento Crítico, n. 46).

Engels[2]. Além de desenvolver mais especificamente suas ideias sobre a ditadura do proletariado, a transição, o socialismo e o comunismo, neste livro Marx também se opõe às posições de Lassalle.

Friedrich Engels é personagem central do movimento político do final do século XIX. Após a morte de Marx, Engels lidera a consolidação de textos e interpretações acerca do pensamento marxista. Em muitos deles, imprime sua leitura particular. Em vários outros aspectos, destaca-se por um posicionamento radical, revolucionário, contrastando com visões reformistas que ao tempo se consolidavam no movimento trabalhista internacional. Junto com o jovem Karl Kautsky, Engels é responsável por obras como *O socialismo jurídico*, de notável vigor na exigência revolucionária contra o Estado e o direito[3].

Ainda no final do século XIX, o movimento de unidade internacional dos partidos operários e socialistas é buscado novamente, num processo do qual participou também Engels, forjando o que se conhece por Segunda Internacional. No

---

[2] Ver Karl Marx, *Crítica do Programa de Gotha* (trad. Rubens Enderle, São Paulo, Boitempo, 2012, coleção Marx-Engels). É ainda em torno das críticas já anunciadas por Marx na *Crítica do Programa de Gotha* que Walter Benjamin apontará em 1940, no pleno ocaso da experiência social-democrata alemã, o problema estrutural da política reformista sobre a plataforma de um progresso quantitativo sem ruptura: "O conformismo, que sempre esteve em seu elemento na social-democracia, não condiciona apenas suas táticas políticas, mas também suas ideias econômicas. E uma das causas do seu colapso posterior. Nada foi mais corruptor para a classe operária alemã que a opinião de que ela nadava com a corrente. O desenvolvimento técnico era visto como o declive da corrente, na qual ela supunha estar nadando. Daí só havia um passo para crer que o trabalho industrial, que aparecia sob os traços do progresso técnico, representava uma grande conquista política. A antiga moral protestante do trabalho, secularizada, festejava uma ressurreição na classe trabalhadora alemã. O Programa de Gotha já continha elementos dessa confusão. Nele, o trabalho é definido como 'a fonte de toda riqueza e de toda civilização'. Pressentindo o pior, Marx replicou que o homem que não possui outra propriedade que a sua força de trabalho está condenado a ser 'o escravo de outros homens, que se tornaram... proprietários'. Apesar disso, a confusão continuou a propagar-se, e pouco depois Josef Dietzgen anunciava: 'O trabalho é o Redentor dos tempos modernos... No aperfeiçoamento... do trabalho reside a riqueza, que agora pode realizar o que não foi realizado por nenhum salvador'. Esse conceito de trabalho, típico do marxismo vulgar, não examina a questão de como seus produtos podem beneficiar trabalhadores que deles não dispõem. Seu interesse se dirige apenas aos progressos na dominação da natureza, e não aos retrocessos na organização da sociedade. Já estão visíveis, nessa concepção, os traços tecnocráticos que mais tarde vão aflorar no fascismo. Entre eles, figura uma concepção da natureza que contrasta sinistramente com as utopias socialistas anteriores a março de 1848"; Walter Benjamin, "Sobre o conceito da História", em *Obras escolhidas*, v. 1: *Magia e técnica, arte e política: ensaios sobre literatura e história da cultura* (trad. Sérgio Paulo Rouanet, 7. ed., São Paulo, Brasiliense, 1994), p. 227-8.

[3] Ver Friedrich Engels e Karl Kautsky, *O socialismo jurídico* (trad. Lívia Cotrim e Márcio Bilharinho Naves, São Paulo, Boitempo, 2012); Adriano de Assis Ferreira, *Questão de classes: direito, Estado e capitalismo em Menger, Stutchka e Pachukanis* (São Paulo, Alfa Omega, 2009); e Carlos Miguel Herrera (org.), *Par le droit, au-delà du droit: texts sur le socialisme juridique* (Paris, Kimé, 2003).

seu seio, até o início do século XX, contou com representantes à esquerda, como Lênin, mas, via de regra, a maioria de suas lideranças deslizou por posições à direita, apoiando a ação bélica na Primeira Guerra Mundial e as demandas nacionalistas de cada país, até mesmo em concordância com a exigência de pagamento de créditos de guerra, numa espécie de fragmentação dos trabalhadores sob o manto de outra unidade, aquela com suas burguesias nacionais.

No pano de fundo teórico dessas lutas proletárias, o marxismo é constantemente combatido por posições reformistas. Eduard Bernstein é o mais simbólico pensador de uma leitura que aposta na expansão do capitalismo como forma de superação dele próprio. Apregoando, em obras como *As precondições do socialismo*, que elementos morais incorporados às instituições sociais – como a aposentadoria e o incremento de direitos trabalhistas – seriam os motores da ultrapassagem do modo de produção presente, de tal sorte que haveria, entre capitalismo e socialismo, uma dinâmica evolucionista, Bernstein opera um declarado revisionismo da obra de Marx[4]. Contra as posições de Bernstein, já no ano de 1900 Rosa Luxemburgo publica *Reforma ou revolução?*, marcando a clivagem entre uma dinâmica quantitativista reformista e a ação revolucionária como salto qualitativo, única possível com base em uma leitura marxista[5].

A mais simbólica posição de deslocamento das ideias marxistas se dá, no entanto, com Karl Kautsky. Se de jovem perfilhava-se com Engels na tentativa de demarcação de ações revolucionárias e contra o revisionismo, sua trajetória cambia com o decorrer dos fatos do final do século XIX e do começo do século XX. Em suas primeiras obras, dialoga criticamente com o revisionismo de Bernstein, por exemplo. Logo em seguida, inicia um deslocamento teórico que o faz de início apoiar as posições nacionalistas do SPD na Primeira Guerra, separando-se então de Rosa Luxemburgo e do espartaquismo, para depois, ao final ainda da guerra, já se desgarrar da direita do partido para se fixar em uma leitura centrista, aqui similar à de Bernstein. Quando o tempo de Weimar chegar, encontrará um Kautsky opositor da revolução russa e totalmente gradualista. Em 1918, o carimbo de Lênin a seu respeito, de "renegado" Kautsky[6], estampará também muito de seu itinerário final. Sem maiores participações no SPD alemão, exila-se e por fim morre na Holanda, fugindo do nazismo.

---

[4] Ver Eduard Bernstein, *Socialismo evolucionário* (trad. Manuel Teles, Rio de Janeiro, Zahar, 1997), e Antonio Roberto Bertelli, *Revisionismo e ortodoxia no marxismo* (São Paulo, Ipso/IAP, 2003).

[5] Ver Rosa Luxemburgo, "Reforma social ou revolução?", em Isabel Loureiro (org.), *Rosa Luxemburgo: textos escolhidos*, v. 1: *1899-1914* (trad. Stefan Fornos Klein, Bogna Thereza Pierzynski, Grazyna Maria Asenko da Costa e Pedro Leão da Costa Neto, São Paulo, Ed. Unesp, 2018), p. 1-112.

[6] Ver V. I. Lenine, "A revolução proletária e o renegado Kautsky", em *Obras escolhidas*, v. 3 (trad. Instituto de Marxismo-Leninismo de Moscou, São Paulo, Alfa Omega, 2004), p. 1-75.

Paul Mattick, analisando a trajetória de Kautsky, faz um balanço das posições da social-democracia alemã na antessala de Weimar:

> Depois de 1910, a social-democracia viu-se dividida em três grandes tendências: os revisionistas, partidários declarados do imperialismo alemão; a "esquerda", ilustrada por nomes como Luxemburgo, Mehring, Liebknecht e Pannekoek; o "centro", que se dizia fiel às opções tradicionais, mas que de fato apenas o era no plano da teoria, dado que na prática a social-democracia era obrigada a aceitar o "possível", ou, noutros termos, a tática preconizada por Bernstein. Opor-se a esta última não podia significar senão uma coisa: erguer-se contra a prática da social-democracia no seu conjunto. A "esquerda" não se afirmou como tal senão a partir do momento em que começou a denunciar a social-democracia como parte integrante da sociedade capitalista. Seria no entanto necessário mais alguma coisa além de uma batalha de ideias para fazer as divergências que opunham os dois campos: elas foram afogadas em 1919 com o sangue do grupo Spartakus, quando da repressão terrorista que Noske lançou. Uma vez declarada a guerra, a "esquerda" encontrou-se na prisão e a "direita" no QG do *Kaiser*. Quanto ao "centro", dirigido por Kautsky, acabou com todos os problemas do movimento socialista declarando que nem a social-democracia alemã nem a Internacional poderiam continuar em atividade enquanto a guerra durasse, na medida em que uma e outra eram instrumentos essencialmente para os períodos de paz. "Esta é, escrevia Rosa Luxemburgo, uma atitude de eunuco. Agora que Kautsky o completou, poder-se-á ler no *Manifesto comunista*: 'Proletários de todos os países, uni-vos em tempo de paz, matai-vos em tempo de guerra'".[7]

Por tal posição cambiante, Mattick aponta para a vida de Kautsky como um trajeto de transição de Marx a Hitler:

> Como Hitler, os social-democratas combatem quer o bolchevismo quer o comunismo e, como ele, preferem a organização de um controle estatal a um sistema de capitalismo de Estado tão desenvolvido como a Rússia. Mas os social-democratas jamais tiveram a audácia de tomar as medidas exigidas para a execução deste programa e foi Hitler quem se encarregou disso. Do mesmo modo que Kautsky se revelou incapaz de imaginar sequer que uma teoria marxista podia desembocar numa prática marxista, também não chegou a compreender que uma política de reforma capitalista deve ter efeitos práticos e que essa foi precisamente a obra do fascismo. Se a vida de Kautsky pode ensinar qualquer coisa aos trabalhadores, é que a luta contra o fascismo se desdobra necessariamente numa luta contra a democracia burguesa, contra o kautskysmo. Na verdade, não estamos exagerando sobre a vida de Kautsky se a resumirmos do seguinte modo: de Marx a Hitler.[8]

O cenário das lutas alemãs do início do século XX alcança seu ápice com as posições e o pensamento de Rosa Luxemburgo. Polonesa, tendo desenvolvido seus

---

[7] Paul Mattick, "Karl Kautsky: de Marx a Hitler", em Paul Mattick et al., *Karl Kautsky e o marxismo* (trad. Carlos Melo e Sara Amâncio, Belo Horizonte, Oficina de Livros, 1988, coleção Estudos Marxistas), p. 19.

[8] Ibidem, p. 32.

estudos acadêmicos e seu doutorado em economia na Suíça, vai à Alemanha, de onde se tornara cidadã por casamento, filiando-se ao SPD e se vinculando, a partir de então, às alas mais à esquerda do partido[9]. Sua trajetória de pensamento político tem seu primeiro grande marco teórico em *Reforma ou revolução?*, contrastando com o revisionismo de Bernstein e, com isso, alinhando o SPD em uma perspectiva marxista consequente. Luxemburgo põe-se também a estudar o movimento revolucionário russo de 1905, apoiando os bolchevicos. Tanto na Alemanha quanto em suas incursões políticas posteriores, na Polônia e na Rússia, suas atividades e ideias custaram-lhe perseguições e prisões. Suas obras do período desdobram sua leitura revolucionária e crítica do capitalismo, como em *Greve de massas, partido e sindicatos*, em que aprega a greve de massas como o mais decisivo instrumento de luta do proletariado e, em especial, em *A acumulação do capital*, em que então associa inextrincavelmente o capitalismo ao imperialismo. O problema da acumulação, para Luxemburgo, é necessariamente resolvido mediante a tomada, o domínio e o saque de regiões não capitalistas ou de capitalismo mais frágil[10]. A visão luxemburguista sobre o imperialismo se desdobra, ainda, em debates teóricos com outros pensadores de esquerda, como Anton Pannekoek[11].

Lidando na teoria diretamente com os problemas políticos de seu tempo, nos meados da década de 1910, já sob intensa perseguição governamental e judicial, Luxemburgo volta a escrever sobre a revolução russa; embora se posicionando contra potenciais estatais-burocratizantes que via no bolchevismo, defende a revolução bolchevique. Na Alemanha, encontrando no SPD uma maioria que votou a favor dos créditos de guerra, organiza, junto com Karl Liebknecht, um movimento de

---

[9] Ver Isabel Loureiro, *Rosa Luxemburgo: os dilemas da ação revolucionária* (São Paulo, Ed. Unesp, 1995), Rosa Gomes, *Rosa Luxemburgo: crise e revolução* (São Paulo, Ateliê, 2018) e Daniel Guérin, *Rosa Luxemburgo e a espontaneidade revolucionária* (trad. Cecília Bonamine, São Paulo, Perspectiva, 1982, coleção Khronos, n. 14).

[10] "Em suas formulações, Luxemburgo, à luz de substanciais comprovações históricas, denuncia o caráter penetrante do modo de produção capitalista, que solapa as bases da economia natural transformando-a em mercado. O capital condiciona e impõe-se sobre o terreno não capitalista, revolucionando-o e moldando-o em formas sociais similares. O imperialismo seria, portanto, parte desta dinâmica, com a inclusão das anexações territoriais, e não exatamente uma política. Logo, não seria uma fase momentânea do capitalismo, mas uma característica intrínseca e constitutiva do modo de produção, que depende da incorporação de áreas não capitalistas para sua reprodução"; Luiz Felipe Osório, *Imperialismo, Estado e relações internacionais* (São Paulo, Ideias & Letras, 2018), p. 56.

[11] "Na questão do imperialismo, importava a Pannekoek precisar as condições teóricas para uma retomada da iniciativa do proletariado internacional. E com isso se contrapor às posições que se manifestavam no interior da social-democracia alemã sobre a necessidade econômica do imperialismo"; José Carlos Mendonça, *Além de partidos e sindicatos: organização política em Anton Pannekoek* (Rio de Janeiro, Achiamé, 2011), p. 49.

dissidência à esquerda que gerará a Liga Espartaquista[12]. Em 1916, Rosa publica *A crise da social-democracia*, livro no qual analisa os limites e as contradições das posições do SPD:

> Depois que a bancada social-democrata atribuiu à guerra o caráter de defesa da nação e da civilização alemãs, a imprensa social-democrata atribui-lhe o caráter de libertadora das nações estrangeiras. Hindenburg tornava-se o executor testamentário de Marx e Engels. Nesta guerra, a memória pregou indiscutivelmente ao nosso partido uma peça fatal: enquanto ele esquecia completamente todos os seus princípios, promessas e resoluções adotados nos Congressos internacionais, justo no momento em que se tratava de aplicá-los, para seu azar lembrou-se de um "legado" de Marx, tirando-o da poeira dos tempos precisamente no momento em que só podia servir para enfeitar o militarismo prussiano, que Marx queria combater utilizando "homens e cavalos até o último suspiro". [...] Para justificar a aprovação dos créditos, a declaração solene da bancada parlamentar recorreu ao princípio socialista da autodeterminação das nações. O primeiro passo da "autodeterminação" da nação alemã nesta guerra consistia na camisa de força do estado de sítio, na qual se punha a social-democracia! Raramente na história se viu um partido cair em maior ridículo. Aceitando a união nacional, a social-democracia renegou a luta de classes durante a guerra. Mas assim ela renegava a base da própria existência, da própria política. Qual é seu alento senão a luta de classes? Que papel podia ela representar durante a guerra depois de ter abandonado seu princípio vital, a luta de classes? Ao renegar a luta de classes durante a guerra, a social-democracia despediu-se de si mesma como partido político ativo, como representante da política dos trabalhadores. Mas assim também arrancou da mão sua arma mais importante: a crítica da guerra do ponto de vista particular da classe trabalhadora. Ela entregou a "defesa da pátria" às classes dominantes, contentando-se com pôr a classe trabalhadora sob seu comando e cuidar para que houvesse tranquilidade durante o estado de sítio, ou seja, contentou-se com representar o papel de policial da classe trabalhadora.[13]

Luxemburgo e Liebknecht, com base no espartaquismo, ajudam a fundar, no final de 1918, o Partido Comunista Alemão (KPD – *Kommunistische Partei Deutschlands*). A ação revolucionária de Luxemburgo e do movimento espartaquista explode e ganha força na Alemanha. Em janeiro de 1919, perseguida por grupos paramilitares, é espancada e morta, tendo sido seu corpo jogado no rio em Berlim. A repressão ao movimento revolucionário mais aberto na Alemanha aumenta. O espartaquismo e a perspectiva de ruptura frontal do capitalismo se finda na Alemanha com o simbólico assassinato de Rosa, num tempo em que o governo já está nas mãos do SPD.

---

[12] Ver Furio Jesi, *Spartakus: simbologia da revolta* (trad. Vinícius Nicastro Honesko, São Paulo, N-1, 2018).
[13] Rosa Luxemburgo, "A crise da social-democracia", em Isabel Loureiro (org.), *Rosa Luxemburgo: textos escolhidos*, v. 2: *1914-1919* (trad. Isabel Loureiro, São Paulo, Ed. Unesp, 2017), p. 86 e 101.

Marxismo e Weimar ao tempo

Com a derrota na Primeira Guerra Mundial e a abdicação de Guilherme II em 1918, aceleram-se os acontecimentos políticos na Alemanha. A tomada do governo pelos social-democratas é acompanhada pelas reações de direita e, logo no início de 1919, pelos assassinatos das lideranças mais à esquerda do movimento socialista alemão, Rosa Luxemburgo e Karl Liebknecht, e pela contínua perseguição aos revolucionários. Instala-se em Weimar a Assembleia Nacional, preparando a Constituição que será votada em julho e promulgada em agosto de 1919. A carta constitucional de Weimar torna-se paradigmática em muitos aspectos. Canaliza uma parte das esperanças das lutas operárias e socialistas, enfrentando o rechaço das posições de esquerda mais radicais. De outro lado, surgindo logo no tempo da capitulação alemã de final de guerra, a nova constituição arca com sua associação aos fardos e às perdas daí decorrentes, o que a faz ser alvo de contínuo combate por parte da direita alemã. Assim, diz Gilberto Bercovici:

> A Constituição de Weimar foi elaborada sem maiorias claras, em um contexto político cujo equilíbrio era precário e instável. Desta forma, não era uma Constituição homogênea, monolítica, mas uma expressão das relações entre as forças políticas em disputa em 1919. [...] A Constituição de Weimar era um compromisso politicamente aberto de renovação democrática na Alemanha. O difícil em sua análise não é demonstrar suas incoerências, mas definir qual seria a saída satisfatória no contexto complexo e contraditório de uma sociedade industrial moderna nas condições alemãs do Pós-Primeira Guerra Mundial.
> A instabilidade constitucional do período aqui estudado muitas vezes é atribuída à própria estrutura da Constituição de Weimar, frequentemente denominada "constituição de compromisso" ou "constituição programática", carente, portanto, de definições políticas que permitissem o seu cumprimento em determinadas direções. A segunda parte da Constituição, especialmente, foi alvo das mais acirradas polêmicas, graças às inovações que introduziu, submetendo o individualismo a serviço da coletividade e protegendo os direitos individuais na medida em que cumpriam seu dever social. Boa parte do célebre debate de métodos do direito público, travado durante a República de Weimar, deu-se em torno do alcance, limites e possibilidades desta segunda parte da Constituição.[14]

A experiência da assim chamada República de Weimar, daí até seu total ocaso, em 1933, começará encontrando a proeminência do SPD no governo alemão, passando mesmo pelas lutas dos comunistas que se agudizam em 1923[15], até que,

---

[14] Gilberto Bercovici, *Constituição e Estado de exceção permanente: atualidade de Weimar* (Rio de Janeiro, Azougue, 2012), p. 17-8. Sobre as disputas jurídicas em torno de Weimar, ver, ainda, Carlos Miguel Herrera, *A política dos juristas: direito, liberalismo e socialismo em Weimar* (trad. Luciana Caplan, São Paulo, Alameda, 2012).

[15] Ver Isabel Loureiro, *A Revolução Alemã (1918-1923)* (São Paulo, Ed. Unesp, 2005).

por fim, a força dos movimentos reacionários se impõe[16]. Tensionado por partidos e movimentos à esquerda, como pelos social-democratas independentes já desde 1917 e também pelo KPD, e pelas direitas que desembocarão no Partido Nazista, o SPD vai se transformando no decorrer dos anos de Weimar. Em movimentos não uníssonos, enfrentando desde as negociações de paz por conta da derrota na Primeira Guerra Mundial, as reparações de guerra até a hiperinflação e a crise econômica mundial de 1929, que, ao eclodir, repercutirá numa Alemanha já grandemente fragilizada e tensionada, ao cabo, quando então Hitler alcançar o poder em 1933, o próprio SPD já será outro, se tomado em face de sua história pretérita[17].

Hilferding, cuja proeminência teórica para o SPD já se apresentava desde a publicação de *O capital financeiro*, de 1910[18], desliza de uma leitura crítica do Estado como órgão executivo do capital para a imperiosidade de uma apropriação das próprias técnicas relacionais e administrativas capitalistas por parte da classe trabalhadora. Em seu texto *As tarefas da social-democracia na República*, de 1927[19],

---

[16] Ver Annie Dymetman, *Uma arquitetura da indiferença: a República de Weimar* (São Paulo, Perspectiva, 2002, coleção Estudos, n. 188); Claude Klein, *Weimar* (trad. Geraldo Gerson de Souza, São Paulo, Perspectiva, 1995, coleção Khronos, n. 18); Rita Thalmann, *A República de Weimar* (trad. Álvaro Cabral, Rio de Janeiro, Zahar, 1988, coleção Cultura Contemporânea, n. 11); e Lionel Richard, *A República de Weimar, 1919-1933* (trad. Jônatas Batista Neto, São Paulo, Companhia das Letras, 1988, coleção A Vida Cotidiana).

[17] "Querer situar a social-democracia alemã, desde o 4 de agosto de 1914, até os efeitos do programa não cumpridos, revela algo de doido. Esta distorção de situações reais somente é compreensível se a análise tem como ponto de partida um erro histórico fundamental. Este erro consiste em pensar que o partido social-democrático, em algum momento de sua história, teria sido efetivamente um partido marxista revolucionário, pelo fato de ter apresentado tal roupagem nos detalhes de seu programa. [...] O partido social-democrático alemão não foi, em momento algum de sua história, um partido marxista, nem na realidade nem em seus programas. [...] A ligação da social-democracia alemã com o Estado é o produto histórico da revolução burguesa fracassada e não a falta de esclarecimento sobre a função de classe do Estado. O Estado garante, por isso, para esta social-democracia o contexto de realidade propriamente dito. Sob estas condições é compreensível porque após 1918, quando este velho Estado jazia por terra em quase todas as suas funções, a social-democracia não tinha nada mais urgente a fazer que recompor o Estado, a verdadeira *garantia de realidade*, para então institucionalizar os direitos que a classe trabalhadora conquistara na luta e assim estabilizá-los pelo Estado. Tanto estava perdida a confiança da classe trabalhadora e dos representantes da social-democracia no poder de realidade da *sociedade* que todas as aspirações dos dirigentes social-democratas somente visavam produzir, com o auxílio da assembleia nacional de Weimar, o mais rapidamente uma imagem de Estado fundada na representação"; Oskar Negt, "A social-democracia alemã – Modelo de um partido nas 'armadilhas da dialética'", em *Dialética e história: crise e renovação do marxismo* (trad. Ernildo Stein, Porto Alegre, Movimento, 1984), p. 62-3 e 67.

[18] Ver Rudolf Hilferding, *O capital financeiro* (trad. Reinaldo Mestrinel e Wanda Caldeira Brant, São Paulo, Nova Cultural, 1985, coleção Os Economistas).

[19] Ver idem, "Die Aufgaben der Sozialdemokratie in der Republik", em Cora Stephan (org.), *Zwischen den Stühlen, oder über die Unvereinbarkeit von Theorie und Praxis Schriften Rudolf Hilferdings, 1904-1940* (Bonn, J. H. W. Dietz Nachf, 1982), p. 212-36.

Hilferding considera o Estado como mecanismo de transição para o socialismo, na medida em que o poder teria o condão de se apresentar de maneira independente da economia. Se assim o é, em sua lógica tardia, já em pleno andamento da experiência weimariana, a ação socialista seria o investimento no aumento quantitativo da participação dos trabalhadores no próprio Estado, controlando-o. Uma espécie de evolucionismo na transição seria o escopo teórico da social-democracia alemã nos últimos anos da República de Weimar[20].

Em paralelo à experiência de Weimar, desenvolveu-se, compartilhando da mesma língua alemã, o movimento depois identificado pela alcunha de austromarxismo[21]. Boa parte do escopo teórico de weimarianos e austromarxistas é comum, e mesmo a afinidade de estratégias e de lutas práticas, ainda que suas divergências destaquem, exatamente, contrastes centrais na teoria e na ação. Os austríacos tomam o poder em 1918, mantendo-se à testa do governo até 1920, mas, depois disso, sustentam ainda a administração de Viena até 1934, o que deu ensejo a que esta fosse chamada, ao tempo, de Viena Vermelha. Max Adler e Otto Bauer, já de antes da ascensão ao poder do Partido Social-Democrata Operário da Áustria (SPÖ – *Sozialdemokratische Partei Österreichs*), rejeitavam a noção, depois recorrente no SPD alemão, de uma neutralidade instrumental estatal de tipo evolucionista no que tange à transição entre capitalismo e socialismo, ao gosto da Segunda Internacional.

---

[20] Ver Mario Telò, "Teoria e política de planificação no socialismo europeu entre Hilferding e Keynes", em Eric J. Hobsbawm (org.), *História do marxismo*, v. 8: *O marxismo na época da Terceira Internacional: o novo capitalismo, o imperialismo, o terceiro mundo* (trad. Carlos Nelson Coutinho, Luiz Sérgio N. Henriques e Amélia Rosa Coutinho, Rio de Janeiro, Paz e Terra, 1987, coleção Pensamento Crítico, n. 64), p. 135-97.

[21] "O termo 'austromarxismo' foi aparentemente cunhado por um socialista estadunidense, Louis Boudin, alguns anos antes da Primeira Guerra Mundial, para descrever um grupo de jovens pensadores marxistas de Viena – sendo os mais proeminentes Marx Adler, Otto Bauer, Rudolf Hilferding e Karl Renner – que também eram ativos no movimento socialista austríaco. Por meio de seus livros, periódicos e atividades políticas, tiveram uma influência considerável no socialismo europeu nas duas primeiras décadas do século XX, como críticos do 'revisionismo' na social-democracia alemã e expoentes de uma forma de marxismo que poderia reivindicar-se uma ciência rigorosa e não dogmática da sociedade e que mantinha seu caráter revolucionário. Mais tarde, após a ascensão do bolchevismo, eles ocuparam uma posição intelectual e política situada entre os partidos social-democratas cada vez mais reformistas e os recém-estabelecidos partidos comunistas; uma posição que foi simbolizada pelo papel de Friedrich Adler na criação da 'Segunda e meia' Internacional, de curta duração. Mas no período pós-guerra, após a derrota e desmembramento do Império dos Habsburgo, a influência do austromarxismo no movimento socialista europeu declinou e, embora tenha permanecido como uma força poderosa na Áustria até 1934, sua contribuição particular ao pensamento marxista internacional foi ofuscada por novas tendências intelectuais e, gradualmente, tornou-se esquecida"; Tom Bottomore, "Introduction", em Tom Bottomore e Patrick Goode (orgs.), *Austro-Marxism* (trad. Tom Bottomore e Patrick Goode, Oxford, Clarendon Press, 1978), p. 1 (tradução nossa).

Nas leituras de Adler e Bauer, o Estado é um espaço atravessado pelos antagonismos de classe, ao lado e em conjunto com os próprios antagonismos econômico-sociais. Se Kautsky, numa linha evolucionista acerca da transição, rejeita Lênin e a experiência soviética, Bauer e Adler a defenderão como autenticamente marxista, ainda que considerando o caráter específico do caso bolchevique, não necessariamente uma métrica universalizante, reservando hipóteses outras de transição, como seria a do caso austríaco[22].

Numa posição que de alguma maneira se aproxima da de Hilferding, Karl Renner, na própria Áustria, também considerava existir uma dissociação entre o capital e o Estado, na medida em que este seria investido de uma natureza intrinsecamente voltada ao arranjo coletivo. Para Renner, então, à diferença das posições de Adler, haveria uma possibilidade de transição ao socialismo de tipo gradualista, fazendo girar no próprio Estado o eixo desse impulso. O Estado é, em sua visão, o sujeito da transformação social. Ainda que à esquerda, a plataforma teórica e de ação política de Renner consegue ser compartilhada com alguns setores do pensamento austríaco de extração neokantiana, como no caso de Hans Kelsen. Embora os diapasões políticos distintos, unificando as posições de Renner e Kelsen está a centralidade do fenômeno estatal como instrumento de ação e câmbio social. Se Renner se aproxima de Hilferding na dissociação entre Estado e capital, apostando naquele contra este, o faz, no entanto, fincando ainda mais esperanças na institucionalização – na garantia e na condução jurídica – desse próprio arranjo estatal. Assim, diz Giacomo Marramao:

> Tendo partido do ambicioso programa de fundir o "imperativo categórico da socialização" (ou seja, de assegurar a qualquer preço a continuidade do mecanismo econômico) com a assunção por parte do movimento operário do Estado existente na totalidade de suas funções jurídico-administrativas, Renner chegava assim a uma tácita identificação da "técnica social" com o "procedimento legislativo". Sua hipótese é, portanto, mais declaradamente "social-tecnocrática" do que a de Hilferding. Mas, por esse mesmo motivo, essa hipótese parece ainda mais *utopista*: a ideia da socialização como *desenvolvimento sem crise*, como progressos sem rupturas, que em Hilferding fundava-se numa atualização do esquema da *Parlamentarisierung*, através da função integradora das instâncias participativas dentro do formalismo institucional do *Parteienstaat*, em Renner apresenta-se como uma mera tradução do "de facto" no "de jure", como uma racionalização normativa da esfera da circulação e, em consequência, como uma verdadeira *utopia redistributiva*.[23]

---

[22] Ver Max Adler, "The Sociology of Revolution", e Otto Bauer, "Two Revolutions", em Tom Bottomore e Patrick Goode (orgs.), *Austro-Marxism*, cit., p. 136-46 e 151-6.
[23] Giacomo Marramao, *O político e as transformações: crítica do capitalismo e ideologias da crise entre os anos vinte e trinta* (trad. Antonio Roberto Bertelli, Belo Horizonte, Oficina de Livros, 1990), p. 190. Sobre Renner e o debate jurídico, ver, ainda, José Reinaldo de Lima Lopes, *Direito e transformação social: ensaio interdisciplinar das mudanças no direito* (Belo Horizonte, Nova Alvorada, 1997).

Weimar e o SPD alemão têm no governo do SPÖ na Áustria a comparação mais imediata e óbvia – via de regra estando posicionados os austríacos mais à esquerda que os alemães. Mas também, de outro lado, a Alemanha de Weimar é confrontada com o movimento revolucionário bolchevique russo, tendo Lênin por seu principal artífice e pensador[24]. Na obra de Lênin, a situação do caso weimariano é especialmente destacada no texto "A doença infantil do 'esquerdismo' no comunismo", escrito em 1920. Tratando da disciplina necessária ao êxito bolchevique, Lênin se debruça sobre as contradições e insuficiências da luta alemã. Estabelecendo uma distinção entre a ação revolucionária soviética e o revolucionarismo pequeno-burguês que se via em especial no SPD, que reputará de esquerdismo, Lênin aponta para as experiências, como a do espartaquismo, que se mantiveram em linha de luta apreciável:

> A história, diga-se de passagem, confirmou hoje em grande escala, à escala histórico-mundial, a opinião que sempre defendemos, a saber: que a social-democracia *revolucionária* alemã (e note-se que Plekhánov exigia já em 1900-1903 a expulsão de Bernstein do partido, e que os bolcheviques, seguindo sempre esta tradição, desmascararam em 1913 toda a baixeza, a infâmia e a traição de Legien) – que a social-democracia revolucionária alemã estava *mais perto que ninguém* do partido de que o proletariado revolucionário necessitava para poder vencer. Agora, em 1920, depois de todos os fracassos e crises vergonhosas da época da guerra e dos primeiros anos depois da guerra, vê-se com clareza que, de todos os partidos ocidentais, a social-democracia revolucionária alemã é precisamente a que deu os melhores chefes e a que se recompôs, se restabeleceu e se fortaleceu de novo antes dos outros. Isso vê-se tanto no partido dos spartakistas como na ala esquerda, proletária, do "Partido Socialdemocrata Independente da Alemanha", que trava uma luta sem desfalecimento contra o oportunismo e a falta de caráter dos Kautsky, dos Hilferding, dos Ledebour e dos Crispien.[25]

Para Lênin, uma Alemanha revolucionária seria fundamental para as lutas proletárias europeias. A análise sobre Weimar e as contradições e potenciais da esquerda alemã – como no caso da persistência de fundo nacionalista em condicionar a ação política ao nacionalismo da revogação do Tratado de Versalhes, um preciosismo esquerdista – revelava-se estratégica para as esperanças socialistas:

> Mas agora a situação é claramente tal que os comunistas da Alemanha não devem atar-se as mãos e prometer repudiar obrigatória e necessariamente a Paz de Versalhes em caso de vitória do comunismo. Isso seria uma estupidez. [...] Se os nossos inimigos de classe, os exploradores, os seus lacaios, os Scheidemann e os kautskistas, deixaram fugir uma série de possibilidades de fortalecer o movimento soviético alemão e internacional,

---

[24] Ver Tamás Krausz, *Reconstruindo Lênin: uma biografia intelectual* (trad. Baltazar Pereira, Pedro Davoglio e Artur Renzo, São Paulo, Boitempo, 2017).
[25] V. I. Lenine, "A doença infantil do 'esquerdismo' no comunismo", em *Obras escolhidas*, v. 3, cit., p. 288.

de fortalecer a revolução soviética alemã e internacional, é deles a culpa. A revolução soviética na Alemanha fortalecerá o movimento soviético internacional, que é o baluarte mais forte (e o único baluarte seguro, invencível e de poderio universal) contra a Paz de Versalhes, contra o imperialismo internacional em geral. Colocar a libertação da Paz de Versalhes obrigatória, necessária e imediatamente em primeiro lugar, antes da questão da libertação do jugo do imperialismo dos outros países oprimidos pelo imperialismo, é nacionalismo pequeno-burguês (digno dos Kautsky, Hilferding, Otto Bauer e cia.), mas não internacionalismo revolucionário. O derrubamento da burguesia em qualquer dos grandes países europeus, incluindo a Alemanha, é um acontecimento tão favorável para a revolução internacional que por ele se pode e se deve aceitar – se for necessário – uma *existência mais prolongada da Paz de Versalhes*.[26]

Ainda ao tempo, no arco das interpretações revolucionárias sobre Weimar, se elas prosseguem na Alemanha com líderes como Clara Zetkin[27], de outro lado, no âmbito bolchevique-soviético, passam pelas ações práticas e pelas reflexões de Stálin[28] e chegam, especialmente, a Trótski. Suas ideias principais a respeito da crise weimariana e dos caminhos que levariam ao nazismo contrastam com aquelas de Stálin e da visão oficial soviética, estabelecendo uma polaridade entre a leitura da revolução permanente e a da defesa do socialismo em um só país, de Stálin e, no plano teórico, mais desenvolvida por Bukhárin[29]. Para Trótski, já na década de 1920, havia a urgência de se avançar na luta proletária alemã, sob risco de crescimento dos setores fascistas, na medida em que julgava a época imperialista monopolista que vivia como de linha reacionária em todos os setores e sentidos. Se houvesse a incapacidade da classe trabalhadora em tomar o poder, disso adviria

---

[26] Ibidem, p. 318-9.
[27] Ver Clara Zetkin, *Como nasce e morre o fascismo* (trad. Eli Moraes, São Paulo, Autonomia Literária, 2019).
[28] Ver, dentre outros textos de Stalin, "Relatório sobre o trabalho do Comitê Central ao XVIII Congresso do PCUS", em Josef Stalin, *Obras Escolhidas de J. V. Stalin (1901-1952)* (trad. João Carvalho, Marcelo Bamonte, Otávio Losada e Klaus Scarmeloto, São Paulo, Raízes da América, 2018), p. 577-615. Sistematizando questões a respeito, em linha de interpretação própria, ver Ruth Fischer, *Stalin and German Communism: A Study in the Origins of the State Party* (Cambridge, Harvard University Press, 1948).
[29] "De todo modo, Bukhárin foi marcado como gradualista e evolucionista em relação a duas tendências distintas, ambas claramente industrialistas: a dos trotskistas, na primeira metade dos anos vinte, e a dos planificadores stalinistas, no final da mesma década: este esquema interpretativo é precisamente aquele que, em maior ou menor medida, é realçado pelas histórias oficiais da URSS, que hoje em dia deveria se superar. [...] Sua contribuição à teoria da 'construção do socialismo num só país' continua identificando-se, de uma maneira muito esquemática, com as posições stalinistas, apesar de que deriva de uma análise distinta e de certo modo mais orgânica e elaborada da situação mundial"; Lisa Foa, "Bukhárin entre a teoria do colapso e a estabilização", em Lênin et al., *Bukhárin, teórico marxista* (trad. Antonio Roberto Bertelli, Belo Horizonte, Oficina de Livros, 1989, coleção Estudos Marxistas), p. 176-80.

a transformação, por parte do capital financeiro, da pequena burguesia em um exército pogromista reacionário. Trótski situa o surgimento de Hitler no seio da pequena burguesia alemã que, após a derrota na Primeira Guerra Mundial, encontra-se em decadência e não encontra nos social-democratas de Weimar nem nos comunistas suas fontes de resolução. Expõe em "A luta contra o fascismo":

> Nem todo pequeno burguês desesperado pode se converter em Hitler, mas há em cada pequeno burguês desesperado uma partícula de Hitler. [...] A derrota desenhou um muro no meio do caminho do imperialismo alemão. A dinâmica exterior se transformou na dinâmica interior. A guerra se tornou revolução. A social-democracia, que ajudou os Hohenzollern a levar a guerra a seu desfecho trágico, não permitiu ao proletariado levar a revolução a cabo. A democracia de Weimar passou quatorze anos tentando justificar sua própria existência. O Partido Comunista convocou os trabalhadores a uma nova revolução, mas se demonstrou incapaz de dirigi-la. [...]
> Hitler começou pelas injúrias e recriminações contra as condições [do Tratado] de Versalhes, o custo de vida, a falta de respeito aos meritosos suboficiais, as intrigas de banqueiros e jornalistas sobre a fé de Moisés. Havia no país muita gente arruinada, afogada, coberta de cicatrizes e feridas frescas. Cada uma delas queria bater o punho na mesa. Hitler fazia-o melhor que todos. É verdade que ele não sabia como remediar todos os males. Mas suas acusações ressoavam ora como ordens, ora como prece por um destino infalível. As classes condenadas, como doentes incuráveis, não se cansam de invocar seus sofrimentos nem de receber consolações. Todos os discursos de Hitler soavam nesse diapasão. Um sentimentalismo disforme, uma ausência total de rigor no raciocínio, uma ignorância mascarada por erudição desordenada: tudo o que era menos se tornou mais. Isso lhe deu a possibilidade de enfiar todas as formas de descontentamento no saco de mendigo do nacional-socialismo e conduzir a massa aonde ela queria.[30]

A análise de Trótski sobre a inação da URSS e do KPD no caso alemão ao tempo em que se poderia avançar numa luta proletária é perpassada, ao fim, por uma crítica estrutural à capacidade de Weimar de se sustentar em seus princípios social-democratas, propondo então uma busca de coesão entre comunistas e social-democratas em uma tática defensiva. No texto "Revolução e contrarrevolução", asseverará:

> O fascismo é um perigo real na Alemanha. É a expressão aguda da situação sem saída do regime burguês, do papel conservador da social-democracia em relação a esse regime e da fraqueza acumulada do KPD para destruir esse regime. Quem nega isso é um cego ou um fanfarrão. [...]
> Pôr-se na defensiva é aproximar-se da maioria da classe operária alemã e é fazer a frente única com os operários social-democratas e sem partido contra o perigo fascista. Negar esse perigo, subestimá-lo, não levá-lo a sério é o maior crime que se pode cometer hoje contra a revolução proletária na Alemanha. O que "defenderá" o KPD? A constituição

---

[30] Leon Trotsky, *A luta contra o fascismo: revolução e contrarrevolução* (trad. Mário Pedrosa e Rafael Pardial, São Paulo, Sundermann, 2019), p. 62-3.

de Weimar? Não, deixamos essa tarefa a Brandler. O KPD deve tomar a defesa das posições materiais e intelectuais que a classe operária conquistou no Estado alemão. O problema que se apresenta imediatamente é o da sorte de suas organizações políticas, de seus sindicatos, de seus jornais e tipografias, seus clubes e bibliotecas etc. O operário comunista deve dizer ao operário social-democrata: "Os políticos de nossos partidos são inconciliáveis, mas se os fascistas vierem esta noite fazer um pogrom no local da tua organização, eu irei em teu auxílio de armas na mão. Prometes vir em meu auxílio se o perigo ameaçar minha organização?"[31]

O arco de reflexões marxistas acerca de Weimar se completa com análises esparsas que atravessam algumas de suas questões. Em outro espaço geográfico, Antonio Gramsci, tratando diretamente da ascensão do fascismo na Itália, lateralmente há de trabalhar também com as contradições do caso alemão ao tempo da década de 1920, ressaltando o elemento político da solução da crise capitalista por meio da autonomia relativa do Estado em face das classes dominantes, em peculiares situações de cesarismo[32].

Posição especial terá, nesse período de transição entre os governos democráticos e o surgimento do fascismo na Europa, o pensamento de Evguiéni Pachukanis[33]. Em um texto de 1927, "Para uma caracterização da ditadura fascista"[34], trabalhando com o caso italiano, Pachukanis estabelece uma investigação sobre as formas sociais do capitalismo e, a partir daí, demonstra como, para além de suas variantes políticas, remanesce a questão estrutural da própria forma do arraigar estatal. Nesse sentido, a crise será lida impossível de se remendar com câmbios internos dentro das formas derivadas da forma mercadoria. Para Pachukanis, a hecatombe da legalidade democrática e o surgimento do fascismo – tomado como ditadura de estabilização dado o sintoma de desmoronamento do domínio burguês –, só poderão ter solução revolucionária, a ditadura do proletariado[35].

---

[31] Ibidem, p. 103 e 118.
[32] Ver Antonio Gramsci, *Sul fascismo: a cura di Enzo Santarelli* (Roma, Editori Riuniti, 1973), e Alvaro Bianchi, *O laboratório de Gramsci: filosofia, história e política* (Porto Alegre, Zouk, 2018).
[33] A partir de 1927, Pachukanis desenvolve algumas reflexões acerca do fascismo para revistas e enciclopédias soviéticas. Em 1933, já sob influência das posições políticas de Stálin, escreve "Kak germanskiye sotsial-fashisty fal'sifitsirovali Sovety". Ver Evguiéni B. Pachukanis, "Kak germanskiye sotsial-fashisty fal'sifitsirovali Sovety", *Soviyeskoye gosudarstvo*, Moscou, n. 6, 1933, p. 21-39.
[34] Ver idem, "Zur Charakteristik der faschistischen Diktatur", em *Unter dem Banner des Marxismus*, Viena e Berlim, Verlag für Literatur und Politik, ano 2, mar.-nov. 1928, p. 315.
[35] "O fascismo, portanto, surge como expressão da desagregação do domínio burguês e demonstra precisamente que a única via capaz de conduzir ao socialismo é a ditadura do proletariado. Deste modo, o fascismo é expressão de decadência, ao passo que o bolchevismo é organização do novo, do progresso. O problema da reestruturação social operada pelo fascismo é deslocado em boa medida para o terreno da crítica da ideologia, com o objetivo de fornecer argumentos de agitação e propaganda para aqueles que trabalham para o Partido. A análise do fascismo, tal como realizada

Será com Ernst Bloch, ainda junto ao transcorrer dos fatos – final de Weimar e ascensão de Hitler –, que se levantará a compreensão mais ampla das contradições ao tempo. Em 1935, Bloch publica *Erbschaft dieser Zeit* (conhecido como *Herança desta época* ou *Herança deste tempo*), buscando captar as dissonâncias de tempo histórico que se acumulavam no período weimariano. O método de uma investigação da herança atentará para aquilo que Bloch chama de não contemporaneidade: camadas de temporalidade distintas num mesmo momento histórico-social[36]. Weimar, para Bloch, sobrepunha sociabilidades, anseios e utopias tanto passadistas quanto burguesas quanto socialistas. Os clamores dos governos weimarianos não ecoavam igualmente às distintas classes e frações sociais. O nazismo, quando toma o poder, não encontra, unissonamente, uma reprovação social a suas infâmias: a defesa da República, da democracia e da legalidade não era o tempo histórico de toda a Alemanha.

Por isso, é necessário empreender, no próprio tempo presente, um movimento mais amplo. É preciso distinguir a contradição errada daquela realmente verdadeira e, simultaneamente, em ambos, por sua vez, o fator subjetivo e o objetivo da contradição. *A contradição subjetiva e assincrônica é a raiva acumulada, a objetiva e não contemporânea é um passado inacabado; a subjetiva e contemporânea é a ação revolucionária livre do proletariado, a objetiva e contemporânea é o futuro impossibilitado, mas potencialmente contido no agora, a bênção da técnica que fora bloqueada, a nova sociedade impedida, da qual a velha está grávida em suas forças produtivas.* Uma questão básica da contradição contemporânea objetiva é o conflito entre a natureza coletiva de forças produtivas desenvolvidas pelo capitalismo e o caráter privado da aversão a elas. A crescente socialização do trabalho não se imbrica plenamente com as relações de propriedade privada capitalista, com a forma burguesa em que o trabalho industrial cresceu. Esta é a contradição objetiva contemporânea de nosso tempo em sua exata oposição de

---

por Pachukanis, é precisa, rica de conteúdo empírico; ao contrário, ela perde todo o caráter essencial nas reflexões de outros teóricos da Terceira Internacional"; Elmar Altvater, "O capitalismo se organiza: o debate marxista desde a guerra mundial até a crise de 1929", em Eric J. Hobsbawm (org.), *História do Marxismo*, v. 8, cit., p. 69.

[36] "É a partir desse enriquecimento que se pode desenvolver o método da herança, capaz de assumir dialeticamente o que não se inscreve, aparentemente, no 'sentido da história', desde que se faça deste último uma ideia dominada pela continuidade. O método da herança implica as necessárias 'diferenciações no interior do conceito de progresso' e permite levar em conta tudo o que não é homogêneo à abstração do contínuo, o que não 'se enquadra na mesma temporalidade' – é desse modo que se deveria traduzir a categoria de *Ungleichzeitigkeit*, de não contemporaneidade. No progresso da modernização, tudo o que é deixado para trás se torna heterogêneo; mas o irracionalismo das ideologias pelas quais se exprime a revolta das camadas abandonadas pelo progresso só é irracional do ponto de vista da própria razão desse processo. Se o marxismo difere da racionalidade burguesa, ele deve ser capaz de integrar essas dissonâncias"; Gérard Raulet, "Modernes et post-modernes", em *Weimar ou l'explosion de la modernité: actes du colloque "Weimar ou la modernité", sous la direction de Gérard Raulet* (Paris, Anthropos, 1984), p. 312 (tradução nossa).

classe: as forças produtivas e a propriedade são duas partes inextricáveis de uma unidade igualmente contemporânea. Tal é, e apenas esta é, a exata contradição do nosso tempo em termos revolucionários, mas não é a única que se manifesta neste tempo presente. O outro antagonismo, entre o capital e as classes sociais inacreditavelmente enganadas, convive ao largo da contemporaneidade, de modo difuso. Então ele produz, na classe "ahistórica" da pequena burguesia, medo e raiva reprimida, sem nela gerar qualquer consciência de classe própria e temporalmente ajustada. Isso conduz o conflito, então, de modo externo e sem brilho, apenas contra os sintomas, não se dirigindo contra o núcleo da exploração; o conteúdo do conflito em si é romântico e, por assim dizer, também "arcaicamente" anticapitalista.[37]

A identificação de assincronias no tempo social alemão faz com que Bloch perceba que os únicos impulsos consequentes sob Weimar, os das classes trabalhadoras em direção à revolução, perdem-se mediante os bloqueios advindos das contradições da acumulação e da propriedade e, ao mesmo tempo, se embaralham e naufragam sob o combate dos impulsos inconsequentes e não contemporâneos da pequena burguesia. No grande inventário de *Herança desta época*, indo do esgotamento do homem pobre alemão das cidades pequenas à alta cultura que se embebia de Spengler e Wagner, Bloch percebe que a racionalidade e a esperança, que sustentam o progressismo e a revolução, perdem energia e apelo em face dos mitos reacionários que encontram pleno eco nas subjetividades atravessadas pela raiva e pelo medo[38]. Weimar só poderia se resolver pela revolução socialista. Esta não vindo, o pior se anunciava.

De Weimar ao nazismo: balanços marxistas

Se os próprios anos do desenrolar da República de Weimar geraram interpretações muitas delas diretamente ligadas às lutas políticas, o pós-Segunda Guerra permitiu, de modo retrospectivo, explorações mais cientificamente rigorosas acerca de suas posições. Ao seu tempo, Weimar ensejava, nas perspectivas marxistas, um debate central entre reforma e revolução – o caminho weimariano em face daquele soviético. Ao seu cabo, o balanço fulcral do marxismo passa a ser a respeito da natureza do capitalismo alemão e mundial ao tempo de Weimar como antessala do nazismo. Os dois balanços continuam a iluminar as estratégias do presente. De um lado, os fracassos alemão – patente já à época – e soviético – numa erosão plenamente

---

[37] Ernst Bloch, *Erbschaft dieser Zeit* [*Herança deste tempo*] (Frankfurt, Suhrkamp, 1985), p. 122 (tradução nossa).
[38] Ver Alysson Leandro Mascaro, *Utopia e direito: Ernst Bloch e a ontologia jurídica da utopia* (São Paulo, Quartier Latin, 2008), e Miguel Salmerón Infante, "Introducción", em Ernst Bloch, *Herencia de esta época* (trad. Miguel Salmerón Infante, Madri, Tecnos, 2019), p. 11-24.

constatada *a posteriori* –, cada qual a seu modo, revelam erros comuns e alvos não atacados nas tentativas de superação do capitalismo. De outro lado, o capitalismo alemão que chega ao nazismo é exceção ou regra na dinâmica da reprodução capitalista? As condições da crise weimariana que se resolve por via fascista repetir-se-ão?

Em se tomando o balanço de Weimar no quadro das estratégias de superação da sociabilidade capitalista, os velhos modelos de crítica, lançados ao tempo dessa própria experiência, ressaltavam os limites e as diferenças do reformismo e do gradualismo em face da revolução soviética. A crítica mais contemporânea compreenderá como menor tal distância entre o reformismo weimariano e a revolução soviética, na medida da análise das formas sociais estruturantes da sociabilidade capitalista que permaneceram em ambos os casos, ainda que em diferentes arranjos. Já a Escola de Frankfurt apontava para a mercadoria como o elemento comum determinante de toda a sociabilidade contemporânea capitalista, do nazismo ao liberalismo e ao mundo soviético. Exatamente com os frankfurtianos vai se assentando o modelo de explicação marxista mais recorrente a respeito da decadência de Weimar e da ascensão do nazismo: uma tentativa de explicação total da relação entre política e capital.

Ocorre que os balanços marxistas a respeito da crise de Weimar e da ascensão do nazismo se dividem, no decorrer das décadas posteriores a tais fatos, em múltiplas chaves de leitura. Proponho a leitura de tais explicações em três conjuntos teóricos. O primeiro deles é aquele diretamente elaborado pela chamada Escola de Frankfurt. Friedrich Pollock, no núcleo de tal corrente, busca compreender o fenômeno do nazismo a partir da chave do capitalismo de Estado – a força do amálgama entre política e capital. Numa segunda chave, ainda próxima aos frankfurtianos, mas trabalhando em análise distinta, dá-se a leitura da ascensão do nazismo como fraqueza da política em face das contradições do capital. Franz Neumann, no seu clássico *Behemoth*, expõe a natureza conflituosa da relação entre frações de classe capitalistas, Estado e militares e o nazismo. Alfred Sohn-Rethel partilha de leitura algo similar à de Neumann, ainda que com recortes próprios. O terceiro dos blocos é o que parte das chaves da ciência econômica e da ciência política até chegar às portas daquilo que se denomina "novo" marxismo. No campo da economia, Michal Kalecki aponta para o peso das decisões políticas na dinâmica econômica capitalista – constituindo, assim, uma chave mais politicista de explicação. Charles Bettelheim explica o nazismo pelas condições de subconsumo, numa chave mais economicista. Por fim, ao se voltar ao tema já na década de 1970, Nicos Poulantzas atrela o fascismo à disputa e à coesão específicas do arranjo das frações de classe alemãs, buscando empreender uma tipologia das dinâmicas recíprocas entre o político e o econômico no capitalismo.

A conhecida afirmação de Max Horkheimer, "*Wer vom Kapitalismus nicht reden will, sollte auch vom Faschismus schweigen*", "quem não quer falar de capitalismo deveria também se calar sobre o fascismo"[39], delineia a importância, para o grupo de pensadores da Escola de Frankfurt, da compreensão do fenômeno do nazismo como um problema estrutural do capitalismo. Os pensadores frankfurtianos mais centrais, como Horkheimer e também Theodor Adorno, Herbert Marcuse e Erich Fromm, avançarão na investigação das correlações entre a sociabilidade capitalista e a psicanálise (constituindo-se aí um campo próprio e largo de análises)[40]. Ainda nesse núcleo de teóricos frankfurtianos, Friedrich Pollock tem uma posição singular, fornecendo uma interpretação econômica geral do capitalismo que permitiria compreender a ascensão do nazismo no seio de Weimar.

A análise de Pollock acerca das economias capitalistas e soviética no século XX – época que os frankfurtianos chamam de capitalismo tardio – enxerga em ambas um ponto comum, o plano. Embora os interesses, as classes, os objetivos pudessem ser distintos, os mecanismos instrumentais são os mesmos para as variadas versões da ação econômica no século XX. Afastando a ideia de que a crise do capitalismo levaria à sucumbência do sistema, Pollock aponta para sua persistência em razão da consolidação de uma nova fase de organização, a do capitalismo de Estado. Numa fusão da intervenção estatal com a dinâmica dos capitalistas, o mercado perde primazia no direcionamento econômico, subordinando lucros ao planejamento estatal. Em diferença do capitalismo mercantil concorrencial que se deu historicamente até o início do século XX, o capitalismo de Estado apresenta a primazia do político em face do econômico. O pensamento de Pollock, sem empreender uma específica empiria acerca da ruína de Weimar e da ascensão do nazismo, estabelece, no entanto, uma chave interpretativa geral do período que se abria nos meados do século XX e que tinha no nazismo seu exemplo extremo, o do capitalismo de Estado totalitário[41].

---

[39] Max Horkheimer, "Die Juden und Europa", em Max Horkheimer (org.), *Zeitschrift für Sozialforschung/Studies in Philosophy and Social Science*, ano 8: *1939-1940* (Munique, Deutscher Taschenbuch, 1980), p. 115. Ver, ainda, Ricardo Pagliuso Regatieri, *Do capitalismo monopolista ao processo civilizatório* (doutorado em sociologia, São Paulo, FFLCH-USP, 2015), p. 45, e Marcos Nobre, *A dialética negativa de Theodor W. Adorno: a ontologia do estado falso* (São Paulo, Iluminuras, 1998).

[40] A esse respeito, ver Alysson Leandro Mascaro, *Filosofia do direito* (9. ed., São Paulo, GEN-Atlas, 2022), p. 438-63.

[41] "Se algo como o capitalismo de Estado existe ou pode existir, está aberto a sérias dúvidas. Ele refere-se a um modelo que pode ser construído com base em elementos há muito visíveis na Europa e, até certo ponto, mesmo nos Estados Unidos. Desenvolvimentos sociais e econômicos na Europa a partir do fim da Primeira Guerra Mundial são interpretados como processos de transição em que o capitalismo privado se transforma em capitalismo de Estado. A abordagem mais próxima da forma totalitária deste último foi feita na Alemanha nacional-socialista. Teoricamente, a forma totalitária do capitalismo de Estado não é o único resultado possível para o atual processo de transformação. É mais fácil, contudo, construir um modelo para ela que para a forma democrática de capitalismo de Estado, para a qual nossa experiência fornece poucas pistas. Uma de nossas presunções básicas é que o livre comércio e a livre iniciativa do século XIX estão saindo de cena.

O capitalismo se funde com o planejamento estatal numa logicidade que não mais se distingue entre público e privado. Os antagonismos sociais persistem, mas controlados pelo cálculo e pela técnica. Horkheimer e Adorno aderem de grande modo a tal leitura econômica, num desdobramento imediato para o campo filosófico: atravessa o todo da sociabilidade a razão instrumental, fundada na lógica da mercadoria[42]. De algum modo, aqui se estabelece, ainda que resguardadas as diferenças de base, um paralelo dos frankfurtianos com a conhecida leitura de Georg Lukács, em *História e consciência de classe*, acerca da reificação e, de algum modo, também com *O assalto à razão*, obra publicada logo após a Segunda Guerra Mundial na qual Lukács empreende um inventário do irracionalismo que vai de Nietzsche até o nazismo, situando nesse contexto os impasses alemães e de Weimar[43].

Orbitando o movimento frankfurtiano, mas sem ter integrado seu grupo central, Franz Neumann apresenta uma leitura divergente acerca do perecimento de Weimar e da ascensão do nazismo. Em seu livro principal, *Behemoth: The Structure and Practice of National Socialism* [Behemoth: pensamento e ação no nacional-socialismo] discordará de Pollock a respeito da caracterização de seu tempo como capitalismo de Estado. Neumann, investigando em sua obra o colapso Weimar e, em seguida, a natureza do nacional-socialismo, não enxergará uma pujança unificadora nas mãos do Estado, afastando a ideia do núcleo dos pensadores frankfurtianos de uma racionalidade técnica que estivesse se tornando hegemônica e presidindo o capitalismo de modo geral e a Alemanha nazista como paradigma

---

Sua restauração está condenada por razões semelhantes às da tentativa de restaurar o feudalismo na França pós-napoleônica. A forma totalitária do capitalismo de Estado é uma ameaça mortal a todos os valores da civilização ocidental. Aqueles que querem preservar tais valores devem entender completamente as potências e limites do agressor se desejam obter sucesso em sua resistência. Além disso, devem ser capazes de mostrar de que maneira os valores democráticos podem ser preservados sob as condições de mudança. Se nossa suposição de que o fim da era do capitalismo privado se aproxima estiver correta, a luta mais bravia para restaurá-lo só pode levar ao desperdício de energia e, eventualmente, servir como uma antessala do totalitarismo"; Friedrich Pollock, "State Capitalism: Its Possibilities and Limitations", em Andrew Arato e Eike Gebhardt (orgs.), *The Essential Frankfurt School Reader* (Nova York, Continuum, 1982), p. 71 (tradução nossa). Ver, ainda, Fernando Rugitsky, "Crises e transformações do capitalismo – o diagnóstico de época de Friedrich Pollock", *Cadernos de Filosofia Alemã*, v. 22, n. 2, 2017, p. 111-34.

[42] Ver Gian Enrico Ruscone, *Teoría crítica de la sociedad* (trad. Alberto Méndez, Barcelona, Martinez Roca, 1977), Vladimir Ferrari Puzone *Capitalismo perene: reflexões sobre a estabilização do capitalismo a partir de Lukács e da Teoria Crítica* (São Paulo, Alameda, 2017).

[43] Ver Georg Lukács, *El asalto a la razón: la trayectoria del irracionalismo desde Schelling hasta Hitler* (trad. Wenceslao Roces, Barcelona, Grijalbo, 1968); idem, *História e consciência de classe* (trad. Rodnei Nascimento, São Paulo, Martins Fontes, 2003); Marcos Nobre, *Lukács e os limites da reificação: um estudo sobre* História e consciência de classe (São Paulo, Editora 34, 2001); e Silvio Luiz de Almeida, *O direito no jovem Lukács: a filosofia do direito em* História e consciência de classe (São Paulo, Alfa Omega, 2006).

específico. É na falha e na instabilidade, e não numa logicidade geral, que se funda a interpretação de Neumann.

A tese central de *Behemoth* trata dos antagonismos entre frações econômicas e grupos políticos e de interesse sob o nazismo. Não ocorre, sob a liderança de Hitler, um amálgama ou uma união que levassem o corpo social dominante alemão a uma convergência. Pelo contrário, a solução nazista é uma coesão que não se sustenta por possíveis acordos que gerassem uma classe dirigente: o capital industrial demandava a expansão imperialista e o esmagamento da pressão trabalhadora e sindical; o capital mercantil se insurge contra o esmagamento financeiro; a burocracia estatal se levanta contra as amarras parlamentares e o corpo administrativo social-democrata; a cúpula militar, buscando a expansão de guerra, deplora a intromissão do partido nazista. Tal conjunto não se articula homogeneamente. Sua união se dá, no seio de seus antagonismos, por uma espécie de junção de lucros, prestígios, domínios políticos e pelo medo:

> A classe dirigente da Alemanha nacional-socialista está longe de ser homogênea. Há tantos interesses quanto grupos, e a única coisa que os mantém juntos é o terror e o medo de que o colapso do regime os destrua a todos. [...]
> A única coisa que resta são os lucros, o poder, o prestígio e, principalmente, o medo. Os grupos dirigentes, carentes de qualquer lealdade mútua e sem outras preocupações a não ser proteger seus interesses, se desintegrarão assim que o *Führer* milagreiro encontrar um oponente à altura. Atualmente, cada setor necessita dos demais. O exército precisa do partido porque a guerra é totalitária. O exército não pode organizar a sociedade "totalmente", o que é responsabilidade do partido. Por outro lado, este último precisa do exército para vencer a guerra e assim estabilizar e até aumentar seu poder. Ambos precisam da indústria monopolista para assegurar a expansão contínua. Todos os três precisam da burocracia para alcançar a racionalidade técnica, sem a qual o sistema não poderia funcionar. Cada um desses grupos é soberano e autoritário; cada um tem seus próprios poderes legislativos, administrativos e judiciais; assim, todos eles podem acordar rápida e energicamente os compromissos necessários.[44]

Se Pollock crê haver na Alemanha uma subordinação da acumulação burguesa à planificação estatal, Neumann verá a junção entre capital e Estado de modo exatamente oposto: em sua leitura, as tensões entre grupos e frações faz com que seja o Estado que venha a se envergar aos interesses privados já existentes[45]. A tendência

---

[44] Franz Neumann, *Behemoth: Pensamiento y acción en el nacional-socialismo* (trad. Vicente Herrero e Javier Márquez, México, Fondo de Cultura Económica, 1983), p. 438-9 (tradução nossa).
[45] Ver José Rodrigo Rodriguez e Fernando Rugitsky, "Friedrich Pollock e Franz Neumann", em Marcos Nobre (org.), *Curso livre de Teoria Crítica* (Campinas, Papirus, 2008), p. 271-6. De e sobre Neumann ainda, em chave complementar, ver Franz Neumann, *O império do direito: teoria política e sistema jurídico na sociedade moderna* (trad. Rúrion Melo, São Paulo, Quartier Latin, 2013); idem, "A mudança de função da lei no direito da sociedade burguesa", trad. Bianca Tavolari, *Revista Brasileira*

a desconsiderar a condição capitalista do nacional-socialismo – chamando-o até mesmo de bolcheviquismo pardo ou de coletivismo burocrático – é afastada por Neumann, para quem a chave do capitalismo de Estado obnubila o fato da fraqueza do próprio ente estatal nazista em face do arranjo que preside:

> No nacional-socialismo, toda a sociedade está organizada em quatro grupos fortes e centralizados, cada um dos quais atua sob o princípio da liderança, cada um com seus próprios poderes legislativo, administrativo e judicial. Não há necessidade de um direito universal ou de uma burocracia que atue racionalmente para que haja integração. Não é necessário que os compromissos entre os quatro organismos autoritários sejam expressos em um documento jurídico, nem que sejam institucionalizados (como os "acordos de cavalheiros" das indústrias monopolistas). Basta que a liderança dos quatro setores concorde de maneira privada sobre uma determinada política. Os quatro organismos totalitários então a aplicarão valendo-se da maquinaria de que dispõem. Não há necessidade de um Estado acima de todos os grupos. O Estado pode até ser um obstáculo aos compromissos e à dominação sobre a classe governada. As decisões do *Führer* nada mais são que o resultado dos compromissos entre as quatro lideranças. O conselho ministerial para a defesa do Reich não dispõe de nenhum aparato executivo diferente daqueles dos quatro grupos da classe dirigente. Portanto, é impossível descobrir dentro da margem do sistema político nacional-socialista qualquer órgão que monopolize o poder político.[46]

Alfred Sohn-Rethel ocupa uma posição especial no quadro das análises da crise de Weimar e da ascensão do nazismo. Sua leitura diverge também da de Pollock, na medida em que não considera o Estado alemão nazista como um ente sobrepujante em face do capital, situando-se então em alguma similaridade com as ideias de Neumann[47]. Principalmente na obra *The Economy and Class Structure of German Fascism* [A economia e a estrutura de classe na Alemanha fascista][48], Sohn-Rethel avança no sentido de ver distintos interesses no seio do complexo político-econômico nazista, mas destaca, fundamentalmente, uma dualidade entre as indústrias voltadas à exportação (Siemens, I. G. Farben, Mercedes, M. A. N., entre outras) e aquelas do Truste do Aço. A primeira fração capitalista se orientava para o mercado externo, e a segunda, dita "autarquista", para a criação de uma grande Alemanha, com um

---

de Estudos Políticos, n. 109, jul.-dez. 2014, p. 13-87; e José Rodrigo Rodriguez, *Fuga do direito: um estudo sobre o direito contemporâneo a partir de Franz Neumann* (São Paulo, Saraiva, 2009).

[46] Franz Neumann, *Behemoth*, cit., p. 517 (tradução nossa).

[47] "Comparada com a posição de Neumann, por uma parte, e com a de Pollock e Horkheimer, por outra, a análise de Sohn-Rethel parece se colocar numa posição intermediária e, por conseguinte, híbrida e pouco resolutiva do problema fundamental, que neste nível do debate já não é tanto o da autonomia ou heterodoxia do poder fascista, mas, ao contrário, da relação que se estabeleceu no mesmo entre a política e a economia", Giacomo Marramao, *O político e as transformações*, cit., p. 270.

[48] Ver Alfred Sohn-Rethel, *The Economy and Class Structure of German Fascism* (trad. Martin Sohn-Rethel, Londres, Free Association Books, 1987).

mercado interno pujante. A resolução de tipo nazista, para Sohn-Rethel, representou a predominância da fração capitalista industrial, e não a daquela comercial-exportadora, tradicionalmente apontada como financeira:

> Minha argumentação, no caso, relaciona-se com o duplo aspecto econômico existente nessa situação: economia de fábrica *versus* economia de mercado. Ao escolher o caminho fascista, os capitalistas abriram mão de seu interesse na economia de mercado para satisfazer as exigências de sua economia de fábrica. Os lucros obtidos com uma economia de guerra eram todos fictícios, a menos (e até) que a Alemanha ganhasse a guerra. Eles romperam também com toda a moralidade do passado, ao colocar em risco o objetivo de reprodução social como o fim da economia. E entregaram sua sorte e sua iniciativa ao Estado. A economia desse sistema exigia uma divisão hermética em duas esferas, a economia dos valores reprodutivos e a economia dos valores não reprodutivos, nenhuma delas se estendendo à outra. Para manter a nação em funcionamento era necessário alimentá-la e vesti-la (novos conjuntos residenciais e consertos nos já existentes raramente foram autorizados em todos os anos de Hitler), e para tal foi fixado um nível salarial que pouco excedia a assistência ao desemprego durante a recessão. Os salários e preços foram congelados sob uma "paralisação de salários e preços" que só em 1938 e 1939 mostrou indícios de ceder. Nenhuma renovação, e apenas as substituições mais essenciais eram autorizadas para o equipamento produtivo das indústrias de bens de consumo. Inversamente, só o dispêndio nos bens de consumo essenciais deveria sair dos lucros obtidos no setor de armamentos, de modo que todos os equivalentes monetários dos valores não reprodutivos produzidos pudessem ser mantidos no circuito, elevando-se até o total ascendente dos gastos em armamentos. Em setembro de 1939 – segundo o próprio Hitler – esse total chegava a 90 bilhões de marcos alemães. Dentro dessa moldura totalitária, a economia estava na realidade totalmente estatizada, administrada pelo Estado para a iniciativa privada. [...] Essa dependência mútua não propicia uma relação harmoniosa entre a administração e o capital, e entre o partido e o Estado. Pelo contrário. Cada um deles trabalha com a ilusão de que poderia ser, e deveria ser, capaz de passar sem o outro e tomar todo o poder e todo o lucro para si; mas, se tenta fazê-lo, descobre seu engano. Toda a história das relações entre o partido e a classe capitalista na Alemanha de Hitler, uma história de incessantes atritos e tensões, se enquadra nessa analogia, e por bons motivos.[49]

No plano da investigação econômica da crise de Weimar e da ascensão do nazismo, vários pensadores marxistas não ligados às tradições frankfurtianas constroem específicas hipóteses interpretativas. Dentre estes, o polonês Michal Kalecki argumentará acerca da dificuldade de estabelecer um padrão de otimização na relação entre capitalistas e Estado no que tange à dinâmica econômica. Mais que desejar o pleno emprego – que representaria, então, o início de um ciclo virtuoso

---

[49] Idem, "A economia dual da transição", em Mario Tronti et al., *Processo de trabalho e estratégias de classe* (trad. Waltensir Dutra, Rio de Janeiro, Zahar, 1982, série Biblioteca de Ciências Sociais: Economia), p. 67-8.

de consumo e produção – as classes burguesas temem, segundo Kalecki, as insurgências e o fortalecimento do poder das classes trabalhadoras daí advindos. Assim, o nazismo não se explica mediante uma lógica de eficiência econômica, mas, sim, pela busca de uma ordem política que controle, pela via estatal, a dinâmica capitalista. Somente assim seria possível alavancar a economia alemã ao pleno emprego, se se operasse, então, um deslocamento do padrão de subjugação das classes trabalhadoras, do campo econômico para o político[50].

O economista Charles Bettelheim, em seu estudo de fôlego *L'Économie Allemande sous le Nazisme* [A economia alemã sob o nazismo], destaca uma característica que o autor reputa ser pouco trabalhada nas explicações a respeito dessa época, a da limitação do mercado interno alemão, compreendendo-se aqui como um déficit entre o poder de consumo e a capacidade de produção. As necessidades e os rendimentos encontravam-se, no caso alemão, rebaixados em face de uma produção que se revela, então, sem saída para a acumulação. Para Bettelheim, a intervenção nazista, navegando contra uma ideia de senso comum, representou uma direção pouca na economia capitalista:

> É certo que a Alemanha nazista desconheceu, em seu conjunto, o fenômeno da superprodução, mas isso não se explica pelo aumento do consumo. O consumo, representado pelo valor real da cifra de negócios do comércio varejista, permaneceu sempre a um nível muito inferior ao de 1928. Se, portanto, não se deu a superprodução, isso se deveu à utilização somente parcial do mercado em favor do aparato de produção de objetos de consumo. [...] Contrariamente ao que afirmam os teóricos nazistas e

---

[50] "Os líderes empresariais apreciam mais a 'disciplina nas fábricas' e a 'estabilidade política' que os lucros. Seu instinto de classe lhes diz que, de seu ponto de vista, um pleno emprego durável é insano, e que o desemprego é uma parte integrante do sistema capitalista normal. Uma das mais importantes funções do fascismo, como tipificado pelo sistema nazista, era a de remover as objeções capitalistas ao pleno emprego. A reprovação à política de despesa governamental é superada, sob o fascismo, pelo fato de a máquina estatal estar sob o controle direto de uma associação do grande negócio com os bem-sucedidos fascistas. É removida a necessidade do mito da 'finança sadia', que servia para impedir o governo de sobrepor-se, por meio dos gastos, à crise de confiança. Numa democracia ninguém sabe como será o próximo governo. No fascismo não há próximo governo. A reprovação ao gasto governamental – em investimento público ou em consumo – é superada concentrando-se em armamentos a despesa governamental. Por fim, a 'disciplina nas fábricas' e a 'estabilidade política' em pleno emprego são mantidas pela 'nova ordem', que varia da supressão dos sindicatos até os campos de concentração. A pressão política substitui a pressão econômica do desemprego"; Michal Kalecki, "Os aspectos políticos do pleno emprego", em Jorge Miglioli, (org.), *Crescimento e ciclo das economias capitalistas* (trad. Jorge Miglioni, 2. ed., São Paulo, Hucitec, 1990, série Economia & Planejamento), p. 56-7. Sobre Kalecki, ver Lenina Pomeranz, Jorge Miglioli e Gilberto Tadeu Lima (orgs.), *Dinâmica econômica do capitalismo contemporâneo: homenagem a M. Kalecki* (São Paulo, Edusp, 2001); Antonio Jaime Gama Jobim, *A macrodinâmica de Michal Kalecki* (Rio de Janeiro, Graal, 1984); e Assuéro Ferreira, *Limites da acumulação capitalista: um estudo da economia política de Michal Kalecki* (São Paulo, Hucitec, 1996, série Economia & Planejamento).

ao que frequentemente pensam os partidários dos acordos, isso faz ressaltar até que ponto em tais condições a economia está *pouco* dirigida. Quem "dirige" a economia segue sendo o mercado – e se trata, claro, do mercado capitalista dominado pela apropriação –, tendo em vista que é a ele que a produção se vê obrigada a se adaptar, e os nazistas, pelo mesmo fato de que defendiam o lucro dos monopólios, foram incapazes de dominar realmente o mercado, isto é, de ampliá-lo efetivamente.[51]

Numa economia de capitalismo monopolista, na qual o rendimento se vê entravado por impossibilidades de circulação externa, o papel de uma indução estatal de guerra vai apenas até um limite, dado que a distribuição de riquezas está condicionada à manutenção dos mesmos padrões sociais que geram os impasses da acumulação. Bettelheim chama a atenção para o fato de que, em parcial diferença em relação à indução econômica de uma economia de tipo socialista – tratando, no caso, da experiência soviética –, cuja margem de ação é bastante mais ampla, a intervenção nazista sustenta uma divisão social da propriedade e, por consequência, dos rendimentos mediante a forma de salários, benefícios, juros, rendas, benefícios de monopólios. Assim sendo, o nazismo, recebendo as contradições da economia alemã de Weimar, não tem, por seus próprios meios de sustentação dos parâmetros sociais de apropriação capitalista, a possibilidade de resolução dos problemas da acumulação que enfrentava. Como o padrão de intervenção econômica nazista, sustentado por – e sustentando – uma específica divisão da riqueza de tipo capitalista, é também o padrão de intervenção estatal dos países capitalistas no pós-Segunda Guerra, nesta sua obra escrita logo após o desenrolar dos fatos, aponta Bettelheim para uma persistência econômica do nazismo no capitalismo contemporâneo: "A análise da economia da Alemanha nazista nos ensina ainda outra coisa. Ensina-nos, sobretudo, que essa economia revela, em escala mais desenvolvida, aquilo que outras economias capitalistas revelam de uma forma mais ou menos clara. [...] Indicam que o capitalismo atual contém em potência uma estrutura econômica análoga à da Alemanha nazista"[52].

O grande ciclo das interpretações marxistas no século XX a respeito da ascensão do nazismo se conclui com o pensamento de Nicos Poulantzas. Em sua obra *Fascismo e ditadura*, publicada em 1970, ele busca construir uma tipologia dos fascismos e dos variados regimes de exceção existentes no capitalismo, compreendendo-os como fenômenos decorrentes do imperialismo. Com isso, busca se distanciar das leituras por ele consideradas economicistas, como aquelas da Segunda e da Terceira Internacional (chegando mesmo à leitura frankfurtiana de Horkheimer), que explicavam as contradições de Weimar e a predominância nazista como derivadas diretas das determinações econômicas.

---

[51] Charles Bettelheim, *La economía alemana bajo el Nazismo*, v. 2 (trad. Ignacio Romero de Solís, Madri, Editorial Fundamentos, 1973), p. 178-9 (tradução nossa).
[52] Ibidem, p. 183-4.

Aproveitemos a oportunidade proporcionada por uma citação do sociólogo alemão Max Horkheimer, colocada à cabeça de um livro recente: *Fascismo e capitalismo*, editado na Alemanha. Horkheimer, erguendo-se desde cedo contra a série de concepções do "totalitarismo", dizia: "Mas quem não quiser falar do capitalismo deverá também calar-se no que respeita ao fascismo". Rigorosamente, isto é falso: quem não quiser falar de *imperialismo* é que se deverá também calar no tocante ao fascismo. O fascismo, com efeito, situa-se no *estádio* imperialista do capitalismo. O que importa, pois, é tentar pôr em evidência certos caracteres gerais deste estádio e o seu impacto sobre o fascismo. Alguns dos fatores que são, muitas vezes, considerados como as causas fundamentais e *sine qua non* do fascismo, a saber: as crises econômicas particulares que, no momento do seu estabelecimento, atravessavam a Alemanha e a Itália, as particularidades nacionais destes dois países, as sequelas da Primeira Guerra Mundial etc., não constituem as causas primeiras do fascismo. Eles só têm importância na sua relação com o estádio imperialista, como elementos de *uma das conjunturas possíveis* deste estádio.[53]

Ao apontar que o estágio imperialista enseja o fascismo, Poulantzas não quer dizer, no entanto, que apenas o período dos casos italiano e alemão da primeira metade do século XX possa tê-lo gerado. A compreensão da relação entre crise econômica, formas sociais e formações políticas particulares permite, em sua análise, estabelecer um quadro geral da transição das sociedades capitalistas para um caráter fascista. Para tal compreensão tipológica, então, é preciso investigar também as causas políticas e ideológicas que sustentam o fenômeno fascista, fazendo-as compreensíveis, ainda, por intermédio das variadas situações da luta de classes[54].

Para Poulantzas, a ascensão do fascismo se dá mediante específicos arranjos das frações de classe que constituem, em suas palavras, o bloco de poder. Numa crise de hegemonia da classe burguesa ou das frações que a dirigiam, dá-se então um deslocamento do poder para frações de classe que não possuíam tal liderança e, ao tê-la, estabelecem uma hegemonia política outra, cimentando a aliança do poder em seu entorno. As contradições internas das frações de classe dominantes e as contradições entre tais frações e a classe dominada são o estopim do processo. O caso alemão, não encontrando anteparo na ideologia burguesa, então em crise e sem capacidade de impor-se, mas também vivenciando uma crise da própria ideologia revolucionária no seio da classe trabalhadora, acaba por ter sua solução mediante o

---

[53] Nicos Poulantzas, *Fascismo e ditadura: a III Internacional face ao fascismo*, v. 1 (trad. João G. P. Quintela e M. Fernanda S. Granado, Porto, Portucalense, 1972, coleção A, n. 9), p. 13.
[54] A respeito da obra de Poulantzas sobre o fascismo, ver Bob Jessop, *Nicos Poulantzas: Marxist Theory and Political Strategy* (Londres, Macmillan, 1985), p. 229-62; Ernesto Laclau, *Política e ideologia na teoria marxista: capitalismo, fascismo e populismo* (trad. João Maia e Lúcia Klein, Rio de Janeiro, Paz e Terra, 1979, coleção Pensamento Crítico, n. 26), p. 87-148; e Adriano Codato, "Poulantzas, o Estado e a Revolução", *Crítica marxista*, n. 27, 2008, p. 65-85.

deslocamento do poder para a fração de classe que sustenta o reacionarismo, e, daí, forjando-se uma autonomia relativa desse Estado fascista.

Ainda que a chave da resolução por via de ditadura militar seja distinta daquela de resolução fascista e ainda que a América Latina não tenha vivido um pretérito feudal, para Poulantzas, as características específicas que permitiam à Alemanha sair do feudalismo para uma ideologia imperialista também se apresentavam de modo similar nos países da América Latina em ditadura militar das décadas de 1960 e 1970:

> A passagem da Alemanha ao capitalismo, através da revolução a partir de cima de Bismarck, sob a direção política da feudalidade agrária, impediu a burguesia alemã de se constituir uma ideologia específica que domine na formação social alemã. [...] Com o fim da guerra e a constituição da república de Weimar, verifica-se uma tentativa de penetração da ideologia "liberal", correspondente aos interesses do médio capital. Demasiado tarde, no entanto. Em primeiro lugar, porque a própria ideologia dominante foi, com o fim da guerra e a ofensiva das massas populares, consideravelmente abalada no seu conjunto. Em seguida, porque o tratado de Versalhes – que, pelo traumatismo nacional que provocou, teve efeitos consideráveis – foi considerado como o estigma do nascimento de Weimar. Finalmente, porque se assiste já à transição para o capitalismo monopolista e ao processo de dominação econômica do grande capital.
>
> Com efeito, *a ideologia imperialista do grande capital pode muito bem inserir-se, em larga medida, num sistema ideológico dominado pela ideologia feudal "transformada"*. Neste sentido, a ideologia imperialista parece bem menos contraditória com a ideologia feudal "transformada" do que a ideologia "liberal" do estádio do capitalismo de concorrência: caso, aliás, nítido, atualmente, em muitos países do terceiro mundo, em particular na América Latina. Nacionalismo expansionista, militarismo, culto do despotismo e da autoridade estatal, respeito da "hierarquia" e da "disciplina" em todos os domínios são outros tantos pontos de conivência entre a ideologia imperialista e uma ideologia feudal "transformada".[55]

No pensamento poulantziano, assume um peso central a perquirição a respeito do papel da pequena burguesia na ascensão do nazismo. Suas frações correspondentes, ligadas à pequena produção e à pequena propriedade, mas, ainda, aos trabalhadores assalariados não produtivos, estão implicadas em condições específicas na reprodução ideológica: ao mesmo tempo contra o *status quo* e sob temor de proletarização, o que se soma à ideologia do fetichismo do poder, como a ideia do Estado neutro, da imparcialidade do direito (além daquilo que hodiernamente se chamaria de meritocracia...). Para Poulantzas, a fascistização se dá com a crise econômica na pequena burguesia, que então se torna uma força política decisiva sob liderança dos partidos fascistas. Nessa dinâmica, vão se erigindo e se retificando os

---

[55] Nicos Poulantzas, *Fascismo e ditadura*, v. 1, cit., 118-9.

amálgamas ideológicos correspondentes: força do Estado; contra o direito, a ideologia do arbitrário do líder; elitismo; racismo; nacionalismo; militarismo; família; obscurantismo e anti-intelectualismo[56]. Todo esse processo resultará, segundo Poulantzas, num rearranjo do próprio Estado e de seus aparelhos, o que faz com que o Estado de exceção fascista seja não um tipo comum a todos os Estados capitalistas, mas, necessariamente, um Estado capitalista, ainda que específico.

O investimento do marxismo na análise sobre o reformismo, sobre Weimar e sobre a ascensão do nazismo foi feito, ao tempo, para a revolução que se desejava. Após isso, também para entender por que esta não veio e, em seu lugar, a crise do capitalismo redundou em fascismo. De lá até hoje, muitos só tornam a esse período considerando-o apenas um objeto singular da história. Os tempos atuais são novamente de crise estrutural do capitalismo, de contradições agudizadas e de impotências e esperanças na luta transformadora. Por alguns, o presente pode até ser considerado, em face dos tempos de Weimar e da ascensão do nazismo, como sendo de distintas encruzilhadas. As estradas, no entanto, são as mesmas.

---

[56] Idem, *Fascismo e ditadura: a III Internacional face ao fascismo*, v. 2 (trad. João G. P. Quintela e M. Fernanda S. Granado, Porto, Portucalense, 1972, coleção A, n. 10), p. 27-31.

3
Pachukanis e o fascismo*

Evguiéni Pachukanis escreve, concomitantemente ao desenrolar dos fatos, uma das mais notáveis análises sobre o fascismo: trata-se de uma ímpar e radical leitura materialista. Este livro reúne, pela primeira vez em língua portuguesa, os quatro importantes estudos da lavra pachukaniana sobre o fascismo e seus ambientes e problemas correlatos. Refletindo sobre o quadro político que vinha despontando nas primeiras décadas do século XX, Pachukanis identifica, esquadrinha e sistematiza as causas do fascismo, sua relação com o capitalismo e com as lutas e disputas no plano da economia, da política e das classes. Textos quentes pelo calor do momento e, simultaneamente, sólidos e perenes pelo vigor de seu pensamento.

Os estudos pachukanianos que tratam dos casos italiano e alemão destacam-se pela radical agudeza de uma análise sempre intransigentemente revolucionária. Seus textos não são derrotistas nem acautelados, tampouco favoráveis a concórdias generalistas. Ao mesmo tempo, não são leituras idealistas, olímpicas ou somente de métricas indiferentes à realidade: os três estudos sobre o fascismo e o estudo sobre o caso social-democrata alemão são imersões profundas na história e nos acontecimentos, numa reconstituição minuciosa de dados, pronunciamentos, publicações e análises teóricas terceiras, constituindo uma sólida rede factual a partir da qual se levanta também, eventualmente, a mais sólida linha de reflexão já escrita sobre tais elementos.

Pachukanis, embora espectador externo aos fatos – não é nem italiano nem alemão –, está intimamente ligado à circunstância histórica que analisa de modo peculiar. A partir de uma visão soviética, em oposição frontal às derivas alemã e italiana à direita, sua leitura é compromissada com a revolução que deveria ser feita

---

* Originalmente publicado como prefácio em Evguiéni B. Pachukanis, *Fascismo* (trad. Paula Vaz de Almeida, São Paulo, Boitempo, 2020). (N. E.)

em ambos os países. Inclusive, o caso alemão lhe é extremamente próximo. De início, porque Pachukanis teve grande parte de sua formação teórica na própria Alemanha. Além disso, após a Revolução de 1917, em várias ocasiões assessorou o equivalente a um Ministério das Relações Exteriores russo quanto a questões alemãs – chegou mesmo a trabalhar diretamente como diplomata da Rússia revolucionária em sua relação com Berlim. Ajudou a redigir e participou ativamente da preparação do Tratado de Rapallo, firmado na cidade italiana de mesmo nome em 1922, em que se restabeleciam as relações entre a Rússia e a Alemanha. Seu engenho jurídico foi decisivo para que o virulento combate à experiência soviética recebesse a primeira dissonância, permitindo um suspiro em face do bloqueio internacional contra a Rússia e as repúblicas a ela unidas. O mesmo diagnóstico se aplicava à própria Alemanha, isolada após perder a Primeira Guerra Mundial.

Sobre a relação de Pachukanis com a Alemanha, além de sua participação no Tratado de Rapallo, Luiz Felipe Osório comenta que

> o jurista soviético costurou laços importantes, pessoais e profissionais, com a Alemanha. Em 1910, ele vai de São Petersburgo para Munique (na Ludwig-Maximilians-Universität) para continuar o curso de direito. [...] De 1920 a 1923, Pachukanis trabalhou no Comissariado do Povo para Relações Exteriores, equivalente a um Ministério das Relações Exteriores, como diretor ou chefe do departamento de direito econômico. De 1921 a 1922, ele voltou à Alemanha, para servir em Berlim. É nesse momento que ele se envolve diretamente nos preparativos de Rapallo. Os registros mostram que, em 3 de dezembro de 1921, ele envia um telegrama ao ministro/chanceler Georgy Chicherin para tratar de questões próprias de um encarregado de negócios estrangeiros, indo muito além de uma mera consultoria jurídica. A comissão soviética que iria para Gênova foi designada diretamente por Lênin, dada a importância da missão, e incluía Georgy Chicherin, Maxim Litvinov e Leonid Krasin. A caminho de Gênova, os dois primeiros fizeram uma estratégica parada em Berlim. Então, puderam tratar diretamente com Pachukanis sobre vários assuntos diplomáticos, para além de Rapallo.[1]

Sobre o pano de fundo da análise de Pachukanis sobre os casos italiano e alemão paira sua *Teoria geral do direito e marxismo*. Se é verdade que seus textos sobre o fascismo têm eixo de gravidade próprio, tratando de uma temática insigne, também é verdade que se desdobram, para essa análise política específica, os horizontes e os compromissos profundos de sua obra teórica mais importante. Em *Teoria geral do direito e marxismo*, brilha, para os campos político e jurídico, a mais rigorosa construção científica do marxismo: a forma mercadoria, átomo da sociabilidade capitalista, tal qual Marx revelara em *O capital*, é a matriz da forma política estatal

---

[1] Luiz Felipe Brandão Osório, "Rapallo, uma ponte entre Weimar e Moscou", em Gilberto Bercovici (org.), *Cem anos da Constituição de Weimar (1919-2019)* (São Paulo, Quartier Latin, 2019), p. 632.

e da forma da subjetividade jurídica, que dela são umbilicalmente derivadas. Mais do que a questão dos conteúdos normativos ou da ação política, alcança-se a crítica à forma. A forma política e a forma do direito são postas em xeque: está em causa a sociabilidade da forma mercadoria. Assim, a extinção do direito e o fenecimento do Estado são índices de um estágio da luta de classes na superação do capitalismo. Não há Estado que possa gestar, mediante o fomento das instituições ou do direito, a chegada ao socialismo. Tampouco se pode pensar que a política seja o que as declarações normativas, principiológicas ou jurídicas anunciem como tal. O fascismo seria então analisado por Pachukanis a partir das contradições da sociabilidade capitalista, sem ilusões quanto a eventuais soluções ou contenções no plano moral, ético, institucional ou jurídico. Nos textos sobre o fascismo, o jurista Pachukanis jamais aponta o direito como solução. A radical crueza com que ele alcança a natureza do direito no capitalismo é a mesma com que analisa os casos concretos das dinâmicas italiana e alemã em suas caminhadas à extrema direita.

Deve-se ressaltar que já em sua obra magna, *Teoria geral do direito e marxismo*, há passagens nas quais Pachukanis reflete diretamente sobre o tempo histórico específico que gestará o fascismo. Assim se lê:

> O capitalismo monopolista cria as premissas perfeitas de outro sistema econômico, em que o movimento da produção e da reprodução social se realiza não por meio de contratos particulares entre unidades econômicas autônomas, mas com a ajuda de uma organização planificada, centralizada. Essa organização é engendrada pelos trustes, pelos cartéis, entre outras associações de caráter monopolista. A ação dessas tendências pôde ser observada no tempo da guerra, com a junção entre o capitalismo privado e as organizações estatais para formar um poderoso sistema de capitalismo de Estado burguês. [...] O significado social dessas doutrinas é de uma apologia ao Estado imperialista moderno e a seus métodos, aos quais ele particularmente recorreu durante a última guerra. [...]
> O Estado como fator de força tanto na política interna quanto na externa foi a correção que a burguesia se viu obrigada a fazer em sua teoria e prática do "Estado de direito". Quanto mais a dominação burguesa for ameaçada, mais comprometedoras se mostrarão essas correções e mais rapidamente o "Estado de direito" se converterá em sombra incorpórea, até que, por fim, o agravamento excepcional da luta de classes force a burguesia a deixar completamente de lado a máscara do Estado de direito e a revelar a essência do poder como a violência organizada de uma classe sobre as outras. [...]
> Vale notar, além disso, que justamente a última década do século XIX e a primeira do XX apresentaram uma visível tendência em toda uma série de países burgueses de reestabelecimento de castigos aterradores, aflitivos e vexatórios. O humanismo da burguesia dá lugar ao apelo à severidade, a uma mais ampla aplicação da pena de morte.[2]

---

[2] Evguiéni B. Pachukanis, *Teoria geral do direito e marxismo* (trad. Paula Vaz de Almeida, São Paulo, Boitempo, 2017), p. 134-5, 151 e 173.

O conjunto de textos de Pachukanis sobre o fascismo sucede a *Teoria geral do direito e marxismo*. O primeiro a ter sido publicado, em 1926, intitulava-se "Para uma caracterização da ditadura fascista". Originalmente, era o relatório de Pachukanis a respeito do tema que foi lido na Academia Comunista. O segundo foi o verbete "Fascismo", publicado na *Enciclopédia do Estado e do direito*, sob direção de P. Stutchka, em 1927. O terceiro foi o relatório intitulado "A crise do capitalismo e as teorias fascistas de Estado", publicado em *Estado soviético e revolução*, em 1931. O último dos textos chamava-se "Como os sociais-fascistas falsificaram os sovietes na Alemanha", publicado em 1933. Os três primeiros – dois sobre o caso italiano e o outro sobre o caso alemão – são análises que se debruçam sobre os fatos em andamento. O quarto, também sobre a Alemanha, trata de um momento do passado, o fim da Primeira Guerra e a chegada à República de Weimar. Embora se referindo a um momento prévio, tal análise é fundamental para compreender os posteriores impasses das lutas alemãs, já quando Hitler ascendia ao poder.

Dada a extensão temporal da escrita e da publicação de tal conjunto de textos, levanta-se, logo de pronto, a questão de sua congruência com as principais ideias desenvolvidas por Pachukanis em *Teoria geral do direito e marxismo*. Sabe-se que a derradeira reflexão pachukaniana passou por mudanças em relação àquela do tempo em que escreveu sua obra mais importante. Os textos finais do autor, já próximos de 1937, ano de sua morte, revelam grandes distinções em seu pensamento, reinserindo visões tradicionais do direito que anteriormente combatera. Há um debate entre os pesquisadores do pensamento pachukaniano sobre quando se deve considerar seus textos já influenciados e constrangidos pelas posições stalinistas. Alguns costumam apontar apenas o conjunto dos escritos da década de 1930 como patentemente confluente com o stalinismo, enquanto há quem já veja em obras logo subsequentes a *Teoria geral do direito e marxismo* uma mudança de pensamento. Márcio Bilharinho Naves, o estudioso mais importante de Pachukanis, afasta o princípio de um corte na obra do autor russo referenciado meramente em uma data precisa. Reconhecendo que há diferenças substanciais entre os textos da última fase e aqueles do tempo do livro central do jurista, Naves assinala, no entanto, uma resistência de Pachukanis em seu processo de autocrítica. Essa problemática retorna, muitas vezes, nos textos da década de 1930, mesmo sob o ajuste forçado às coerções do contexto político. Assim sendo, não se trata de traçar, de modo absoluto, um antes e um depois, mas sim de verificar as persistências, retificações e alterações constantes da problemática pachukaniana em seus textos finais. Diz Naves:

> Pachukanis efetivamente modifica e abandona as suas posições. A diferença de nossa análise desse processo autocrítico em relação às outras reside, por um lado, em um novo esforço de leitura do modo pelo qual Pachukanis reorganiza o seu dispositivo teórico, e procura dar conta de suas vacilações e resistências, particularmente em reconhecer a existência de um "direito proletário" ou "socialista". Por outro lado, e em estreito vínculo com

a primeira, procuramos pensar a reconstituição do aparato conceitual jurídico nos anos 1930 como a negação das teses originariamente defendidas por Pachukanis.

Podemos dividir esse período em dois momentos. No primeiro, Pachukanis introduz um "desequilíbrio" teórico não desprezível em sua teoria do direito, comprometendo a sua construção teórica, mas ainda conservando – mesmo que em contradição com as novas teses – alguns elementos da concepção original. E um segundo momento – a partir de 1936 –, no qual Pachukanis sustenta uma teoria do direito – e do Estado – em conformidade com a orientação stalinista, claramente demarcada em relação às formulações de *Teoria geral do direito e marxismo*.[3]

Na leitura de Márcio Bilharinho Naves – com a qual concordamos –, as obras de Pachukanis da década de 1930, incluindo as de 1935, já apresentam um "desequilíbrio" que altera suas posições originais, embora haja a tentativa de resguardá-las de algum modo. As obras de 1936 marcam um contraste pleno e uma total submissão ao stalinismo, antes de ser morto em 1937. Tendo tal cenário como guia, o conjunto de textos sobre o fascismo distribui-se em parte por aquela que é sua fase mais pujante e original – a década de 1920 – e, em outra parte, pelo momento da retificação stalinista, em que ainda buscava sustentar o fundamental de sua análise. De fato, há de se perceber em "A crise do capitalismo e as teorias fascistas de Estado" e "Como os sociais-fascistas falsificaram os sovietes na Alemanha" a presença de alguns traços da posição política oficial do governo soviético: a nomenclatura de "sociais-fascistas" aos sociais-democratas alemães, em especial, revela um jargão de agrado ao stalinismo. No entanto, de modo geral, os textos da década de 1920, e mesmo os da década de 1930, são substancialmente construídos pela problemática, pelo método e pela radicalidade do pensamento principal de Pachukanis.

* * *

O primeiro texto do livro de Pachukanis chama-se "Para uma caracterização da ditadura fascista". Nele, o autor afasta a ideia de que o fascismo seja uma ditadura da pequena burguesia ou dos latifundiários. É, acima de tudo, uma ditadura dos grandes industriais e do capital financeiro. O Estado fascista italiano é o mesmo dos demais Estados do grande capital burguês, como o francês, o inglês e o estadunidense. Daí decorre, logo de pronto, a pergunta central de Pachukanis para fundamentar a caracterização do fascismo, que replica aquela que é a mais importante pergunta de *Teoria geral do direito e marxismo*. Dado que há uma relação entre capitalismo e direito, Pachukanis se indaga, em sua obra máxima, por que é o direito que estrutura especificamente o capital. São clássicas suas palavras:

---

[3] Márcio Bilharinho Naves, *Marxismo e direito: um estudo sobre Pachukanis* (São Paulo, Boitempo, 2000), p. 127.

Por que a dominação de classe não se apresenta como é, ou seja, a sujeição de uma parte da população à outra, mas assume a forma de uma dominação estatal oficial ou, o que dá no mesmo, por que o aparelho de coerção estatal não se constitui como aparelho privado da classe dominante, mas se destaca deste, assumindo a forma de um aparelho de poder público impessoal, separado da sociedade?[4]

Em "Para uma caracterização da ditadura fascista", a mesma pergunta se apresenta para entender por que, sendo o Estado burguês, o capital precisa especificamente da ditadura fascista. Levanta-se, logo de início, o problema da forma:

> Dizer que a ditadura do fascismo é a ditadura do capital significa dizer demasiado pouco. É preciso dar uma resposta à pergunta: por que a ditadura do capital efetua-se precisamente dessa forma? Não se pode esquecer o pensamento de Hegel de que a forma é um ponto essencial do conteúdo. Por isso temos a obrigação de averiguar o que essa forma particular gerou de novidade, o que ofereceu de novidade, quais suas possibilidades específicas e suas contradições específicas.[5]

Pachukanis se indaga se o fascismo seria uma doutrina intelectual ou filosófica específica. Por fim, afasta essa hipótese, apontando a natureza primitivista das ideias fascistas, cujo caráter é fragmentado, contraditório. Em termos da especificidade de condições para seu surgimento, o autor reconhece que, no caso italiano, o fascismo brotou de condições mais propícias e acalentadas que em outros países: sentimentos de libertação nacional (que puderam beber simbolicamente até mesmo de Garibaldi), o Irredentismo, a peculiar figura de Gabriele D'Annunzio, a agitação nacionalista. Nesse contexto, brotam também contradições: a pequena burguesia que dá impulso ao fascismo não é aquela de artesãos e lojistas – que eventualmente poderia ser concorrente do grande capital –, mas sim uma pequena burguesia da juventude acadêmica – intelectualidade técnica e servidores públicos, subordinados ao grande capital. Pachukanis aponta, já aqui, o fato de que esse era o mesmo e específico perfil da fração de classes que se envolvia com o hitlerismo na Alemanha.

Tudo isso nos leva a identificar, dentro do contexto geral do capitalismo e de sua sociabilidade, um núcleo próprio do fascismo. Pachukanis dirá que sua característica talvez mais marcante é a organização de massa, disciplinada, ao modo da guerra. Nisso, o fenômeno se diferencia do bonapartismo, que é calcado no Exército. O fascismo é apoiado na organização política de massas, de tal sorte que se alimenta de uma luta e de um conflito constantes entre fascistas e antifascistas. Já no poder, o fascismo atua como um Estado dentro do Estado: não se estabiliza como uma burocracia impessoal, mas como uma organização que dita sua vontade ao governo

---

[4] Evguiéni B. Pachukanis, *Teoria geral do direito e marxismo*, cit., p. 143.
[5] Idem, *Fascismo*, cit., p. 26.

ou aos órgãos estatais. Por isso, ao contrário da expectativa do grande capital e da burguesia liberal, Mussolini não suprimiu nem dissolveu as milícias fascistas.

Pachukanis se atenta ao fato de que a força dos partidos de esquerda na Itália, nos anos anteriores à ascensão do fascismo, se revelava pelos vários governos municipais que administravam. Também houve muitos sindicatos responsáveis por ações de luta e greves. Contra esse quadro, o fascismo, que era de pequena expressão, em pouco tempo se torna uma força enorme, aglutinando setores do grande capital e dos latifundiários. Quando toma o poder, abandona veleidades revolucionárias e defende abertamente um poder forte e a liberdade de circulação do capital. O movimento operário, perseguido, entra em declínio. O rebaixamento salarial subsequente ensejou um crescimento da produção nos anos seguintes. No entanto, Mussolini não reorganizou a economia em termos de um nacionalismo economicamente soberano; pelo contrário, permitiu uma série de desnacionalizações. A conexão do fascismo com o tradicional nacionalismo italiano resta mais patente apenas no plano internacional, com destaque para seu posicionamento imperialista. Pachukanis ressalta, contudo, que o imperialismo italiano não se faz em oposição ao imperialismo inglês, mas em sintonia com ele. O interesse do capital opera a dinâmica internacional do fascismo.

Em face de todo esse quadro, Pachukanis se pergunta o que seria específico do fenômeno do fascismo, tendo em vista que o golpe francês de 1851 já continha muitas de tais características. Com as próprias palavras, assim dirá: "A diferença é que, ao lado da repressão legalizada, continua a repressão mediante a arbitrariedade"[6]. Pachukanis ressalta, por meio de tabelas publicadas na imprensa, o número de perseguições, prisões, mortes, destruições e condenações empreendidas pelos órgãos oficiais do Estado e pelos bandos fascistas, chegando até mesmo à efetivação de *pogroms*. É verdade que a burguesia, no limite, teme o poder arbitrário do fascismo, mas os benefícios da quebra dos movimentos de trabalhadores fazem-na aceitar um governo subordinado a uma hierarquia dirigida pelo líder fascista.

É com base em tal caracterização que Pachukanis se ocupa em rechaçar a desprezível associação que a burguesia liberal intentava empreender entre fascismo e comunismo. Aqui, brilha sua proposição das formas sociais no campo da política. Não interessa se, no plano dos conteúdos, críticas fascistas lembrem em algo a crítica leninista à democracia burguesa. A questão é de forma: o socialismo se revela como ditadura de classe do proletariado para estabelecer um novo sistema de relações produtivas. A despeito de também ser uma crítica à democracia burguesa, a ditadura de classe fascista é radicalmente distinta, na medida em que é uma tentativa de manter as formas sociais capitalistas, buscando retardar seu definhamento. Assim, não basta

---

[6] Ibidem, p. 48.

a coincidência pontual de alguma crítica para estabelecer uma equivalência. A radical distinção entre fascismo e comunismo está na forma: a ação política revolucionária em vista da superação das formas capitalistas *versus* a ação política reativa que busca salvar essas mesmas formas.

O fascismo deixa patente a clivagem possível do governo do capital: ele se divide e se espraia sempre pelo engano democrático ou pela demagogia fascista, cujo terror busca soldar artificialmente o domínio de classe. Ocorre que a necessidade do fascismo gera também seu custo, dado que seu padrão de luta exacerbada impede a possibilidade de qualquer "normalização". Pachukanis já apontava, na década de 1920, que tal regime de guerra não conseguiria se estabilizar em longo prazo. O texto pachukaniano conclui a análise tratando de tática. O autor reclama a posição de que a solução do fascismo é o socialismo. A queda do capitalismo em geral, mediante a ditadura do proletariado, é o caminho mais desejado para a questão fascista. No entanto, dado que não surgiam forças na Itália para tirar de jogo o fascismo, ele continuaria a existir. Daí, Pachukanis evidencia a necessidade de se buscar o combate ao fascismo mesmo que a classe trabalhadora não esteja madura para realizar a revolução proletária. As contradições internas entre fascistas e antifascistas devem ser exploradas. Tal qual Lênin vislumbrava no caso inglês a possibilidade de uma ação política prática de massas que levasse à majoração dos conflitos e das contradições entre frações da direita, assim também Pachukanis aponta a saída da passividade no caso italiano propondo uma luta antifascista, ainda que a luta proletária pela tomada do poder esteja imatura. Tal passo leninista voltado à ação – passo aberto ao inesperado, mesmo que este pareça pequeno[7] – pode ser o encontro de condições que levem tanto à queda do fascismo quanto à queda do sistema capitalista na Itália.

Em sequência a tal texto pioneiro, "Fascismo" era, originalmente, um verbete escrito por Pachukanis para a *Enciclopédia do Estado e do direito*. Tal empreendimento editorial buscava reunir os melhores e mais canônicos estudos acerca de temas fundamentais da política, das instituições e do direito, avançando o conhecimento soviético e socialista mediante a consolidação de um repertório enciclopédico. Além de outros verbetes que ali escreveu, é da lavra de Pachukanis a entrada sobre o fascismo, na qual analisa suas características e sua contraposição a outras formas de domínio burguês. O autor lança mão, em sua reflexão, da identificação do fascismo como um fenômeno que não se localiza apenas no Estado, mas que avança pelo tecido político e social contra as classes trabalhadoras, servindo de âncora de salvação dos grandes capitalistas. O caso italiano, já desde o início da

---

[7] Remeto às reflexões sobre o aleatório na política desenvolvidas em "Encontro e forma: política e direito", em Alysson Leandro Mascaro e Vittorio Morfino, *Althusser e o materialismo aleatório* (São Paulo, Contracorrente, 2020).

década de 1920, permite delinear alguns dos quadrantes gerais do fascismo, como a negação da ordem liberal e o corporativismo. Mas, de pronto, afasta a noção de que o conceito de fascismo seja amplo a ponto de se estender a ditaduras que, naquele tempo, ainda mantinham como órgãos principais de violência a polícia e o Exército, exemplificados por Hungria, Bulgária, Espanha, Lituânia e Polônia. Pachukanis considera que a Alemanha, ainda quando da escrita desse texto, se diferenciava da Itália na medida em que, no pós-guerra, a burguesia alemã fizera um movimento de buscar salvar suas instituições estatais, enquanto os italianos concentraram o poder político no partido fascista. Com isso, Pachukanis marca uma rigorosa construção de um conceito específico – e não alargado – de fascismo.

O terceiro dos textos, "A crise do capitalismo e as teorias fascistas de Estado", trata de um balanço, escrito já em 1931, da situação do capitalismo mundial e dos casos da Itália e, em especial, da Alemanha. O prisma pelo qual analisa essa dinâmica é o das teorias – principalmente aquelas sobre o Estado e a política – que buscavam explicar o fascismo. Pachukanis critica leituras feitas no seio da União Soviética que identificavam o fascismo a partir do enfraquecimento do Estado e de suas instituições em favor das organizações, associações e milícias armadas fascistas. Isso levaria as lutas antifascistas, na visão do autor, a uma volta à defesa do Estado burguês, sendo que o necessário era justamente tomar o poder estatal para destruí-lo. Em contraste com tais visões, que dissociavam as milícias fascistas das instituições estatais, como se estas estivessem enfraquecidas, o que ocorre com o fascismo na ótica pachukaniana é fundamentalmente uma majoração do poder estatal. Aumentam o aparato de guerra, a repressão e a intimidação, a salvação dos bancos, a dependência da população miserável de assistências estatais mínimas.

A crise capitalista mundial causa fissuras ideológicas que devem ser exploradas. Os manejos repressivos, além daqueles salvacionistas do capital, repercutem nos ânimos das massas. Pachukanis chega inclusive a citar o Brasil em sua avaliação da crise:

> Quando no Brasil jogam milhões de quilos de café no mar, [...] quando na América do Sul abandonam na terra toda a colheita de batatas, ao mesmo tempo, milhões passam fome – e isso, é claro, não pode não influenciar a psicologia das camadas de trabalhadores mais atrasadas e oprimidas –, o capitalismo percebe que, agora, ele se tornou odiado.[8]

A leitura pachukaniana da crise não admite a posição liberal que busca dissociar os sociais-democratas dos fascistas. São duas brigadas que se completam e se continuam. Pachukanis assume a chave de leitura de Stálin, que afirma ser a social-democracia a ala moderada do fascismo, chamando-a, inclusive, pelo termo social-fascismo. Nessa multiplicidade de correntes que confluem na defesa do capitalismo, ao lado das visões fascistas alemãs mais toscas, há aquelas

---

[8] Evguiéni B. Pachukanis, *Fascismo*, cit., p. 67.

que buscam se escorar em conceitos teóricos reputadamente mais sofisticados. Pachukanis investe, em seu texto, exatamente contra tais correntes e seus ideólogos. A Ordem dos Jovens Alemães (*Jungdeutsche Orden* ou, ainda, *Jungdo*), na qual havia aliás muitos juristas e especialistas em questões de direito público e de Estado, é seu alvo prioritário.

Expõe o autor que a referência teórica de tais fascistas que se pretendiam mais bem elaborados, elitistas, era Ferdinand Tönnies. Já desde o fim do século XIX, Tönnies propunha a diferença conceitual entre sociedade (*Gesellschaft*) e comunidade (*Gemeinschaft*): esta última seria resultante de vínculos orgânicos coletivos, enquanto a primeira, advinda de relações artificiais, individualistas. A comunidade se funda nas tradições do passado; a sociedade não guarda esse lastro e se orienta por estratégias futuras, pelo lucro. Nesse par conceitual, permitir-se-ia às posições reacionárias alemãs ditas sofisticadas, que se reputavam herdeiras do verdadeiro espírito prussiano – da caserna –, um mote "contra" a burguesia e seu individualismo. Tal "contra" é, na verdade, "a favor": o mote da comunidade, erigindo-se numa luta por um coletivo inspirado em algum idílico passado comunal, afasta a possibilidade da luta de classes, buscando então amalgamar o todo social a partir de um padrão que impedisse fendas, divisões e conflitos no seio da sociabilidade capitalista.

Gustav Adolf Walz e outros teóricos mais recentes se dedicaram a desenvolver os proveitos desse par conceitual comunidade/sociedade. Pachukanis aponta a ausência de ciência – absurdo puro – em tais leituras, que buscavam refundar a sociedade alemã a partir de pedaços selecionados do feudalismo e da sociedade burguesa, fazendo dessa mistura uma substância apta a servir de princípio orientador da história mundial. Tais leituras identificaram o Absolutismo moderno, o fascismo italiano e mesmo a experiência bolchevique como exemplos de subordinações sociais que valorizavam a comunidade contra a sociedade. A diferença da ditadura proletária em relação às demais subordinações seria apenas o detalhe dos objetivos da revolução. Pachukanis acusa o desplante de tal proposição, que, ao tomar a razão da luta proletária como um "detalhe" particular, não merece nem mesmo que se gaste tempo com sua crítica, dada tamanha insanidade científica.

Tais posições falsificam a pretensão fascista de radicalismo e de luta contra a burguesia, a democracia ou o parlamentarismo. Expressões como "Estado burguês", criticado nessas leituras, ou "verdadeira democracia", louvada por elas, revelam que são propostos o mesmo Estado e a mesma democracia, apenas embalados em invólucros de pretensões passadistas. Pachukanis expõe tal giro em falso das declarações fascistas: trata-se apenas de uma movimentação superestrutural, política, do capitalismo em crise e decadência. Uma vez que não consegue resolver suas contradições nos termos liberais, então se maquia ao dar um passo atrás, voltando ao passado, distorcendo-o para fazê-lo substituir o liberalismo já ineficaz.

A maquiagem pretendida pelos teóricos fascistas mais bem assentados é feita, inclusive, de objetivos e estratégias variáveis conforme os ventos, mediante aproveitadores que farejam os melhores agrados ao poder de ocasião. Pachukanis destaca que teóricos como Reinhard Höhn – o qual, anos depois, seria responsável por desgraçar o correligionário Carl Schmitt dentro do próprio círculo nazista – sugerem que a Alemanha deveria superar a democracia burguesa e instaurar um regime estatal orgânico, do tipo de uma comunidade de vizinhos, dado que, por sua condição superior em face dos italianos, não seria compatível com a ditadura de uma personalidade forte. Nas irônicas palavras de Pachukanis, "não contavam com o êxito do Mussolini alemão".

Na base dessas falsificações e maquiagens anticientíficas das teorias fascistas elitistas, está o fato de que não são postas em causa as bases econômicas da sociedade. Pachukanis firmemente expressa que apenas a superestrutura política está em questão no fascismo. O capitalismo e a exploração burguesa permanecem intocados. Só o sistema parlamentar, a democracia, as liberdades e o campo político são postos na berlinda. Nessa mudança, há, sim, algo extremamente real: as alianças militares. De acordo com o pensamento pachukaniano, é aqui que está a novidade da contribuição do fascismo à ditadura burguesa. O capitalismo substitui o velho sistema dos partidos políticos por organizações terroristas do capital, paramilitares e militares.

Pachukanis vigorosamente brilha, em sua análise, quando trata da pretensão dos teóricos fascistas de relacionar algo da política da extrema direita com algo do marxismo. E assim o faz na reflexão sobre dois temas: a propalada similitude na política e a semelhança nos princípios econômicos. No que tange à política, há uma tentativa dos teóricos fascistas de dizer que Marx operaria a mesma crítica à democracia burguesa, faltando a ele a valorização do Estado. Sendo defensores da comunidade advinda das tradições orgânicas e reunida em torno do líder estatal, eles não poderiam se conformar com o apontamento marxiano de que o Estado deve ser combatido. Pachukanis identifica que falsificam Marx ao considerarem que, para os socialistas, a passagem ao socialismo seria algo de imediato, sem a ditadura do proletariado; ao mesmo tempo, revela que os próprios teóricos fascistas não conseguem estabelecer qualquer aproximação mais relevante com os horizontes de longo prazo, tanto assim que se afastam das críticas de Marx, opondo-o a Ferdinand Lassalle – este sim, segundo Höhn, um defensor do Estado, desejante de um Estado social-popular. Aqui, os fascistas se reconciliam com as velhas teses do socialismo jurídico, contra as quais Friedrich Engels e Karl Kautsky já haviam se levantado em *O socialismo jurídico*[9]. Pachukanis sustenta

---

[9] Ver Friedrich Engels e Karl Kautsky, *O socialismo jurídico* (trad. Lívia Cotrim e Márcio Bilharinho Naves, São Paulo, Boitempo, 2012).

a propriedade dessa contraposição irreconciliável, exatamente sendo ele o mais importante pensador marxista a tratar do tema da crítica do Estado em *Teoria geral do direito e marxismo*. No que tange à política, conclui o autor: "Os teóricos fascistas e os sociais-democratas se abraçam e voltam os olhos para Lassalle, contrapondo-o a Marx". Pachukanis fica com Marx.

No que tange à relação econômica entre fascismo e marxismo, há uma diferença de alvo: Pachukanis desfere um golpe fundamental contra a tentativa de estabelecer essa similitude a partir do seio do próprio marxismo, em especial por Nikolai Bukhárin, que pretendeu louvar o bolchevismo pela eficiência econômica similar àquela de uma eventualmente pujante economia fascista. O que haveria de comum em tal pujança seria o capitalismo de Estado. Este, segundo Bukhárin, fora tomado como expressão superior, evolução natural, do capitalismo monopolista. Tratar-se-ia de um avanço nas forças produtivas, sucedendo consecutivamente às fases industrial e monopolista do capitalismo. Tal posicionamento acabaria por enxergar traços positivos no fascismo, se o tomarmos, em termos econômicos, também como um capitalismo dirigido pelo Estado. Pachukanis se insurge contra tal leitura. O capitalismo de Estado é índice da fraqueza, da impotência e das contradições do capitalismo, não de seu incremento ou do aumento olímpico de suas forças produtivas. Daí decorre que essa visão, além de equivocada por enxergar sucesso no fracasso – cujo sintoma é o fascismo –, revela-se também plenamente reformista, não contribuindo para as lutas revolucionárias. A intenção dos teóricos fascistas era exatamente manter sob seu poder, mediante a demagogia ideológica, as camadas intermediárias da sociedade que poderiam conquistar o proletariado. Tudo isso a benefício apenas da rentabilidade capitalista. Para Pachukanis, a luta pelo socialismo, na União Soviética e no Ocidente, tem de passar pela luta ideológica, demonstrando a natureza do fascismo e desmascarando sua ideologia.

O quarto e derradeiro texto da antologia, "Como os sociais-fascistas falsificaram os sovietes na Alemanha", tem por subtítulo "Sobre as atas do I Congresso Alemão de Deputados Operários e Soldados". Pachukanis investe, com fôlego, na análise de tais atas, que tratam de fatos ocorridos num momento crucial da história alemã e das lutas proletárias internacionais: a virada de 1918 para 1919. Após a derrocada da monarquia alemã com o fim da Primeira Guerra Mundial, explodiram as lutas e as contradições das massas operárias. À esquerda do *Sozialdemokratische Partei Deutschlands* (SPD) – o Partido Social-Democrata Alemão –, levantaram-se grupos revolucionários como o Espártaco, em cuja liderança estavam Rosa Luxemburgo e Karl Liebknecht. Mas a social-democracia, em vez de avançar na trilha da superação do capitalismo, refreou os ímpetos de luta mais consequentes. Em um processo de debates, disputas, congressos e assembleias, buscou-se administrar – e bloquear – a revolução socialista alemã, o que acabou levando, meses depois, ao surgimento da Constituição de Weimar, inaugurando o período chamado de República de Weimar – de pronto sob domínio do SPD, que, ao cabo, foi destruído pelo nazismo nos anos 1930[10].

O contexto no qual explodem conselhos e sovietes na Alemanha leva, em dezembro de 1918, ao I Congresso Alemão de Deputados Operários e Soldados, em Berlim. O espartaquismo tinha como plataforma "todo poder aos conselhos". Pachukanis analisa como o SPD e as facções a ele aglutinadas traem o movimento de sovietes. Com as próprias palavras, abrindo seu estudo, diz: "A social-democracia falsificou os sovietes, preencheu essa forma de organização das massas revolucionárias com um conteúdo radicalmente hostil a essa forma, converteu os sovietes em cúmplice e máscara da contrarrevolução"[11]. Pachukanis é enfático em dizer que a social-democracia – que chamará social-fascismo – salvou o capitalismo exatamente num momento decisivo da revolução alemã, organizando as forças da reação burguesa e gestando, portanto, o seio no qual triunfaria o nazismo. Bandeiras como a defesa da "pura democracia" (tradicional, sem conselhos) e da paz passam a ser brandidas pelas forças contrarrevolucionárias.

Sendo rigoroso na análise daquele período, Pachukanis também aponta, nas posições à esquerda, erros estruturais. O principal está nas posições luxemburguistas quando assumem orientações antibolcheviques, como a valorização da espontaneidade, a negação do papel organizativo do partido na preparação da insurreição armada e o sectarismo, que se revelava em dísticos como "fora sindicatos". Além disso, Pachukanis investe contra o erro tático fundamental da busca pela conservação da unidade entre espartaquismo e os independentes do SPD. Ao darem as mãos aos kautskistas, aqueles desorientaram a posição das classes trabalhadoras, confundindo-as em razão da concórdia com os opositores e refreando, portanto, o ímpeto revolucionário das massas. O autor é assertivo quando conclui que a Alemanha estava objetivamente madura para a revolução socialista. Não poderia haver outra tarefa a não ser a luta proletária; o momento da luta pela democracia já há bastante tempo havia passado. Somente a revolução era a luta do tempo histórico. O *Unabhängige Sozialdemokratische Partei Deutschlands* (USPD) – Partido Social-Democrata Independente Alemão –, que traiu os sovietes, era a única organização de massas que aglutinava significativas camadas da classe trabalhadora, dado que o espartaquismo era pequeno. Na hora decisiva da revolução, em um país que só tinha tal tarefa por empreender, o proletariado revolucionário alemão ficou desarmado em termos de liderança e organização partidária. Então, a burguesia nacional e internacional, que já havia aprendido com a experiência da Revolução Russa,

---

[10] Desenvolvo reflexões a respeito de tal período em Alysson Leandro Mascaro, "O marxismo e Weimar", cit., p. 53-82.
[11] Evguiéni B. Pachukanis, *Fascismo*, cit., p. 89.

agiu de modo impiedoso – "com crueldade calculada", nas palavras de Pachukanis – contra os trabalhadores revolucionários alemães.

Dada a popularidade dos sovietes entre a classe trabalhadora alemã, somente restava às lideranças social-democratas falsificarem-nos e se apropriarem de seu discurso. Friedrich Ebert e Philipp Scheidemann sucederam um ao outro no poder com referências elogiosas aos sovietes; o governo Ebert chega mesmo a se declarar uma república socialista. Essa sequência de combates aos conselhos e aos sovietes, permeada por hipócritas declarações de apoio e entusiasmo pela causa revolucionária, agindo em conformidade com a tradição burguesa, faz com que as massas, diante de tal falsidade, prestem mais atenção à agitação espartaquista. Daí deve decorrer, também, a preparação para a repressão ao grupo Espártaco. O próprio I Congresso se desenrola numa sucessão de golpes, bloqueios e injunções que alijam ou desfiguram as lutas mais à esquerda.

Pachukanis percebe que o curso das atas do I Congresso segue na tentativa de louvar os sovietes para "conter os trabalhadores e os soldados revolucionários", mas o poder deveria estar nas mãos de um governo centralizado, pois burguês. Do mesmo padrão do ódio ao espartaquismo e às massas revolucionárias alemães, está presente nas atas o ódio à Revolução Bolchevique: é reputada frágil, não resistente a futuras investidas de guerra da Entente. Os áulicos de Kautsky e os sociais-democratas que se pretendiam de esquerda chegam mesmo a falsificar leituras de Marx para dizer que a revolução só poderia surgir com uma máquina estatal pronta ou com uma economia desenvolvida, insurgindo-se contra o leninismo. Narrando os horrores do terror revolucionário russo, Scheidemann discursa, numa patente conclamação ao *pogrom*, contra os sovietes.

Por fim, percebe Pachukanis que os próprios representantes espartaquistas e revolucionários socialistas, em seus últimos discursos e protestos, em que pesem a coragem e o tirocínio de muitas de suas posições, também têm grande dificuldade em estabelecer uma leitura rigorosa dos fatos e do marxismo. Fritz Heckert, espartaquista, futuro líder do *Kommunistische Partei Deutschlands* (KPD) – Partido Comunista Alemão –, e a quem Pachukanis chama de camarada, em vez de denunciar a guerra e a ditadura burguesas, tece considerações laterais sobre as impropriedades da nascente assembleia constituinte em razão do grande papel dos representantes, dado que se esperaria uma assembleia com maior participação direta das massas. Mas, em favor dessa crítica genérica ao modelo de representação política, deixam de ser feitas críticas fundamentais ao domínio burguês daquele momento, tomando como naturalizada a hipótese da assembleia constituinte. Mesmo com todas as traições da esquerda social-democrata, persistem os chamamentos espartaquistas à unidade das esquerdas. O Congresso deixa, por derradeiro, Rudolf Hilferding pronunciar seus estudos científicos sobre quais setores da economia estariam prontos ou não para a socialização. Pachukanis aponta que "foi justamente no relatório de Hilferding que se expressaram as maiores vulgaridades sobre o tema do 'espírito científico marxista', sobre a realização sensata da socialização"[12]. A farsa do I Congresso foi realizada às vésperas dos eventos decisivos de janeiro de 1919. Ato contínuo, a revolução socialista alemã foi dilacerada, e a estrada histórica para o fascismo e o nazismo tornou-se então completamente aberta.

* * *

Os textos de Pachukanis sobre o fascismo são, destacadamente, a mais importante reflexão marxista sobre o tema. De modo único, o autor alcança, em tal questão, o problema das formas da sociabilidade burguesa – mercadoria, valor, Estado e direito. Sua análise não vai pelo viés politicista – fascismo como falência moral do Estado e da política, a ser resgatado pelas instituições jurídicas e democráticas – nem pelo viés economicista – fascismo como símile do capitalismo tal e qual, sem especificá-lo nesse seio. Somente o ápice da análise científica marxista, a *Teoria geral do direito e marxismo*, permite empreender a melhor aplicação à mais aguda situação histórica daquele tempo, o fascismo. Com Pachukanis, o fascismo se defronta com sua mais plena leitura crítica. A formação social encontra a forma social com a qual será lida.

É tamanho o impacto da análise feita por Pachukanis sobre o fascismo que, em *História do marxismo*, obra organizada por Eric Hobsbawm, Elmar Altvater a considera a melhor leitura realizada pelo marxismo no tempo da Terceira Internacional. Assim diz Altvater:

> O conceito de racionalidade, não só na interpretação da social-democracia de Weimar como também na do marxismo da Terceira Internacional, não permite captar – como dissemos – o problema da forma da sociedade burguesa. [...] Alguns teóricos o haviam intuído de modo impreciso e, em geral, tardiamente, mas muitos – e, além do mais, aqueles politicamente determinantes – tinham perdido de vista esse problema, que se tornara um beco sem saída para o marxismo da Segunda e da Terceira Internacionais. Como isso tenha podido acontecer talvez seja explicado pela análise inteligente e precisa que E. Pachukanis deu para o fascismo italiano, logo depois de sua vitória. Ele se dá conta perfeitamente de que a vitória do fascismo na Itália, por um lado, é a consequência de avaliações erradas, de equívocos e fraquezas do movimento operário, e, por outro, é a resposta dos dominantes a uma determinada situação econômica e política da sociedade italiana: é uma "ditadura da estabilização". Mas a análise que apresenta não se propõe a determinar as causas da derrota do movimento operário e explicar o caráter do fascismo como sistema social da reestruturação burguesa, mas sim demonstrar que o fascismo e o bolchevismo são completamente diferentes na dinâmica de seu

---

[12] Ibidem, p. 117.

desenvolvimento, apesar de não se poderem negar certas analogias formais. Seu tema, pois, é a rejeição da acusação de que o "vermelho" e o "negro" se equivalem. [...]

O fascismo, portanto, surge como expressão da desagregação do domínio burguês e demonstra precisamente que a única via capaz de conduzir ao socialismo é a ditadura do proletariado. Desse modo, o fascismo é expressão de decadência, ao passo que o bolchevismo é organização do novo, do progresso. O problema da reestruturação social operada pelo fascismo é deslocado em boa medida para o terreno da crítica da ideologia, com o objetivo de fornecer argumentos de agitação e propaganda para aqueles que trabalham para o Partido. A análise do fascismo, tal como realizada por Pachukanis, é precisa, rica de conteúdo empírico; ao contrário, ela perde todo o caráter essencial nas reflexões de outros teóricos da Terceira Internacional.[13]

O mais importante filósofo marxista do direito revela, também em sua análise do mais nocivo fenômeno do capitalismo de seu tempo, o fascismo, o rigor científico e a genialidade de sua reflexão.

---

[13] Elmar Altvater, "O capitalismo se organiza: o debate marxista desde a Guerra Mundial até a crise de 1929", em Eric J. Hobsbawm, *História do marxismo*, v. 8 (trad. Carlos Nelson Coutinho e Luiz Sérgio Henriques, Rio de Janeiro, Paz e Terra, 1987), p. 67-9.

4
Gabriele D'Annunzio

Gabriele D'Annunzio (1863-1938) é o mais rico e ao mesmo tempo ambíguo personagem antecessor do fascismo. Sua projeção se fez tanto pelo campo das artes quanto, também, pelo plano político e social. Mais que isso, na Itália do início do século XX, extrapolou o circuito dos intelectuais e alcançou o imaginário popular – dramaturgo, romancista, poeta, deputado, pioneiro do automobilismo e da aviação, boêmio, tido por amante e sedutor, líder do intento de salvação da glória italiana a partir dos eventos do Fiume. Sua peculiar figura, que em algum momento despertou interesse nas esquerdas, mas também forneceu algumas das bases do fascismo, tanto permite sua inscrição no cânone dos maiores literatos italianos quanto sua execração por conta de sua vida e de sua antecipação do reacionarismo. É, virtualmente, o mais importante símbolo de uma Itália que se movia numa expressiva dinâmica fundada na contradição – como foi o caso do futurismo, de Umberto Boccioni, entusiasta da guerra, e de Filippo Tommaso Marinetti, depois fascista, numa longa lista de movimentos, personalidades e artistas atravessados pela ambiguidade política que chega até mesmo a Giuseppe Ungaretti, que volta do Brasil à Itália em plena guerra, chancelando Mussolini.

O mito D'Annunzio

A extensão do mito de D'Annunzio alcançou o Brasil, de que serve o caso de minha terra natal, Catanduva, no interior do estado de São Paulo. Cidade nova, fundada no século XX, constituída por variadas imigrações, sendo a maior delas a italiana – a exemplo de meu caso, que sou Mascaro de pai e Barbate de mãe. Nessa cidade de decisiva cultura italiana, há uma Sociedade Ítalo-Brasileira que leva o nome de Gabriele D'Annunzio, criada em 1920, logo nos primeiros anos do município, em cujo prédio funcionou também por anos a

Biblioteca Municipal, que cheguei mesmo a frequentar quando criança. Meu velho mestre de língua portuguesa e literatura no ensino médio, Luiz Roberto Benatti, grande intelectual, poeta, tradutor, editor e livreiro, perseguido e preso pela ditadura militar, que me dá a felicidade do diálogo desde que foi meu professor na escola até hoje, compartilhou sempre comigo a reflexão sobre a peculiaridade de uma cidade recém-formada ter sua comunidade imigrante majoritária, italiana, nomeado sua associação com o nome de um literato, e, mais que isso, que não fosse o poeta mais óbvio deles, Dante Alighieri. Homenagear D'Annunzio no Brasil da primeira metade do século XX seria um índice forte de apoio ao fascismo ou uma exaltação de fácil apelo patriótico em torno do mais conhecido símbolo vivo da cultura italiana? E, desde jovem, nessas conversas com o mestre Benatti, até hoje, nos paira a pergunta: para uma posição crítica e de esquerda, antifascista, salva-se D'Annunzio?

No âmbito do início do século XX – que depois verá no Brasil o surgimento do integralismo –, D'Annunzio era o personagem ambíguo admirado tanto pelos futuros camisas-verdes quanto pelos fascistas, mas, peculiarmente, também pelos que o viam como o maior artista italiano vivo e que chegou mesmo em algum momento a flertar com a esquerda. A mesma ambiguidade atravessou outros personagens italianos que, aliás, chegaram a viver no Brasil e no interior de São Paulo, sendo o mais destacado deles Alceste De Ambris, líder dos trabalhadores, sindicalista, importante articulador socialista, deputado na Itália e que, ainda que apenas em breves momentos, chegou mesmo a flertar com a política de Mussolini, para depois pôr-se em seu combate e ser exilado pelos fascistas, tendo morrido em condições de extrema pobreza e abandono na França. Em suas épocas de morada no Brasil, De Ambris teve expressiva liderança sobre a comunidade italiana paulista – tanto na capital quanto no interior[1]. Na Itália, ao tempo do final da Primeira Guerra Mundial, aproxima-se de Gabriele D'Annunzio, apostando em

---

[1] "É interessante observar como De Ambris transitava livremente nos vários tipos de organizações dos trabalhadores italianos de São Paulo, das sociedades de socorro mútuo à Sociedade Democrática e às organizações socialistas, além de estar sempre próximo das ligas de ofícios, propriamente. De Ambris era também muitas vezes convidado para fazer excursões de propaganda pelo interior do estado. Os companheiros do interior vinham também visitar a redação do jornal. [...] Os companheiros do interior eram convidados a formar organizações socialistas (grupos, centros, círculos, clubes, ligas) nas localidades onde residiam e a se comunicar com a comissão de propaganda do Circolo Socialista *Avanti!*, com o objetivo de estabelecer um trabalho coordenado e sistemático. Em alguns períodos, houve mais de 20 grupos ativos no interior. [...] Uma notícia interessante do jornal relata a constituição de um círculo socialista em Ribeirão Preto, ao qual foi dado o nome Alceste De Ambris, o que indica a importância da figura de De Ambris também em cidades do interior"; Edilene Toledo, *Travessias revolucionárias: ideias e militantes sindicalistas em São Paulo e na Itália (1890-1945)* (Campinas, Ed. Unicamp, 2004), p. 181-92.

estabelecer uma cunha à esquerda em seu projeto artístico-político de perfil ainda bastante personalista. No Fiume, De Ambris tem uma das mais importantes posições políticas. É ele o redator da Constituição dessa cidade-Estado, conhecida como Carta de Carnaro. D'Annunzio aceita os termos políticos gerais da proposta de De Ambris, burilando-a literariamente.

A conexão da esquerda com D'Annunzio, seja na Itália, seja no Brasil, teve uma longa história fundada nas expectativas de poder inclinar o voluntarismo político dannunziano a um vetor progressista. O próprio D'Annunzio, contraditório em seus horizontes políticos, permitia tal esperança, mas não a cumpriu. Por final, suas posições serão definitivamente consolidadas à direita, ainda que não tenha se embrenhado com entusiasmo no fascismo. Mesmo mantendo reservas ao engajamento a Mussolini, desde a ascensão deste ao poder, D'Annunzio passa então a ser mais apropriado pela direita que pela esquerda.

Na Faculdade de Direito do Largo São Francisco, por ocasião da morte de Gabriele D'Annunzio, deu-se evento em sua homenagem, na sala João Mendes Jr., promovido e presidido pelo diretor da faculdade ao tempo, Spencer Vampré. O conferencista, Carlo Prina, apoiador do fascismo, assim estabelece a dedicatória do livro resultante dessa sua conferência no Largo São Francisco: "Permito-me dedicar este trabalho a Benito Mussolini, o grande irmão espiritual de D'Annunzio". Seu texto pleiteia diretamente D'Annunzio à direita, ainda exprimindo:

> Logo após a morte de D'Annunzio escrevi em italiano este trabalho, certo de que as considerações analíticas e reivindicadoras nele contidas poderiam interessar às instituições culturais da minha Pátria.
> O honorífico convite da Faculdade de Direito da Universidade de S. Paulo induziu-me a vertê-lo para o português, com a colaboração de um amigo meu, distinto poeta, para que todos me pudessem compreender não tanto acerca da vida do mais invejado entre os poetas, nem dos seus romances, nem dos seus heroísmos popularmente conhecidos, mas essencialmente de sua obra poética, quase que ignorada no estrangeiro dada a considerável dificuldade de traduzi-la. [...]
> E o nosso herói se revela grande também politicamente porque todos sabem que a redenção de Fiume (vivamente encorajada por Benito Mussolini) e as orações inflamadas do vate, purificaram a Itália das brumas nefastas que a ameaçavam, criando aquela nova luz, aquele novo ambiente político sem o qual, talvez, não teria sido possível essa triunfal marcha sobre Roma que devia colocar a Itália novamente no alto... perto do sol, para que os olhos admirados do mundo sobre ela se fixassem como em uma tela gigantesca a projetar os destinos humanos.[2]

---

[2] Carlo Prina, *D'Annunzio e a Crítica. D'Annunzio e a Musica: ampliação da conferência-recital realizada no dia 8 de junho de 1938 na Faculdade de Direito de São Paulo a convite do seu Diretor o ilustríssimo Professor Spencer Vampré* (São Paulo, Cultura Moderna, s/d), p. 7 e 69.

O reclame da figura de D'Annunzio, por décadas perpassando setores da comunidade italiana no Brasil, às vezes alimentado por ele próprio[3], apresentou, então, fases e múltiplas abordagens artísticas e especialmente políticas. Certa lenda dannunziana, da qual dão prova constantes os eventos em sua homenagem, expressa essa ambiguidade[4]. Muito dessa disputa envolve a recepção das posições ideológicas e mesmo diretamente das lutas italianas, mas, ademais, é de se destacar um processo reverso, a própria troca de informações entre socialistas imigrantes em território brasileiro e socialistas italianos, o que faz com que a interpretação do Brasil sobre D'Annunzio também tenha tido impacto em solo europeu[5].

Os relatos de que D'Annunzio despertava a atenção de Lênin – e vice-versa – se somam a um interesse similar por ele da parte de personagens decisivos do socialismo italiano, sendo o mais importante deles Antonio Gramsci. Já na prisão, Gramsci chega a dar notícia do interesse por uma biografia política de D'Annunzio em uma carta endereçada a sua cunhada, na qual solicita o envio de um livro publicado exatamente no Brasil, em São Paulo. Posteriormente, a obra requerida será lida e citada em várias passagens dos *Cadernos do cárcere*. Assim Gramsci tratou na missiva a Tania (Tatiana Schucht), sua cunhada, datada de 11 de abril de 1932:

> Também lhe diga [a Valentino] se pode me arranjar um livro de Nino Daniele, *D'Annunzio politico*, publicado em São Paulo, Brasil, há alguns anos, por um editor italiano (Tissi, parece-me). O livro foi muito elogiado pelos jornais e pelas revistas e

---

[3] Como no caso da conhecida entrevista concedida a um jornalista brasileiro ainda em Fiume: "Agora é ele quem me interroga a propósito do Brasil, e assegura: 'a sua terra é mais italiana que a minha nesta questão do Fiume; vem-me de seu país maior apoio moral que do meu'. Como eu pergunte então se não abalançará ele um dia a atravessar o Oceano, ir ao Brasil, responde-me: – Sim, lá irei; lá irei da única maneira digna de ir à sua grande Pátria: com asas!"; Affonso Lopes de Almeida, *O gênio rebelado (Por Dalmácia e Fiume)* (Rio de Janeiro, Annuário do Brasil, 1923), p. 232.

[4] Em uma conferência ocorrida no Paraná por ocasião de seu centenário de nascimento, posteriormente publicada em forma de livro, o orador assim se refere à projeção de D'Annunzio sobre o fascismo: "É o fascismo [o] recurso para impor a ordem num país conturbado. A exemplo do antigo socialista Mussolini, também D'Annunzio acaba se mostrando favorável a uma ditadura direitista. [...] A 27 de Outubro, por motivos de ordem pública, o rei aceita a demissão do gabinete Facta, e, dois dias depois, é convidado Mussolini, que, a 30, de camisa negra e tudo, se apresenta ao soberano. Entre os maiorais da '*Marcia verso Roma*' e daquelas aventuras políticas, não relumbrava em pessoa, mas seguramente em espírito o farol dannunziano"; Valfrido Piloto, *Gabriele D'Annunzio* (Curitiba, Centro Cultural Ítalo-Brasileiro Dante Alighieri), 1963, p. 31-2.

[5] "O movimento socialista da Garfagnana, região próxima à cidade natal de De Ambris, alimentou-se da intensa atividade de militantes que tinham vivido vários anos no Brasil. Não por acaso, o historiador italiano Umberto Sereni intitulou uma parte de um dos seus trabalhos sobre as lutas sociais e políticas da região da Garfagnana no início do século como 'o socialismo que veio do Brasil', fato que ilustra o conceito de que a circulação de ideias e práticas políticas no contexto da imigração era uma via de mão dupla, ou seja, os imigrantes italianos traziam e levavam experiências políticas e de organização do Brasil"; Edilene Toledo, *Travessias revolucionárias*, cit., p. 190.

deve ser muito interessante, porque Daniele foi por muitos anos (enquanto a organização dos legionários de Fiume teve vida própria) o representante de D'Annunzio no Piemonte e conselheiro político do próprio D'Annunzio, primeiro em Fiume e depois em Gardone.[6]

As lendas pessoais que envolviam D'Annunzio foram por ele diretamente cultivadas, bem como por uma vasta rede de entusiastas e apoiadores, num movimento personalista parecido com o que, décadas antes, se dera com Richard Wagner. Ambos artistas, embora de distintas áreas, alcançavam com fluidez o campo da política e mesmo o de um certo horizonte filosófico, no qual se anelavam a uma inspiração nietzschiana[7]. E, em ambos os casos, com futuros proveitos fascistas de suas inclinações. Também como Wagner anteriormente, D'Annunzio se vangloriava de sua controvertida carreira de paixões, como aquela que se deu, no caso mais conhecido, com a artista Eleonora Duse[8]. Ao estabelecer uma narrativa a respeito de sua personalidade baseada no heroísmo e na aventura, D'Annunzio atrelava a mítica de sua trajetória individual à sua arte literária[9].

D'Annunzio literato

A dramaturgia, os romances e a poesia de D'Annunzio se desenvolvem nos tempos finais do século XIX e no início do século XX. Sucede a Giosuè Carducci na reputação de mais importante poeta do país, com uma extensa fortuna crítica[10], e passa a ser chamado também, como o fora o próprio Carducci, por *Il Vate*. É, eventualmente, o mais destacado autor italiano do movimento literário conhecido por decadentismo, que se distancia do romantismo e contrasta tanto com o positivismo quanto com o naturalismo oitocentistas, cujas tentativas de racionalizar e objetificar o real – verismo – eram rejeitadas pela imposição de uma perspectiva

---

[6] Antonio Gramsci, *Cartas do cárcere*, v. 2: *1931-1937* (trad. Carlos Nelson Coutinho. Rio de Janeiro, Civilização Brasileira, 2005), p. 184.

[7] "Pode-se dizer que as duas maiores influências literárias sofridas por D'Annunzio vieram da Alemanha. Foram Goethe e Nietzsche que lhe determinaram por inteiro a sua forma de vida e a sua concepção do mundo. Ao lado dessas, foi Richard Wagner a sua maior influência, se não maior pelo menos igual a de Goethe. Em *Il Fuoco*, dedica D'Annunzio várias páginas de discussão sobre sua arte, e na parte final conta o episódio da morte do genial compositor, cujo esquife foi transportado por ele e mais três companheiros"; Evaristo de Moraes Filho, *Profetas de um mundo que morre* (Rio de Janeiro, Cia. Editora Leitura, 1946), p. 230.

[8] Ver Giordano Bruno Guerri, *La mia vita carnale: amori e passioni di Gabriele D'Annunzio* (Milão, Arnoldo Mondadori, 2017).

[9] Ver Niomar Muniz Sodré, *D'Annunzio* (Rio de Janeiro, Norte Editora, s/d).

[10] Ver Anna Baldazzi, *Critica dannunziana nei periodi italiani dal 1880 al 1938* (Roma, Cooperativa Scrittori, 1977).

subjetiva anelada a essa mesma realidade[11]. As características literárias dannunzianas são bastante típicas de uma retórica exacerbada, interpeladora e épica, forjada a partir da reconstrução de personagens históricos ou mitológicos, num uso massivo e extensivo da língua italiana, permeada por imagens de apelo. Embora seja, pela sua própria projeção aventureira – automobilista, aviador –, um protótipo da modernidade que se avistava no século XX, sua literatura será depois tida como velha e ultrapassada, em especial pelo seu contraste com o subsequente movimento poético do hermetismo. Nos meados dos novecentos, Giuseppe Ungaretti e Eugenio Montale constroem suas poesias em bases introspectivas, a partir de uma subjetivação já burguesa, individualista, burilando e domando a retórica, enquanto antes D'Annunzio buscava se insurgir contra a sociedade e a história, expandindo a retórica. A esse respeito refere-se Alfredo Bosi:

> A diferença entre a nova poesia (de que Ungaretti é o primeiro grande nome) e a de D'Annunzio é o mesmo abismo que vai de um vazio cheio de promessas a uma "plenitude" vazia de alma.
> Nova situação existencial: nova opção poética. A opção dannunziana fora um expandir-se horizontal: repertório de imagens, jogo voluntário de sensações válidas em si mesmas, confiança arrogante no domínio das coisas e dos homens, mas no fundo conformismo inerte disfarçado de belicoso titanismo: enfim, a própria máscara do escritor decadente assentado na cadeira cativa da vanguarda. Já a poesia essencial de Ungaretti se apresenta, desde os versos juvenis de *Il porto sepolto*, como a dissolução de toda sonora vontade de potência.[12]

---

[11] "Com Giovanni Pascoli (1855-1912), Gabriele D'Annunzio (1863-1938) e Luigi Pirandello (1867-1936), poeta difícil e crítico o primeiro, poeta e romancista o segundo, romancista, contista, crítico e grande comediógrafo o terceiro, a literatura italiana, entre o Oitocentos e o Novecentos, alinha-se de forma original à literatura europeia e torna-se decadente. Mas atenção para não atribuir ao adjetivo decadente uma conotação estética e cognitiva. O movimento literário que é qualificado com o adjetivo decadente, de fato, foi um movimento muito sério e historicamente novo na Europa e, portanto, também na Itália. Quando falamos de Decadentismo, estamos nos referindo àquele movimento teórico-literário que, no final do Oitocentos, e com desdobramentos nos primeiros anos do Novecentos, teve o mérito histórico de deixar definitivamente para trás tanto o Romantismo quanto o Verismo, descobrindo assim uma nova dimensão da realidade, dando-lhe uma nova e diversa forma. O Decadentismo não se propôs, como o Romantismo havia feito antes, e como fez o Verismo de outra forma, a descrever a realidade tal como ela aparece, ou seja, a face externa do real, mas tinha, antes, a ambição e a vontade de superar a aparência do real para apreender, por assim dizer, a alma interna e profunda que não se mostra fora das coisas, mas está dentro, quase escondida nelas"; Carmelo Distante e Flora Simonetti Coelho, *Il percorso storico-estetico della lingua e della letteratura italiana* (São Paulo, Hucitec, 2015), p. 563 (tradução nossa).

[12] Alfredo Bosi, *Céu, inferno: ensaios de crítica literária e ideológica* (São Paulo, Duas Cidades/Editora 34, 2010), p. 344.

Proponho ler alguns dos nomes fundamentais da poesia italiana do século XX – tomando aqui, em verdade, o final do oitocentos até o segundo terço do novecentos – a partir da chave que desenvolvo, em *Filosofia do direito*[13], de três caminhos da filosofia contemporânea. Nos campos políticos e jurídicos, minha proposta é a de compreender os pensamentos contemporâneos com base em três grandes horizontes: liberal, tecnicista, individualista ou juspositivista; não liberal, existencial, do poder ou não juspositivista; crítico. Ao primeiro dos campos corresponde, na poética italiana, a nova poesia dos meados do século XX, destacadamente as de Ungaretti e de Montale. Ao segundo, tanto a poesia de D'Annunzio quanto, ainda, a do futurismo. Ao terceiro, Pasolini. Ungaretti e Montale serão lidos como a poética do liberalismo, D'Annunzio será lido como a poética do fascismo, Pasolini será lido como a poética do marxismo. É verdade que, na Itália, o voluntarismo poético é o sucessor das velhas e pesadas poéticas pré-contemporâneas. Daí D'Annunzio é uma espécie de ponto máximo de uma tradição retórica excessiva bastante estabelecida, da qual o futurismo, que também guardava decisiva fundação na força, na vontade, no poder e na raça, quis ser seu destrutor sendo de algum modo seu continuador num barroco de profusão de manifestos políticos[14]. Ungaretti e Montale, além de Pasolini, é que representam uma ruptura com o peso das formas poéticas e de sua retórica carregada[15]. Em Ungaretti e Montale, há um afastamento da

---

[13] Ver capítulos 12 a 15 em Alysson Leandro Mascaro, *Filosofia do direito* (9. ed., São Paulo, GEN--Atlas, 2022), p. 273-527.

[14] "Temos um forte otimismo. O sangue italiano derramado em Trípoli era melhor que o derramado em Abba Garima. Aquele vertido sobre o Carso, melhor, aquele outro vertido sobre o Piave e em Vittorio Veneto, melhor. Através das escolas de bravura física que nós propugnamos, desejamos incrementar este vigor do sangue italiano, predispondo-o a todas as audácias e a uma capacidade artística cada vez maior de criar, inventiva e de fruir espiritualidade. É preciso banir todas as vilezas e todos os langores e desenvolver a elegância espiritual da raça, visto que o melhor que se pode encontrar numa multidão tumultuante é a soma de suas elegâncias espirituais heroicas e generosas. É preciso aumentar a capacidade humana de viver a vida ideal das linhas, das formas, das cores, dos ritmos, dos sons e dos rumores combinados pelo gênio"; Filippo Tommaso Marinetti, "Para além do comunismo", em Aurora Fornoni Bernardini (org.), *O futurismo italiano: manifestos* (trad. Maria Aparecida Abelaira Vizotto, Nancy Rozenchan, Aurora Fornoni Bernardini, Jacob Guinsburg, Elisa Guimarães, Vojislav Aleksander Jovanovic, São Paulo, Perspectiva, 2013, coleção Debates, n. 167), p. 243.

[15] "Tanto Montale quanto Pasolini, mesmo sendo poetas diferentes e até mesmo hostis, em certos aspectos, um ao outro – Montale usou palavras de fogo nas comparações do tipo de intelectual encarnado por Pasolini –, representam ambos duas formas com as quais se coloca a palavra '*fine*' (fim) na concepção tradicional da poesia e nas ideias sobre a superioridade do humanismo, do valor do literato, de sua função social; todos os aspectos que Pasolini acredita, então, extintos e infrequentáveis. O intelectual, o literato de tradição humanista, tornou-se, para Pasolini, simplesmente descartável, pária, marginal, privado de toda função tanto na própria cultura quanto na própria língua, então sufocadas pelo neocapitalismo e pela tecnocracia"; Enrico Testa, *Cinzas do século XX: três lições sobre a poesia italiana* (trad. Patricia Peterle e Silvana de Gaspari, Rio de Janeiro, 7 Letras, 2016), p. 27.

política, ou ao menos seu apagamento em um pano de fundo liberal, em favor da subjetividade e sua relação quase direta com a natureza – o céu excessivo do Brasil, com nenhuma estrela familiar a quem vem do hemisfério Norte, e que viu a tragédia da perda de seu filho a Ungaretti, quando era professor da USP[16], ou a preferência pelos limões em face de plantas de nomes difíceis e infrequentes louvadas pelos poetas laureados, nos ossos de sépia de Montale[17]. E, de todos, é Pasolini quem encarna a melhor junção de poesia e crítica, estética e engajamento[18].

Alguns dos poemas dannunzianos são os mais significativos de sua construção épica, antecipando, em anos ou décadas, sua aventura no Fiume – e, ao seu modo, constituindo uma base mitológica pioneira para muito da simbologia fascista. Seu conjunto poético de maior destaque é conhecido pelo título geral *Laudi del cielo, del mare, della terra e degli eroi*, composto de cinco livros: *Maia*, *Elettra* e *Alcione*, publicados em 1903, *Merope*, de 1912, e *Asterope*, coletânea de 1918.

Maia, também nomeada por *Laus Vita*, exalta, a partir de uma viagem à Grécia, a mitologia clássica, o paganismo e a natureza, louvando o super-homem

---

[16] "Come ora, era di notte, / E mi davi la mano, fine mano... / Spaventato tra me e m'ascoltavo: / È troppo azzurro questo cielo australe, / Troppi astri lo gremiscono, / Troppi e, per noi, non uno familiare..." ["Como agora, era noite, / E me davas a mão, tua fina mão... / Apavorado ouvi minha voz dizendo: / É azul demais este céu austral, / Estrelas demais o apinham, / E, para nós, nenhuma é familiar..."]; Giuseppe Ungaretti, *Poemas* (trad. Geraldo Holanda Cavalcanti, São Paulo, Edusp, 2017), p. 246-7.

[17] "Ascoltami, i poeti laureati / si muovono soltanto fra le piante / dai nomi poco usati: bossi ligustri o acanti. / Io, per me, amo le strade che riescono agli erbosi / fossi dove in pozzanghere / mezzo seccate agguantano i ragazzi / qualche sparuta anguilla: / le viuzze che seguono i ciglioni, / discendono tra i ciuffi delle canne / e mettono negli orti, tra gli alberi dei limoni." ["Escuta-me, os poetas laureados / movem-se tão somente entre as plantas / de nomes pouco usados: buxos ligustros e acantos. / Eu, por mim, gosto de caminhos que levam às agrestes / valas aonde em poças / já meio secas rapazes apanham / alguma enguia miúda: as veredas que seguem junto às bordas, / descem por entre os tufos de canas / e chegam até os hortos, no meio dos limoeiros."]; Eugenio Montale, *Ossos de sépia* (trad. Renato Xavier, São Paulo, Companhia das Letras, 2011), p. 30.

[18] De que é exemplo um poema em que faz Pasolini referência inclusive ao Brasil: "O Brasile, mia disgraziata patria, / votata senza scelta ala felicità, / (di tutto son padroni il denaro e la carne, / mentre tu sei così poetico) / dentro ogni tuo abitante mio concittadino, / c'è un angelo che non sa nulla, / sempre chino sul suo sesso, / e si muove, vecchio o giovane, / a prendere le armi e lottare, / indifferentemente, per il fascismo o la libertà – / Oh, Brasile, mia terra natale, dove / le vecchie lotte – bene o male già vinte – / per noi vecchi riacquistano significato – / rispondendo alla grazia di dilenquenti o soldati / alla grazia brutale." ["Ó Brasil, minha pátria desgraçada, / destinada sem escolha à felicidade / (de tudo são donos o dinheiro e a carne, / ao passo que você é tão poético) / dentro de cada habitante seu, meu concidadão, / há um anjo que não sabe nada, / sempre dobrado sobre seu sexo, / que se move, velho ou jovem, / para pegar em armas e lutar/ indiferentemente pelo fascismo ou pela liberdade – / Oh, Brasil, minha terra natal, onde / as velhas lutas – bem ou mal já vencidas – / para nós, velhos, readquirem sentido – / respondendo à graça de delinquentes ou de soldados / à graça brutal."]; Pier Paolo Pasolini, *Poemas* (trad. Maurício Santana Dias, São Paulo, Cosac Naify, 2015), p. 220.

fincado na arte e na poesia contra os limites sociais. "Inno alla vita" é um de seus poemas exemplares[19]. *Elettra*, exaltando o super-homem e o heroísmo, deita as bases também do nacionalismo de D'Annunzio, anunciando uma supernação italiana, como no poema "Canto augurale per la Nazione eletta", de constante uso pelos nacionalistas desde então[20]. *Alcione* exprime eventualmente sua melhor poesia[21], valendo-se de uma maturidade literária e mesmo representando o apogeu de sua fama e projeção, simbolizado pela temática do verão, numa tessitura construída com base na celebração do amor. Para tanto, D'Annunzio estabelece um percurso pelas culturas italiana e clássica, avançando no poema conforme o

---

[19] "O Vita, o Vita, / dono terribile del dio, / come una spada fedele, / come una ruggente face, / come la gorgóna, / come la centàurea veste; / o Vita, o Vita, / dono d'oblìo, / offerta agreste, / come un'acqua chiara, / come una corona, / come un fiale, come il miele / che la bocca separa / dalla cera tenace; / o Vita, o Vita,/ dono dell'Immortale / alla mia sete crudele, / alla mia fame vorace, / alla mia sete e alla mia fame / d'un giorno, non dirò io / tutta la tua bellezza? / Chi t'amò su la terra / con questo furore? / Chi ti attese in ogni / attimo con ansie mai paghe? / Chi riconobbe le tue ore / sorelle de' suoi sogni? / Chi più larghe piaghe / s'ebbe nella tua guerra? / E chi ferì con daghe / di più sottili tempre? / Chi di te gioì sempre / come s'ei fosse / per dipartirsi?" ["Ó Vida, ó Vida, / dom terrível de deus, / como uma espada fiel, / como uma rugidora face; / como a górgona; / como a centáurea veste; / ó Vida, ó Vida, / dom do esquecimento, / oferta agreste, / como uma água limpa, / como uma coroa, / como um pote, como o mel / que a boca separa / da cera tenaz; / ó Vida, ó Vida, / dom do Imortal / à minha sede cruel, / à minha fome voraz, / à minha sede e à minha fome / um dia, não direi eu / toda a tua beleza? / Quem te amou sobre a terra / com esse furor? / Quem te esperou em cada / átimo com anseios nunca pagos? / Quem reconheceu as tuas horas / irmãs dos seus sonhos? / Quem maiores feridas / teve na tua guerra? / E quem te feriu com adagas / da mais fina têmpera? / Quem de ti alegrou-se sempre / como se estivera / prestes a partir?"]; Gabriele D'Annunzio, *Maia* (Milão, Treves, 1922), p. 17 (tradução nossa).

[20] "Italia, Italia, / sacra alla nuova Aurora / con l'aratro e la prora! / Il mattino balzò, come la gioia di mille titani, / agli astri moribondi. / Come una moltitudine dalle innumerevoli mani, / con un fremito solo, nei monti nei colli nei piani / si volsero tutte le frondi. / Italia! Italia! / [...] Sopra quella discese precìpite l'aquila ardente, / la segnò con la palma. / Una speranza eroica vibrò nella mole possente. / Gli uomini dell'acciaio sentirono súbitamente / levarsi nei cuori una fiamma. / Italia! Italia! / Così veda tu un giorno il mare latino coprirsi / di strage alla tua guerra / e per le tue corone piegarsi i tuoi lauri e i tuoi mirti, / o Semprerinascente, o fiore di tutte le stirpi, / aroma di tutta la terra. / Italia, Italia, / sacra alla nuova Aurora / con l'aratro e la prora!" ["Itália, Itália, / consagrada à nova Aurora / com o arado e a proa! / A manhã saltou, como a alegria de mil titãs, / para as estrelas moribundas. / Como uma multidão de inúmeras mãos, / com um só tremor, nos montes nas colinas nas planícies / retorceram-se todas as frondes. / Itália, Itália! / [...] Sobre ela desceu íngreme a águia flamejante / marcou-a com a palma. / Uma esperança heroica vibrou na massa potente. / Os homens de aço sentiram subitamente / brotar em seus corações uma chama. / Itália! Itália! / Assim verás um dia o mar latino cobrir-se / do massacre para tua guerra / e para as tuas coroas dobrarem os teus louros e tuas murtas, / ou sempre-vivas, ou flores de todas as linhagens, / aroma de toda a terra. / Itália, Itália, / consagrada à nova Aurora / com o arado e a proa!] Idem, *Elettra* (Verona, Arnoldo Mondadori), 1950, p. 143-4 (tradução nossa).

[21] "A mais musical de todas as líricas danunzianas"; Pietro Pancrazi, *Studi sul D'Annunzio* (Roma, Tumminelli, 1944), p. 139.

calendário dos dias e meses do verão, anelando a fruição da história cultural com a própria natureza, fundindo-as num horizonte de invocação da divindade mitológica grega Pan, ligada às florestas e bosques, mas também se valendo da acepção de pan como total.²² O "pânico", em *Alcione*, é a proposta de fusão do indivíduo ao todo da natureza, num movimento similar àquele da arte de Wagner e da filosofia de Nietzsche na Alemanha.

O poema "Merope", cujo subtítulo é "Canti della guerra d'oltremare", avança na épica dannunziana e em seu nacionalismo, fazendo um louvor da guerra que a Itália empreendeu contra a Turquia pelo controle da Líbia entre 1911 e 1912. Neste livro, trechos como "La canzone dei Dardanelli" ou mesmo "La canzone della Diana" geram polêmica por suas posições autoritárias e ofensivas²³. O conjunto das *Laudi del cielo, del mare, della terra e degli eroi* se fecha com *Asterope*. Aqui se revela a poética de D'Annunzio nas antevésperas dos acontecimentos que liderará em

---

22 No "Ditirambo I", a invocação pânica: "A mietere l'alta mia messe / mille falci indefesse / travagliarono solco per solco, / dall'aurora al tramonto,/ per nove aurore / e per nove tramonti, / in terra sconosciuta. / E s'udiva in ogni meriggio / venir dagli orizzonti / infiammati la voce / e il tuono di Pan sopra a noi. / E ululava la torma feroce / 'O Pan, aiuta, aiuta!' / E per la stoppia i buoi/ candidi, aggiogati ai plaustri / contra le biche manomesse, / mugghiavano di spavento. / O Pan, dammi il mio frumento, / dammi l'oro della mia messe / australe e la furia degli Austri / libici e la furia dei cavalli / dall'ugne adorne di lampi!" ["A colher minha expressiva colheita / mil foices incansáveis / ceifaram sulco por sulco, / da aurora ao poente / por nove auroras / e por nove poentes, / em terra desconhecida. / E se ouvia a cada meio-dia / vir do horizonte / a inflamada voz / e o trovão de Pã sobre nós. / E uivou a turba feroz: / 'Ó Pã, ajudai, ajudai!' / E na pastagem os bois / alvos, presos às pilastras / frente ao monte de feno solto / mugiam de espanto. / Ó Pã, dá-me o meu trigo, / dá-me o ouro de minha colheita / austral e a fúria dos Meridionais / líbios e a fúria dos cavalos / de cascos adornados de relâmpagos!"]; Gabriele D'Annunzio, *Alcione* (Milão, Fratelli Treves, 1908), p. 43 (tradução nossa).

23 A exemplo das imagens do poder masculino contra uma pretensa fraqueza feminina turca e líbia da "Trípoli traiçoeira" em "La canzone della Diana": "Tripoli infida cui la guerra schioma / come femmina presa per le trecce / dalle pugna del maschio che la doma. / Le sue palme schiantate, le sue brecce / fumide canto; canto i suoi villaggi / rasi che brucian come in luglio secce / di Maremma, onde fiutano i selvaggi / poledri il dubbio odore delle chiatte / ben costrutte e nitriscono ai foraggi / salini che pascean lungo le fratte / di tamerici, presso i sepolcreti / sonori dove il mare etrusco batte. / O terra di sepolcri e di forteti, / Maremma, canto la tua razza equina,/ la ben crinita razza che disseti / nel sarcofago tolto alla ruina / di Saturnia o di Volci e che rinfreschi / con un germoglio roscido di brina" ["Trípoli traiçoeira de onde a guerra eclode / como fêmea presa pelas tranças / pelo punho do macho que a doma. / As suas palmeiras caídas, as suas brechas / esfumaçadas eu canto; canto suas aldeias, / encolhidas, que ardem como em um julho seco, / de Maremma, onde aspiram os selvagens / poledrianos o dúbio odor das barcaças / bem construídas e fumegando nas forragens / salinas que passam ao longo das franjas / das tamargueiras, próximas aos sepulcros, / sonoros onde bate o mar Etrusco. / Ó terra de sepulcros e fortalezas, / Maremma, eu canto a tua raça equina, / a bem nutrida raça que sacia a sede / no sarcófago retirado da ruína / de Saturnia ou de Vulcos e que refresca / com um rebento róseo de geada"]; idem, *Poesie* (Milão, BUR-Mondadori, 2018), p. 501 (tradução nossa).

Fiume. Trata-se da obra poética mais eivada de política de todas as *Laudi*. Um de seus poemas, "La canzone del Quarnaro", lembrando glórias de um combate marítimo à Iugoslávia com trinta soldados, será o cântico referencial da campanha do Fiume e do Carnaro, e seu verso "Eia, Alalà!", reaproveitando pretensas saudações greco-latinas antigas, servirá de mote a Mussolini e ao fascismo:

> Siamo trenta d'una sorte
> e trentuno con la morte.
> *Eia*, l'ultima!
> Alalà!
>
> Siamo trenta su tre gusci,
> su tre tavole di ponte:
> secco fegato, cuor duro,
> cuoia dure, dura fronte,
> mani macchine armi pronte,
> e la morte a paro a paro.
> *Eia*, carne del Carnaro!
> Alalà!
> [...]
>
> Tutti tornano, o nessuno.
> Se non torna uno dei trenta
> torna quella del trentuno,
> quella che non ci spaventa,
> con in pugno la sementa
> da gittar nel solco avaro.
> *Eia*, fondo del Quarnaro!
> Alalà![24]

Embora a poesia dannunziana prepare a narrativa épica de um triunfo guerreiro e nacionalista italiano que dará ensejo a Mussolini, sendo o próprio D'Annunzio uma espécie de protótipo dos movimentos reacionários que lhe sucedem, o fascismo não cultiva em especial sua literatura. Tido já como um autor de estilo ultrapassado, sua utilização pelos fascistas era feita de modo protocolar, mas se mantinha pela ausência inclusive de poetas que lhes fossem ideologicamente ligados[25]. Não houve

---

[24] [Somos trinta de uma só sorte / e trinta e um com a morte. / Eia, a última! / Alalà! // Somos trinta em três cascos, / em três tábuas de convés: / seco fígado, coração duro, / couro duro, dura testa, / mãos máquinas armas prontas, / e a morte lado a lado. / Eia, carne do Carnaro! / Alalà! // [...] // Todos voltam, ou ninguém. / Se não volta um dos trinta / Volta aquela do trinta e um, / Aquela que não nos espanta, / Com o punho as sementes / A jogar no sulco avaro. / Eia, fundo do Quarnaro! / Alalà]; idem, *Asterope* (Verona, Arnoldo Mondadori, 1964), p. 120-1 (tradução nossa).

[25] "Deve-se acrescentar que o fascismo, pelo menos até 1935, não dispunha de um pessoal literário com que substituir aquele outro, já maduro, cujos notáveis haviam passado por todas as

uma poética que fosse destacadamente fascista – um movimento que, no mais das vezes, abominava a maior parte das manifestações culturais. No pós-guerra, o próprio Pier Paolo Pasolini destaca a posição da obra de D'Annunzio como uma espécie de moeda de troca nas disputas culturais italianas, de perfil novamente reacionário, da segunda metade do século XX:

> Todos portanto fingem não ver (ou talvez não vejam realmente) qual é a verdadeira, a nova reação, e assim todos lutam contra a velha reação que a mascara. Os temas da prova de italiano apresentados para os últimos exames de maturidade são um exemplo do falso dilema e da falsa luta que acabo de delinear. Da parte das autoridades, houve evidentemente, antes de qualquer outra coisa, uma tácita negociação: a direita tradicionalista concedeu algo aos moderados e progressistas, e estes últimos concederam algo à direita tradicionalista, e desse modo o mundo acadêmico e ministerial clérigo-liberal se manifestou plenamente.
> Ao tema liberalizante proposto pela frase empolada de Croce se opõe o tema fatalístico, extrapolado vandalisticamente de De Sanctis; à leitura de uma cidade, que só pode ser moderna, mesmo se de caráter agnóstico e sociológico, se opõe a leitura meramente escolar de Pascoli e D'Annunzio etc. etc.
> O falseamento, porém, é absoluto. Todos aqueles que inventaram esses belos temas limitaram-se a um tradicionalismo e a um reformismo clássicos, ignorando, de comum acordo, que se trata de termos de referência absolutamente sem relação com a realidade.[26]

D'Annunzio entra nos tempos do fascismo tendo forjado algumas de suas bases estéticas, mas sem manter ligações políticas mais fortes com esse movimento, além de já ser tido como ultrapassado literariamente. A poética dannunziana foi se diluindo num pastiche de seu mito de heroísmo e poder da vontade[27]. O reclame por D'Annunzio,

---

experiências de Novecentos, da Voce a Ronda. Por uma série de motivos também facilmente compreensíveis, em todo o vintênio não surgiu, na Itália, um só escritor digno do nome que fosse verdadeiramente fascista, não de carteira, entende-se, mas de ideologia, de inspiração, de conteúdo. Ainda em 1940 os versículos sacros, aos quais se chegava por ocasião de discursos patrióticos, traziam a firma de Alfredo Oriani (fascista por cooptação póstuma) ou a de D'Annunzio, que na véspera da segunda guerra mundial já estava fora de moda"; Nello Ajello, *O escritor e o poder: uma visão panorâmica da literatura italiana neste século* (trad. Múcio Bezerra, Rio de Janeiro, Civilização Brasileira, 1992), p. 50.

[26] Pier Paolo Pasolini, *Escritos corsários* (trad. Maria Betânia Amoroso, São Paulo, Editora 34, 2020), p. 49.

[27] "Os dannunzianos só conseguiram construir um mundo poético cheio de monstruosos, abstratos e estetizantes deuses, ridículos pelo papel mesquinho que representam em sua falsa humanidade. Mas se D'Annunzio viveu luxuriosamente a vida de seus heróis, o paganismo, a exaltação da vida, a epifania dos sentidos, soube entretanto encontrar versos que transcendiam o 'dannunzianismo', pois fixavam altos momentos de delicada poesia, carregando a palavra de musicalidade ('O poeta, divina è la parola!'). E conseguiu realizar excelentes experiências com os metros das estrofes livres de suas *Laudi*"; Ítalo Bettarello, *A poesia italiana atual* (trad. Elvira Rina Malerbi Ricci, Departamento de Letras Modernas 3, FFLCH-USP, Curso de Italiano 1, 1977), p. 135-7.

tanto nos tempos fascistas quanto após estes, representou a manutenção de um conservadorismo/reacionarismo que, por falta de outros símbolos – e exatamente pela sua ambiguidade em face do fascismo –, era aquele que se podia empunhar.

Fiume e Carnaro

Os acontecimentos de Fiume, sob liderança de Gabriele D'Annunzio, têm por pano de fundo tanto os impasses do final da Primeira Guerra Mundial quanto, também, as esperanças e pretensões italianas de unificação e projeção política e econômica que vinham já do século XIX. Para os italianos, a guerra foi lida como oportunidade de completar a unificação de todos os territórios mediterrâneos de sua língua – como se deu no caso da região de Friuli Veneza Júlia e da cidade de Trieste. No entanto, mesmo com a vitória italiana ao final da guerra, em 1918, pelas razões dos acordos internacionais, alguns espaços residuais não foram incorporados territorialmente à Itália. O mais conhecido deles foi a cidade de Fiume – hoje Rijeka –, localizada no Golfo ou Baía de Carnaro, encravada na costa adriática, no antigo espaço iugoslavo atualmente da Croácia. Tratava-se de uma cidade portuária que ao tempo alcançava por volta de 50 mil habitantes, apenas metade dos quais italiana, e descontinuada da última fronteira do território da Itália, que se tornara a própria Trieste.

Ao cabo da Primeira Guerra Mundial, mesmo com a vitória italiana, eram altos os custos da guerra na população – morte, destruição, massas feridas e desempregadas. Além disso, os tratados internacionais que permitiram à Itália a incorporação dos territórios do nordeste, anteriormente sob domínio austro-húngaro, não permitiram que Fiume viesse a ser incorporada. Já de há muito, aflorara um movimento denominado "Irredentismo", que propugnava a redenção – a retomada – de terras italianas ainda nas mãos de outros Estados. As posições irredentistas amalgamaram muito da cultura e da política italiana nas décadas finais do século XIX e nas primeiras décadas do século XX. Como a maior das regiões irredentas, Friuli Veneza Júlia, onde se localiza Trieste, de fato foi incorporada ao cabo da Primeira Guerra Mundial, restou Fiume como o ponto nodal das aspirações políticas italianas de complemento da unificação territorial. Nesse tempo, o movimento irredentista já era dominado por posições de extrema-direita, que começam a ganhar vulto e que se oporão à Itália domesticada pelas potências internacionais, liberal, democrática e pacífica, por eles chamados de "Italietta", simbolizada na figura do primeiro-ministro Giovanni Giolitti[28].

---

[28] "Os irredentistas e nacionalistas da extrema-direita eram intolerantes com a 'Italietta' e seu prudente profeta Giolitti: entusiasmavam-se, em vez disso, com as luminosas declarações dos futuristas, que pregavam a guerra ao passadismo e exaltavam a beleza das máquinas e do progresso.

Gabriele D'Annunzio, figura expressiva do nacionalismo italiano, cuja personalidade havia se construído sob a mítica de heroísmo, é instado a liderar a retomada à força de Fiume, mesmo contra os tratados internacionais impostos pelas potências estrangeiras que bloqueavam a possibilidade de sua incorporação por parte do governo italiano. Seus textos e conclames se orientam para essa preparação[29]. Em 12 de setembro de 1919, numa empreitada guerreira que envolvia militares, irredentistas e nacionalistas, muitos deles chamados por *Arditi*, D'Annunzio toma Fiume e a declara italiana. O governo italiano, no entanto, não podendo aceitar tal quebra dos tratados aos quais estava adstrito, inicia, então, bloqueios e posteriores combates contra os próprios italianos de Fiume. Dado o impasse, a solução dannunziana foi proclamar a independência fiumana, à espera de uma futura anexação pela Itália, quando outras condições políticas assim o permitissem. Tal entidade política independente e autoconsiderada provisória foi denominada de "Regência Italiana de Carnaro".

Ao final de 1920, a Itália e o Reino dos Sérvios, Croatas e Eslovenos celebram o Tratado de Rapallo, no qual fica estabelecida a autonomia de Fiume, mas não sua possibilidade de incorporação futura à Itália, como era o propósito de D'Annunzio em sua Regência. Na véspera do Natal de 1920, a cidade é bombardeada pelos italianos e D'Annunzio e seus legionários se retiram de Fiume. Em sequência, tal território é organizado como "Estado Livre de Fiume". Em 1921, Riccardo Zanella torna-se seu primeiro presidente. No entanto, os legionários dannunzia-

---

O futurismo foi, depois de séculos, o primeiro produto original da monótona cultura italiana, mas não conseguiu introduzir verdadeiras mudanças culturais em um país que continuou a amar sobretudo o poeta de Abruzzo, Gabriele D'Annunzio, representante de uma retórica antiga. Sacerdote do culto ao super-homem e ao esteta, do alto de seus lirismos pseudoaristocráticos, de uma prosa cheia de preciosismos e barroquismos, D'Annunzio atacou a prosaicidade da política de Giolitti, expressão de um mundo burguês pleno de 'covardia' e de compromissos que impediram a afirmação da 'nova Itália' e de seus 'renascidos' habitantes. Os nacionalistas queriam uma política de potência que encerrasse gloriosamente o salmo do Risorgimento da grande pátria, uma divindade faminta de sacrifícios ainda não oferecidos"; Giordano Bruno Guerri, *Antistoria degli italiani: da Romolo a Giovanni Paolo II* (Milão, Arnoldo Mondadori, 1999), p. 265 (tradução nossa). Ainda, partindo da experiência de D'Annunzio no Fiume, ver idem, *Disobbedisco: cinquecento giorni di rivoluzione – Fiume 1919-1920* (Milão, Arnoldo Mondadori, 2019).

[29] A exemplo de sua meditação de 16 de agosto de 1919, às vésperas da tomada do Fiume: "E a vida e a morte, a contemplação e a batalha, o irmão e o inimigo, a Itália que sangra e o mistério dos que estão a nascer, tudo se sublimou no ápice de uma esperança desesperada. A música secreta da terra, da nossa terra, da nação enraizada no solo, agarrada à rocha e à gleba, emergia naquela voz inconsciente, como uma nascente melodiosa de uma daquelas pedras que de repente tinha atingido a vara de um adivinho. E foi a primeira canção sagrada da guerra que ouvi; que me pareceu digna de ser acolhida naquele livro religioso dedicado aos próximos ritos da Pátria, que os vencedores latinos chamarão O VITORIAL"; Gabriele D'Annunzio, *Per l'Italia degli italiani* (Milão, Bottega di Poesia, 1923), p. 251 (tradução nossa).

nos e os fascistas derrubam-no em 1922, para depois, com Mussolini já no poder, incorporar-se Fiume à Itália[30]. Tal situação se prolongou até o final da Segunda Guerra Mundial, quando o território foi enfim retomado pelos iugoslavos.

A empreitada dannunziana em Fiume é organizada de modo bastante espetacular quando comparada aos padrões de guerra até então havidos. O senso artístico de D'Annunzio criara cenas que povoaram o imaginário italiano e do mundo, dando sequência ao fato mais lendário de sua atividade guerreira, quando, na Primeira Guerra Mundial, contra a Áustria, mediante um difícil ataque de aviões – maquinário novíssimo ao tempo –, em vez das tradicionais bombas, o Vate dos italianos despejou folhas de poemas sobre Viena[31]. Em Fiume, as falas de D'Annunzio ao povo postando-se diretamente na sacada do palácio formam uma imagem de contato com as massas que depois será aproveitada para as estratégias oratórias de Mussolini[32]. A pretensão de heroísmo e culto à vontade e ao poder que forjou

---

[30] "Embora houvesse uma enorme diferença entre os dois, eles acabaram tendo, como frequentemente acontece, algo em comum: os mesmos adversários, e eles os tiveram na tentativa de ambos de realizar, na cidade disputada, e ainda que com propósitos e formas diferentes, o projeto de um Estado independente. O de D'Annunzio durará de fato e de direito cento e vinte dias e o de Zanella cento e cinquenta. O governo italiano, um dia, para não contrariar a nenhum, mas sobretudo pela impossibilidade prática de desmentir os dois, terá de ratificar a validade de suas disposições legislativas mesmo após a anexação de Fiume ao Reino da Itália, realizada, veja só, por um governo fascista"; Amleto Ballarini, *L'antidannunzio a Fiume*: Riccardo Zanella (Trieste, Italo Svevo, 1995), p. 179 (tradução nossa).

[31] "Desta empresa – uma das mais belas de toda a aviação, pelo seu conteúdo de poesia e de singular heroísmo, pois não visava a destruir e sim a admoestar, num momento em que não se ouvia senão o fragor das armas e o sinistro crepitar das chamas dum incêndio pavoroso – feito que só um poeta e, para sermos mais precisos, só Gabriele D'Annunzio poderia conceber, preparar e levar a termo, conferindo-lhe feição luminosa de lenda, faremos apenas a síntese histórica. [...] Na manhã do dia 9, às 5 e 50, um grupo de onze aparelhos alçou-se do campo de San Pelagio, em Treviso. Gabriel D'Annunzio embarcara no avião de dois lugares, construído especialmente e pilotado pelo capitão Natale Palli. [...] Às 9 e 20, adejavam no céu de Viena, lançando milhares de cópias da mensagem aos vienenses. Às 12 e 40 aterravam no aeródromo. [...] Eis o texto das mensagens aos vienenses: [...] 'Vienenses! Aprendei a conhecer os italianos. Voamos sobre Viena; poderíamos arremessar toneladas de bombas, e só vos atiramos uma saudação tricolor, das três cores da liberdade. Nós, os italianos, não fazemos guerra às crianças, aos velhos, às mulheres. Combatemos o vosso governo, inimigo das liberdades nacionais, o vosso governo cego, obstinado e cruel que vos não sabe dar nem pão nem paz, que vos nutre de ódio e de ilusões [...]"; Mario Giannantoni, *Gabriel D'Annunzio* (trad. Marina Guaspari, Rio de Janeiro, Sfreddo & Gravina, 1939), p. 216 e p. 218-9.

[32] "Um aspecto peculiar da oratória dos primeiros meses de governo de Mussolini foi o diálogo com a multidão, derivado do estilo inventado por Gabriele D'Annunzio na instauração do Estado Livre de Fiume. O diálogo não era efetivamente uma forma de envolvimento mais direto com a multidão na oratória de Mussolini, mas algo que lhe proporcionava uma maneira imediatamente eficaz de se proclamar como o intérprete e o representante do 'povo imortal'"; Emilio Gentile, "Mussolini fala às massas", em Carlos Piovezani e Emilio Gentile, *A linguagem fascista* (São Paulo, Hedra, 2020), p. 124.

os legionários italianos no Fiume também permitiu a ambivalência de aproximar de si tanto os futuros fascistas quanto, também, os socialistas. Para muitos, Fiume e D'Annunzio estavam abertos à disputa, embora cada vez mais sua inclinação fosse já bastante visível à direita[33].

O apogeu da aventura política, social e cultural do Fiume se vê com sua Constituição, conhecida por *Carta de Carnaro* – *Carta del Carnaro* em italiano ou mesmo *Charta Quarnerina* em latim –, promulgada em setembro de 1920. Sua elaboração se deve ao líder socialista e sindicalista Alceste De Ambris, que lhe deu os contornos e os termos políticos; Gabriele D'Annunzio foi o responsável pelo talhe formal final no nível textual-estético[34]. Há um texto constitucional com a proposta de De Ambris, de feição mais objetiva, e outro texto consolidado por D'Annunzio; são distintos e mostram variações de encaminhamento político[35]. Além das curiosidades literárias e mesmo do pitoresco em muitos de seus institutos, há uma marca política à esquerda em vários artigos. A Constituição de Carnaro é, no mundo, uma das pioneiras na garantia de direitos sociais e de intervenção do Estado para a promoção do desenvolvimento – sendo bastante lembrada na história do direito ao lado da Constituição de Weimar na Alemanha e da Constituição do México de 1917.

Não se trata, no caso da Carta de Carnaro, de uma constituição socialista nem com inclinações nesse sentido, embora despertasse a atenção e mesmo alguma esperança de aproximação por parte da esquerda. Seu pioneirismo se dá em uma clivagem

---

[33] "O impacto da ocupação de Fiume foi profundamente sentido no interior da Liga unitária e foi o centro das polêmicas na reunião realizada em Roma em fins de setembro, convocada inicialmente para discutir uma política comum para as eleições de 16 de novembro"; Daniela Mussi, *Socialismo e liberalismo antes do fascismo* (Porto Alegre, Zouk, 2020), p. 119.

[34] "Uma relação de estreita continuidade liga o agosto de 1914, época da primeira formulação de De Ambris sobre o intervencionismo revolucionário, à experiência de Fiume. [...] Tendo D'Annunzio se afastado dos nacionalistas, De Ambris tornou-se seu maior conselheiro político. A ideia de fazer uma tentativa revolucionária de esquerda com D'Annunzio vinha sendo alimentada havia algum tempo em várias partes da Itália. De Ambris vê ali a possibilidade de construção de uma sociedade nova, e viveu aquela experiência como o anúncio de um mundo liberto. [...] De Ambris apresentou, sob encomenda de D'Annunzio, esse desenho de Constituição, como se vê em uma carta de 18 de março de 1920. Essa foi a primeira elaboração da doutrina sindicalista revolucionária, de tipo corporativo, em termos jurídico-constitucionais. D'Annunzio aceitou o projeto de Constituição elaborado por De Ambris também nas partes sobre os direitos dos trabalhadores, sobre a função social das propriedades e sobre o papel das corporações, que despertavam as críticas dos representantes mais moderados da expedição fiumiana. Mas D'Annunzio associou a ela outros aspectos determinantes do seu projeto. Ele acrescentou o artigo sobre as crenças religiosas, o da edilidade, o da música e as partes conclusivas dos artigos que tratavam das corporações e da instrução pública"; Edilene Toledo, *Travessias revolucionárias*, cit., p. 234 e 237.

[35] Ambos disponíveis, entre outros meios, pelo repertório constitucional da Universidade de Turim: <http://dircost.di.unito.it/cs/docs/carnaro1920.htm>; <http://dircost.di.unito.it/cs/pdf/19200000_Carnaro_DAnnunzio_ita.pdf>; acesso em: 29 jul. 2022.

estatal-corporativista, conforme à raiz sindical do próprio De Ambris. A carta prevê, em suas palavras, três espécies de espírito ou força social, o cidadão, a corporação e o município, determinando a organização de dez corporações, dos assalariados aos profissionais liberais e aos trabalhadores do mar, reservando-se uma décima categoria a uma espécie de corporação ainda por vir, de uma nova humanidade, como assentado no capítulo XIX do texto dannunziano: "É quase uma figura votiva consagrada ao gênio desconhecido, à aparição do homem novíssimo, às transfigurações ideais das obras e dos dias, à efetiva libertação do espírito em face do sentimento doloroso e do suor de sangue"[36]. No âmbito econômico e das relações de trabalho, por exemplo, a Carta de Carnaro se funda no instituto da função social da propriedade, depois frequente em muitas constituições capitalistas de bem-estar social:

> IX – O Estado não reconhece a propriedade como o domínio absoluto da pessoa sobre a coisa, mas a considera como a mais útil das funções sociais. Nenhuma propriedade pode ser reservada à pessoa como se fosse parte dela; nem pode ser lícito que tal proprietário preguiçoso deixe-a inerte ou a use mal, em detrimento de todos os outros. O único título legítimo de domínio sobre qualquer meio de produção e de troca é o trabalho. Somente o trabalho é o senhor da substância que se torna maximamente frutífera e maximamente vantajosa à economia geral.[37]

A Carta de Carnaro anela, ao mesmo tempo, ideais sociais e políticos curiosos, inspirados e poéticos – como a proclamação da música como instituição religiosa e social, no seu capítulo de fechamento[38] – com a noção de unidade em torno do Comandante, uma figura ditatorial, encarnada no próprio D'Annunzio, que posteriormente será chamado por *Duce*. Também aqui o fascismo se apropriará da simbologia e da nomenclatura dannunziana. Tanto pelo seu talhe idealista e vago quanto pelo curto tempo de duração da experiência do Fiume, a Carta de Carnaro não logrou eficácia nem efeitos jurídicos práticos relevantes. No entanto, seu apelo – exatamente pela sua brevidade e pelas promessas que nem sequer foram levadas a teste – se manteve, desde então, sendo seu reclame levado à direita – por vias indiretas, apresentando-se como antecessora da Carta del Lavoro de Mussolini, de 1927 – e também à esquerda, nas reiteradas esperanças de políticas estatais, sindicais ou corporativistas de bem-estar social dentro do capitalismo, desde então até hoje. Nesse sentido, expõe Mario Losano:

> Nas palavras de D'Annunzio, a "Carta" era "o nosso novo Estatuto, um documento de harmonia latina", em que as fortes utopias sociais de De Ambris se juntavam ao lirismo

---

[36] Gabriele D'Annunzio, "La Carta del Carnaro", em Marcello Veneziani (org.), *Anni incendiari. 1909-1919: il decennio che sconvolse l'arte e il pensiero, la storia e la vita* (Firenze, Valecchi, 2009), p. 197 (tradução nossa).
[37] Ibidem, p. 194.
[38] "LXIV – Na regência italiana do Carnaro, a Música é uma instituição religiosa e social", em ibidem, p. 209 (tradução nossa).

visionário de D'Annunzio: "o cravo bolchevique florescia na rosa italiana". De fato, uma parte dos legionários de Fiume e dos futuristas – embora o elemento predominante nesses ambientes fosse o nacionalismo – olhou com simpatia para a experiência soviética, apesar de a terem interpretado das formas mais variadas e menos ortodoxas. Por outro lado – quando D'Annunzio instituiu a efêmera "Regência Italiana do Carnaro" após a edição da "*Carta del Carnaro*" – o único Estado que reconheceu a Regência foi a Rússia Soviética. [...]

A "*Carta del Carnaro*" reflete as aspirações contraditórias do movimento de Fiume e do próprio D'Annunzio, que nesse experimento efêmero do século XX quiseram alcançar os princípios sociais revolucionários dos soviéticos, mas também fazer reviver a cidade-Estado do Renascimento italiano, governada por um príncipe que implementava a sua política em contato direto com o seu povo; não uma democracia direta, porque as decisões deveriam ser tomadas pelo príncipe; e naquele príncipe D'Annunzio via a si próprio.[39]

O engenho de d'Annunzio em Fiume foi tido, ao tempo, como salvador da honra e das glórias italianas, fragilizadas ao cabo da Primeira Guerra Mundial. O irredentismo acalentado por décadas localizou no Fiume e na campanha dannunziana seu fetiche. Sua mitologia pessoal grassou nas massas italianas, que o viam como Vate, herói, boêmio sedutor, líder da pátria ou, ainda, o italiano mais inteligente de todos, segundo a acepção popular. No cárcere, Antonio Gramsci analisa a figura ímpar e que sempre muito o interessou de D'Annunzio, tecendo uma das mais importantes compreensões a seu respeito, com base na história e na sociabilidade italianas:

Passado e presente. Características do povo italiano. Como se explica a relativa popularidade "política" de G. D'Annunzio? É inegável que, em D'Annunzio, sempre existiram alguns elementos de "populismo": em seus discursos como candidato ao Parlamento, em seu gesto no Parlamento, na tragédia *La Gloria*, no *Fuoco* (discurso sobre Veneza e o artesanato), no *Canto di calendimaggio* e até nas manifestações (pelo menos em algumas) políticas de Fiume. Mas não me parece que sejam "concretamente" estes elementos de real significado político (vagos, mas reais) a explicar esta relativa popularidade. Outros elementos contribuíram: 1º) o apoliticismo fundamental do povo italiano (especialmente da pequena burguesia e dos pequenos intelectuais), apoliticismo irrequieto, litigioso, que permitia qualquer aventura, que dava a qualquer aventureiro a possibilidade de ter um séquito de algumas dezenas de milhares de homens, especialmente se a polícia se omitia ou se opunha apenas frouxamente e sem método; 2º) o fato de que não se encarnava no povo italiano nenhuma tradição de partido político de massa, ou seja, de que não existiam "diretrizes" histórico-políticas de massa orientadoras de

---

[39] Mario G. Losano, "A República de Weimar e a Cidade Livre de Fiume: de projetos criativos a resultados autoritários", em Gilberto Bercovici (org.), *Cem anos da Constituição de Weimar (1919--2019)* (trad. Milene Chavez Bercovici, São Paulo, Quartier Latin, 2019), p. 684 e p. 687.

paixões populares, tradicionalmente fortes e dominantes; 3º) a situação do pós-guerra, na qual tais elementos se apresentavam multiplicados, porque, após quatro anos de guerra, dezenas de milhares de homens se tornaram moralmente e socialmente "vagabundos", desenraizados, ávidos de sensações não mais impostas pela disciplina estatal, mas livremente, voluntariamente escolhidas por si mesmos; 4º) questões sexuais que, naturalmente, depois de quatro anos se acirraram enormemente: as mulheres de Fiume atraíam muita gente (e, sobre este elemento, insiste estranhamente até Nino Daniele em seu pequeno livro sobre D'Annunzio). Estes elementos só parecem de pouco valor se não se pensa que os vinte mil jovens reunidos em Fiume não representavam uma massa socialmente e territorialmente homogênea, mas eram "selecionados" em toda a Itália e tinham as origens mais variadas e díspares; muitos eram bastante jovens e não haviam feito a guerra, mas haviam lido toda a literatura de guerra e os romances de aventura. Todavia, por baixo dessas motivações momentâneas e ocasionais, parece que se deva também situar um motivo mais profundo e permanente, ligado a uma característica permanente do povo italiano: a admiração ingênua e fanática pela inteligência como tal, pelo homem inteligente como tal, que corresponde ao nacionalismo cultural dos italianos, talvez a única forma de chauvinismo popular na Itália. Para avaliar este nacionalismo, é preciso pensar na *Scoperta dell'America*, de Pascarella: Pascarella é o "vate" deste nacionalismo e seu tom de celebração é o mais digno de tal epopeia. Este sentimento tem força desigual nas várias partes da Itália (é mais forte na Sicília e no Sul), mas está difundido por toda parte em certa medida, inclusive em Milão e em Turim (em Turim, por certo, menos do que em Milão e em outros lugares): é mais ou menos ingênuo, mais ou menos fanático e até mais ou menos "nacional" (tem-se a impressão, por exemplo, de que em Florença seja mais regional do que em outros lugares, e da mesma forma em Nápoles, onde também tem um caráter mais espontâneo e popular na medida em que os napolitanos acreditavam ser mais inteligentes do que todos, como massa e como indivíduos; em Turim, poucas "glórias" literárias e mais tradição político-nacional, em razão da tradição ininterrupta de independência e liberdade nacional). D'Annunzio se apresentava como a síntese popular de tais sentimentos: "apoliticismo" fundamental, no sentido de que dele se podiam esperar todos os fins imagináveis, do mais à esquerda até o mais à direita, bem como o fato de que D'Annunzio era considerado popularmente como o homem mais inteligente da Itália.[40]

A mitologia em torno do Fiume faz com que D'Annunzio, que ao cabo pendeu à direita, ainda que não plenamente coeso a Mussolini, seja um personagem político complexo. Gramsci, ao denunciar seu apoliticismo fundamental, dá conta da plasticidade de sua figura, efetivamente jamais cristalizada em uma ideologia consequente. Por isso, ainda que quiçá não lhe recaia a interdição ética que coube às lideranças fascistas ativas, D'Annunzio embebeu o fascismo de fantasias e projeções

---

[40] Antonio Gramsci, *Cadernos do cárcere*, v. 2: *Os intelectuais, o princípio educativo, jornalismo* (trad. Luiz Sérgio Henriques, Marco Aurélio Nogueira, Carlos Nelson Coutinho, Rio de Janeiro, Civilização Brasileira, 2000), p. 179.

poéticas e artísticas. O peruano José Carlos Mariátegui, coetâneo à ascensão do fascismo, em seus anos de estadia italiana, exatamente quando do Fiume e da subida de Mussolini ao poder, é responsável pela avaliação mais lapidar sobre a relação política entre D'Annunzio e o fascismo:

> D'Annunzio não é fascista. Mas o fascismo é d'annunziano. O fascismo usa consuetudinariamente uma retórica, uma técnica e uma postura d'annunzianas. O grito fascista de "Eia, eia, alalá" é um grito de epopeia de D'Annunzio. As origens espirituais do fascismo estão na literatura e na vida de D'Annunzio. Ele pode, portanto, renegar o fascismo; mas o fascismo não pode renegá-lo. D'Annunzio é um dos criadores, um dos artífices do estado de ânimo no qual se incubou e se plasmou o fascismo. [...]
> A personalidade de D'Annunzio é arbitrária, versátil e não cabe dentro de um partido: ele é um homem sem filiação nem disciplina ideológicas. Aspira a ser um grande ator da história. Não lhe preocupa senão sua grandeza, seu destaque, sua estética. Não obstante, D'Annunzio mostrou, apesar de seu elitismo e seu aristocratismo, uma frequente e instintiva tendência à esquerda e à revolução. Em D'Annunzio não há uma teoria, uma doutrina, um conceito: há, sobretudo, uma música, uma forma, que tiveram, entretanto, em alguns sonoros episódios da história do grande poeta, um matiz e um sentido revolucionários. [...]
> Sem que D'Annunzio seja consciente nem especificamente reacionário, a reação é paradóxica e enfaticamente d'annunziana e, na Itália, tomou do d'annunzianismo o gesto, a pose e o sotaque. Em outros países a reação é mais sóbria, brutal e despida. Já na Itália, país da eloquência e da retórica, a reação necessita erguer-se sobre um plinto suntuosamente decorado pelos frisos, pelos baixos-relevos e pelas volutas da literatura d'annunziana.[41]

O reclame de D'Annunzio, até hoje, é o reclame da fantasia, da vontade e da beleza – como o foram os de Nietzsche, Wagner, Marinetti ou Heidegger. Mas as laudas genéricas à vida apoiadas sobre o solo da exploração e das dominações do capitalismo são apenas furtivas antessalas da prática da morte.

---

[41] José Carlos Mariátegui, *As origens do fascismo* (trad. Luiz Bernardo Pericás, São Paulo, Alameda, 2010), p. 295, p. 297 e 300.

5
Fascismo e subjetividade jurídica*

É com grande alegria que os encontro e os recebo neste seminário organizado pelo meu Grupo de Pesquisa da Faculdade de Direito da USP. Quero aqui externar minha felicidade em poder encontrar pesquisadoras, pesquisadores, intelectuais, estudantes, todas aquelas e aqueles que efetivamente buscam compreender melhor a sociedade, a estrutura do nosso tempo, seus problemas, suas contradições.

A minha conferência na noite de hoje diz respeito ao tema geral que organiza este ano de reflexão do meu grupo de pesquisa e que organiza também este seminário que agora se inicia: pensar a subjetividade jurídica e, em relação a ela, o tema do fascismo.

A crítica da subjetividade jurídica

A subjetividade jurídica é talvez o ponto central daquela que é a tradição crítica marxista no que tange à filosofia do direito. Esse tema em geral é pouco trabalhado por juristas e por pensadores e pensadoras até mesmo do próprio marxismo. Poucas vezes na história do marxismo tivemos filósofos e teóricos se ocupando do tema do direito. Isso porque se imagina muito rapidamente ou que o direito não tem importância nenhuma ou então que o direito seja simplesmente um instrumental sempre à disposição, neutro, técnico, e então, quando se fizer uma transformação social, o direito garantirá, como ferramenta neutra, esse mesmo processo. Todas essas leituras estão erradas.

O direito não é desimportante para o capitalismo, pelo contrário, é exatamente o plexo, o ponto nodal, com base no qual o capitalismo se estrutura. E isso se dá

---

* Texto da conferência de abertura do seminário "Análise estrutural do fascismo", realizado em 2020 na Faculdade de Direito da Universidade de São Paulo (USP). (N. E.)

no nível da produção. O trabalho assalariado é um trabalho que é vendido, e aquele que vende sua força de trabalho e aquele que compra força de trabalho alheia estão ambos fazendo contrato, forjando um vínculo que é jurídico. Portanto, suas subjetividades se relacionam uma com a outra não só mediante a força bruta. Não é como no escravismo ou no feudalismo, modos de produção nos quais a força de alguém junge outra pessoa, subordina-a, a fim de que uma venha a trabalhar para outra simplesmente por conta dessa coerção física. No capitalismo, a coerção se faz mediante contrato. Então, apresenta-se aqui um dispositivo contratual, jurídico. O direito é fundamental para a reprodução do capital.

Marx já havia se apercebido disso em *O capital*, sua obra máxima. Logo no início desse livro, em seu capítulo 2, Marx aponta que as mercadorias são o átomo da sociabilidade capitalista e que elas não vão por si só se trocar no mercado; os que as trocam são os portadores das mercadorias: os sujeitos. Então, nessa sociedade capitalista importa fundamentalmente conhecer como os sujeitos trocam, como o trabalhador e a trabalhadora trocam força de trabalho por salário. Engels volta a reiterar como o direito é central ao capitalismo em um pequeno livro que se chama *O socialismo jurídico*, escrito junto com Kautsky – ainda na juventude de Karl Kautsky, quando ele era engajado nas lutas revolucionárias, dado que só depois se torna o "renegado" Kautsky; esse texto é central para afirmar que o direito é uma forma das relações capitalistas e nada mais que isso. Tal visão, no entanto, fica patente e vai se elevar ao máximo da reflexão com a obra de Evguiéni B. Pachukanis, no livro central para o conhecimento jurídico do nosso tempo que é *Teoria geral do direito e marxismo*, publicado em uma tradução direto do russo pela Boitempo. Pachukanis percebe que o ponto decisivo da relação capitalista não está na norma jurídica, que venha dizer assim: "É de um, não é do outro"; "Só pode fazer contrato de um jeito e não de outro". Está, sim, no que Pachukanis chama de subjetividade jurídica: pessoas, quando em relação de exploração, uma explorando outra, quando em relação contratual de compra e venda, portanto, na produção e na circulação também, elas tomam forma de subjetividade jurídica. Então, elas se equivalem, se equiparam formalmente uma à outra; assim, o capitalista riquíssimo e o trabalhador paupérrimo, ambos são tidos como iguais e estabelecem o mesmo procedimento de vínculo com base em uma subjetividade tomada em termos jurídicos. Um aceita os termos do outro, o trabalhador aceita se subordinar ao outro, o capitalista aceita que o outro se subordine a ele em troca de salário. As pessoas não são mais submetidas às outras por causa da força – claro, a força privada ainda continua subjacente –, mas no central as pessoas se submetem umas às outras pelo direito.

Essa tradição que vem de Pachukanis, de Marx, passa por um longo trajeto de pensadores no mundo e no Brasil. Eu lembro de Umberto Cerroni na Itália, Márcio Bilharinho Naves no Brasil, cuja obra *Marxismo e direito: um estudo sobre Pachukanis* é o marco de entrada das ideias pachukanianas aqui em território nacional, e tantos outros e outras que desenvolvem essa reflexão para entender que o sujeito no pré-capitalismo, ou seja, no escravismo e feudalismo, era um sujeito submetido ao outro, e no capitalismo é um sujeito submetido ao outro, só que é um sujeito pelo direito, ele é assujeitado pelo próprio direito. No meu livro *Introdução ao estudo do direito*, escrevo que o jurista chama o sujeito, aquele que está submetido pelo direito, de "sujeito *de* direito", logo se constituindo aqui uma espécie de problema ideológico, pois que então a pessoa imagina ser um sujeito de direito, ela tem direitos subjetivos. Melhor seria se nós chamássemos a essa pessoa submetida a outra de "sujeito *pelo* direito". Porque é pelo direito que alguém tem o capital e o resto não tem; chama-se isso de propriedade privada. E é pelo direito que aquelas e aqueles que não detêm o capital vendem força de trabalho aos capitalistas.

A subjetividade jurídica é um ponto central para o pensamento crítico sobre a sociedade. Chamo a atenção para o fato de que esse coração muitas vezes passou esquecido até pela trajetória do marxismo. E agora, com tristeza, decorre o que falarei: no campo progressista, de esquerda, e muitas vezes também no marxista, nós não tivemos a capacidade de entender qual era a natureza do direito, e então se imaginou que aquilo que era um mal, nesse século e meio de história de lutas socialistas, também fosse a cura. Muitas vezes, no Brasil e no mundo, as esquerdas clamaram pelo respeito ao direito e pelo respeito às instituições como forma de garantir o progresso, quem sabe até mesmo a chegada ao socialismo. E o direito legitimou toda uma ordem de exploração; não só legitimou, ele constituiu e constitui essa ordem de exploração e seus golpes. Então, é fundamental que se faça a crítica do direito do mesmo modo que se deve fazer também a crítica do próprio Estado. Eu lembro aqui a reflexão que desenvolvo no livro *Estado e forma política* (Boitempo Editorial) para avançarmos com a ideia de que o Estado não é um território neutro à disposição tanto do capital quanto das classes trabalhadoras, como se quem ganhasse o poder então determinasse o que quisesse. O Estado é a forma política do capital. Isso dói na compreensão do senso comum, isso incomoda uma leitura que muitas vezes é até progressista, mas que defende apenas mais direitos, políticas públicas ou políticas de Estado para garantir o remendo de um problema, o aumento de condições a um grupo, a um movimento, mesmo a uma classe. Muitas vezes, essa visão de senso comum não percebe a contradição e o limite que é tentar operar o maquinário, que não é neutro, mas é criado e constituído pelo e para o capital.

Esse quadro geral me anima em todos esses anos, seja nas orientações dos meus alunos na Universidade de São Paulo, seja nas pesquisas que desenvolvo com esse meu grupo de pesquisa, seja nas reflexões nas obras, mas também nesse caminhar, nesse projeto de buscar esclarecer a sociedade sobre seu rumo e sobre o labirinto no qual se encontra e as possibilidades de luta para a transformação social. Quero aplicar todo esse trajeto de pensamento naquele que foi o objeto em específico da minha análise no grupo de pesquisa, do ano que se passou até este ano de agora, que é o tema do fascismo. Como ler o fascismo tendo por base a crítica do direito, a crítica do Estado e a subjetividade jurídica? Como estabelecer, portanto, esse caminho de construção de um modelo de crítica estrutural ao capitalismo? Porque é exatamente o capitalismo o problema. Como pensar o capitalismo com base na chave do direito, na chave do Estado, tendo em vista o fenômeno histórico que foi o fascismo?

A crítica do fascismo

De pronto quero lembrar que o fascismo é um movimento histórico e podemos trabalhar com ele baseando-nos em duas chaves, dois modelos de leitura. A primeira delas é tentar diluir um fenômeno que foi histórico em uma certa dinâmica e em uma certa margem sempre possível de reiteração e de nova constituição em qualquer tempo histórico. Tal leitura busca compreender como o fascismo surgiu e, da mesma maneira, como ele pode voltar a surgir. Isso para o nosso tempo talvez tenha um apelo muito importante, e há pessoas, efetivamente, que tentaram depois da época fascista dizer que a sociedade capitalista voltava a esses mesmos padrões.

Outra leitura – que não é esta de buscar diluir um fenômeno histórico da primeira metade do século XX em qualquer outro fenômeno, ainda que parecido –, em chave oposta, é aquela que busca identificar historicamente qual foi a manifestação social fascista, como ela se deu em sociedades específicas, Itália e Alemanha, alcançando fundamentalmente, portanto, o fascismo *stricto sensu* italiano, que é a raiz histórica, cronológica, desses movimentos e, eventualmente, sua exponenciação mais radical, que foi o nazismo alemão. Tentar entender como se deram esses movimentos do fascismo e do nazismo, isso que se chama de nazifascismo ou de fascismo *lato sensu*, mas dentro dos contornos dos tempos fascistas da primeira metade do século XX. A busca por compreender esse tempo histórico é fundamental porque, por meio de uma percepção profunda, analítica, concreta, material, de como se deu o tempo passado, haverá condições de entender se o tempo presente tem características similares, parcialmente similares, opostas ou divergentes daquelas do tempo do fascismo histórico. Este foi basicamente italiano e alemão, embora não tenha se limitado a esses dois países – dado que inclusive a Áustria e tantos outros povos e países da Europa foram dominados diretamente pela Alemanha; a Itália, aliás, numa campanha de domínio imperialista, chegou até a Etiópia na África; mas também por conta própria viram-se experiências fascistas em vários países da Europa e no Japão. Movimentos de um certo espargimento mundial nazifascistas ainda ocorreram nos Estados Unidos, no Brasil, na Argentina e em outros países. Dado o arco do fascismo e seus núcleos e suas movimentações pelo mundo nesse tempo histórico, é seu entendimento que permitirá depois iluminar os tempos presentes e se estes podem ser chamados, como foram aqueles tempos passados, de fascistas ou se, então, têm características próprias.

Não me ocuparei, nesta minha conferência, dessa comparação com o tempo presente; darei algumas chaves filosóficas explicativas, mas no central quero aqui expor como se deram as mais sofisticadas leituras do marxismo no que tange ao fascismo historicamente estabelecido. Lembrando aqui que muito imediatamente, muito rapidamente, com a primeira fumaça do surgimento do fascismo italiano e alemão, nós já tivemos leituras marxistas extremamente sofisticadas para buscar compreender por que surgiam tais movimentações, quais eram as causas desses movimentos.

Quero propor algumas teses centrais sobre esse quadro. Em primeiro lugar, lembro que as leituras mais típicas e frequentes do campo progressista, do campo de esquerda e, eventualmente, até mesmo do campo do marxismo são as teses que não alcançam de forma profunda a compreensão da natureza do fascismo e do nazismo e, por causa de uma certa leitura vaga, indeterminada, que não vai a fundo nas causas materiais, nas formas sociais do capitalismo, acabam sendo as visões mais frequentes e tradicionais, pelos campos da esquerda, dada sua aderência ao senso comum. Tanto assim que toda vez que fenômenos que possam até parecer fascistas e nazistas voltam, nós não temos aparato intelectual suficiente para compreender as causas desses fenômenos novos, porque lá no fenômeno original nós também não tivemos as melhores ferramentas para a compreensão de seus dados.

A primeira dessas leituras errôneas – exponho-a aqui na esperança, aliás, de que corrijamos sua proeminência – é, em seus termos filosóficos, uma leitura pré-contemporânea que busca compreender um problema contemporâneo. O nazismo e o fascismo são fenômenos do século XX, são fenômenos contemporâneos, do capitalismo, mas existe uma chave de explicação teórica e filosófica que é pré-contemporânea e é velha de muito, já de milênios, mas até hoje é a base de explicação mais frequente: a leitura dita moralista. Essa visão, tipicamente da direita, mas que também se vê, apenas com sinal trocado, em alguns campos do que se chama de esquerda, diz assim: "Hitler era mau, Mussolini também era mau; seus séquitos – aqueles que estiveram próximos tanto de um quanto do outro – eram maus também; havia pessoas malvadas na sociedade e a junção dos malvados e das malvadas gerou o fascismo e o nazismo". Essa leitura é moralista, mas até hoje ela persiste, tanto assim que nos dias presentes nós encontramos muitos e muitas que dizem assim: "Eu sou um cidadão de bem. Pessoas de bem têm de tomar partido em favor da pátria, da religião, da família, dos bons costumes", ou qualquer coisa próxima que seja a narrativa. A noção de que há pessoas de bem representa, na sua contrafação, que há aqui pessoas más; portanto, bem e mal são categorias valorativas, morais, e até o campo da esquerda bebe dessa leitura pré-contemporânea porque diz assim, apenas trocando o sinal: "Essa gente que se reputa de bem, no final das contas, está matando os outros, está sendo indiferente ao sofrimento alheio, então o bem é o mal e o mal é o bem". Mas, observem, a chave categorial que se apoia em bem e mal é de uma filosofia pré-contemporânea, individualista, moralista, mas até hoje é utilizada por pessoas progressistas, e não nos serve de compreensão do que é o fascismo, não nos serve de base analítica para alcançar tal questão.

A segunda das chaves, agora eu chamo atenção porque já com essa trabalharei com o tema da subjetividade jurídica – pois trago aqui, nesta minha reflexão, o tema do direito já coordenado com o tema do fascismo – é a leitura a qual denomino em meu livro *Filosofia do direito* de juspositivista, liberal. Essa leitura assim propõe: "Existe o Estado, existem as normas; o Estado é neutro, as normas são neutras; o Estado será péssimo quando maus governantes tomarem o poder do Estado e fizerem, então, normas jurídicas ruins; o Estado será ótimo quando, eventualmente, as melhores mobilizações sociais, as classes progressistas, os movimentos progressistas, tomarem o Estado, fizerem boas políticas públicas, constituírem boas normas jurídicas e, então, nós teremos progresso social porque teremos progresso jurídico". Frequentemente, no campo que se chama progressista, de centro-esquerda ou até de esquerda – esqueçam o marxismo, pois via de regra ele não partilha dessa leitura, embora, eventualmente, algumas pessoas, desavisadamente, se creiam marxistas partilhando dessa leitura, mas aí é um problema de incompreensão –, diz-se que o nazismo surgiu por conta de um problema jurídico. Mas qual seria este? O direito não limitou a tempo a ascensão do nazismo ao poder. Então, os nazistas matavam, faziam arruaça, ameaçavam, batiam e perseguiam os outros... tudo isso era crime, tipificado no Código Penal alemão, mas como o direito não barrou isso, então, o fascismo se erigiu. Qual é a resposta que essa mesma leitura dá, constatando o problema por uma via juspositivista? Dizem, então, tais leituras de esquerda, institucionalistas, juspositivistas, liberais: "Então, agora, da próxima vez, o direito não pode falhar, porque ele falhou uma vez, não pode falhar pela segunda vez". Ou seja, essa leitura aposta novamente naquela que é a visão jurídica, ela continua insistindo no fato de que é o direito que salvará a sociedade. Como isso se revela em tempos históricos os mais variados? "A corte suprema do país não permitirá que o nazismo chegue": na Alemanha, o nazismo chegou. "A corte suprema na Itália é esclarecida, a Itália sempre teve brilhantes juristas, ela não permitirá a ascensão do fascismo": permitiu, louvou, escreveu livros a respeito e, inclusive, muitos desses juristas do próprio fascismo, quando cai o fascismo na Itália, vêm para o Brasil, até dão aulas e escrevem tratados jurídicos aqui no país. E não só do fascismo italiano, nem tampouco do nazismo alemão; eu lembro, aliás, certas facetas menos frequentes, como aquela de Portugal e de seu fascismo salazarista. Sucedeu a António de Oliveira Salazar, como ditador de Portugal, Marcello Caetano, que era jurista. E, quando a Revolução dos Cravos derrubou o governo de Caetano, ele então veio se exilar no Brasil, sendo recebido pela ditadura militar daqui e dando aulas em faculdades de direito brasileiras, isso em pleno final da década de 1970.

As leituras juspositivistas, de qualquer modo que seja, são frequentes, dizendo que é o direito que barra o fascismo. Meu trajeto e minha construção intelectual sempre buscaram mostrar a contradição e os problemas dessa base teórica mal assentada e que não consegue chegar à raiz material do problema. Não é o direito que salva do fascismo, o direito constitui o fascismo. O direito é uma das formas sociais que levam ao fascismo. E de que modo isso se dá? A força determinante da sociedade é a força do capital, é a forma mercadoria que se desdobra em forma valor, esse núcleo contínuo que engendra a acumulação, é tudo isso que organiza a sociedade capitalista. A forma do Estado e a forma do direito são derivadas da forma mercadoria, então, não pode a forma jurídica ser contrária àquela que é a sua forma raiz: a forma do capital. O direito é forma do capital; não pode ele ser contra o interesse da acumulação e do capital. O direito chancela, constitui, organiza o próprio capital, e o fascismo é uma manifestação capitalista, essencialmente capitalista, fundamentalmente capitalista.

É com esse eixo teórico de fundo que se torna possível, então, compreender as teorias marxistas a respeito do fascismo.

Teorias marxistas sobre o fascismo no tempo

Começo a trajetória da reflexão filosófica marxista já com um notável pensador: Max Horkheimer, o pai da Escola de Frankfurt, teórico de magnífica construção intelectual. No momento de ascensão do próprio nazismo, Horkheimer disse algo fundamental para a reflexão que vou hoje aqui desenvolver filosoficamente: quem não conseguir falar do capitalismo não deve falar do fascismo. Porque o problema não é só o fascismo, como se ele fosse um fenômeno isolado; o fascismo é um fenômeno do capitalismo. Se uma pessoa não tem coragem de falar a palavra capitalismo, dizer que o capitalismo é o problema e o fascismo é só uma das suas variantes, então essa pessoa não pode simplesmente chegar e dizer: "Não quero o fascismo; só quero o capitalismo sem o fascismo". Horkheimer é um pensador central exatamente porque inscreve de maneira indelével a associação de capitalismo com fascismo. A partir disso, quero avançar. Não se pode dizer que o fascismo surgiu porque o direito falhou. O direito é forma do capital, tanto leva ao fascismo quanto não leva, e a única diferença é quando o capital quer explorar chegando ao fascismo ou quando ele quer explorar sem fascismo, e o direito se presta a ambas as situações. E não é um mero querer de burgueses, é estratégia de acumulação. É, portanto, estratégia de exploração e lucro. Se o capital, para ter mais valorização do valor, está bem estabelecido, se ele tem mais valorização do valor em um ambiente institucional dito liberal, democrático, não fascista, ele vai por esse caminho;

mas se esse ambiente impede a acumulação, ele vai por outro caminho. Então, não é capricho da vontade; basicamente, é estratégia da reprodução da sociabilidade, estratégia da acumulação. Fascismo é um problema do capitalismo.

Quando estava em ascensão o movimento nazista, houve vários pensadores marxistas que refletiram a respeito dessa problemática e de como resolvê-la. Dentre os que engendram tal pensamento, lembro por exemplo de Clara Zetkin, lutadora e intelectual que estabeleceu uma reflexão espetacular sobre como combater o fascismo. Lembro também que na própria União Soviética, já após a Revolução, surge o problema do que fazer com a Alemanha: apostar em uma revolução alemã, investir energia para auxiliar as companheiras e os companheiros da Alemanha no processo revolucionário ou tentar se resguardar para ter mais força interna na própria União Soviética e apenas depois buscar conter os danos da própria Alemanha nazista. Portanto, há toda uma reflexão que naquele tempo envolveu Stálin, Trótski – que tem textos centrais coetâneos ao surgimento e ao assentamento do nazismo –, mas também Bukharin e outros mais. Há uma série de pensadores que está aqui já no campo soviético refletindo sobre essa questão. E na própria Itália, de modo pessoalmente notável, Gramsci lidera, na luta política e na teoria, a crítica ao fascismo.

No entanto, quero lembrar aquele que talvez seja o mais importante pensador que viu o nazismo surgir e no próprio tempo o analisou e conseguiu compreender profundamente o que se passava – não estou falando dos que vêm depois, com o fenômeno já estabelecido ou acabado, esses também são fundamentais, mas trato deles daqui a pouco. Estou dizendo que, no tempo em que o nazismo ia surgindo e avançava, o pensador marxista mais brilhante a compreender as categorias que estavam por detrás desse surgimento do nazismo foi o alemão Ernst Bloch. Tive a alegria de fazer minha tese de livre-docência sobre Bloch e o direito, publicada como livro, *Utopia e direito*, além de tratar de suas ideias em *Filosofia do direito*. Bloch tem uma obra para discutir o problema do nazismo, as questões dos desejos, das utopias, da mobilização das massas, e a questão do motivo pelo qual foram os nazistas que mobilizaram as massas pobres alemãs, e não o comunismo ou o socialismo. Ernst Bloch tem um texto central, escrito na década de 1930, no calor da hora do surgimento do nazismo, que em alemão leva o nome de *Erbschaft dieser Zeit*, que se pode traduzir para o português como "Herança deste tempo" ou como "Herança desta época", uma obra fundamental, mas, infelizmente, até hoje sem tradução para o português, passados quase cem anos de sua publicação original. O que essa época nos lega de herança? O que ela recebeu de herança do passado e o que ela nos deixa? Qual é a herança que recebeu a Alemanha para chegar ao nazismo? E o que isso lega para a humanidade futura, para a Alemanha e para o restante do mundo como sucessão desse movimento?

Tal obra de Bloch é decisiva porque busca compreender como foi possível o surgimento da sociabilidade nazista. Nela, Bloch levanta uma tese central: a sociedade alemã, bem como qualquer sociedade capitalista, tem uma temporalidade em esferas, camadas. Bloch aponta para o fato de que existem alemães que estão ainda valorativamente no tempo feudal, só que vivem em pleno século XX. Suas cidades perdidas lá no interior da Alemanha têm relações feudais, seus pais viviam relações servis, faz muito pouco tempo que deixaram de ter condicionamento social servil, e basicamente sua mentalidade persiste como servil; são religiosos, de um religiosismo primitivo, separando o mundo entre bem e mal. Tal visão de muitas pessoas da Alemanha não é a mesma, no entanto, de quem estava em Berlim, que na década anterior ao surgimento do nazismo, a década de 1920, viveu um florescimento cultural, inclusive com uma liberação extraordinária dos costumes até mesmo eróticos, sexuais. Então, o mesmo país de progressismos tinha massas ainda em outra temporalidade, praticamente feudal. Aponta Bloch que, muitas vezes, as lutas sociais não compreendiam que setores inteiros da sociedade estavam alijados da dinâmica histórica do capitalismo mais avançado, mas o nazismo compreendeu isso, falando ao coração dos setores mais atrasados da sociedade. O marxismo buscava o proletariado de vanguarda já organizado em sindicatos e disputava a sociedade perguntando: "Como é possível que os demais trabalhadores da Alemanha prefiram defender seus patrões a defender o sindicato?". E os marxistas não entendiam como é que o pobre alemão era de direita. Bloch tem textos notáveis para explicar que há várias contradições ao mesmo tempo no caso alemão e que, quando nos ocupamos apenas de uma delas, então, efetivamente não damos conta de entender que grandes parcelas da população ainda se mobilizavam por temas religiosos, por preconceitos contra os judeus – isso era reiterado na Alemanha cristã – mobilizados pelo cristianismo, que então proporcionava ali uma certa organização conservadora na antessala do fascismo, e Bloch não se conformava que as nossas companheiras e os nossos companheiros lutadores de esquerda não conseguissem compreender a existência de múltiplas camadas históricas dentro da população alemã. Não era possível falar apenas às camaradas de vanguarda, era preciso mobilizar desejos e esperanças – Bloch é o filósofo da esperança – de toda a população, ou pelo menos, dessa maioria deserdada do progresso civilizacional.

Ernst Bloch percebe que avaliávamos mal e mobilizávamos mal a sociedade porque esperávamos que as pessoas entendessem o que eram "perdas de guerra", o que era exploração, taxa de mais-valor; o povão entendia simplesmente que havia um Deus, o cristão estava com Deus e o judeu não estava. Esse era o *páthos*, o sentimento popular, e a luta progressista ficava explicando contabilidade, planilha, quanto a Alemanha pagava de dívida externa por conta da Primeira Guerra Mundial. Dizia Bloch que, desse jeito, nós não mobilizávamos as massas. Era preciso tocar diretamente as sensibilidades, os corações e os entendimentos.

Bloch é um autor central da crítica ao nazismo, com um olhar ainda fundamental para o presente. Há nele algo de sensibilidade notável para compreender como funcionava aquela gente e aquele povo. Bloch era, efetivamente, um filósofo do povo. A vida inteira viveu engajado em uma luta para dar a esperança do socialismo para toda a gente, para toda a população. Portanto, ao estabelecer o marco referencial das leituras marxistas do fascismo, apresento a leitura de Ernst Bloch como a mais decisiva, ao perceber o que fazer em termos de mobilização social ainda ao tempo do surgimento e do desenrolar dos fatos.

Quero explicar agora algumas outras chaves de compreensão do nazismo e do fascismo, empreendidas ao tempo em que o nazismo estava no auge, mas continuamente desenvolvidas desde aí até décadas posteriores. Aqui, há algumas teorias de grande destaque; a mais conhecida delas é a daquela que se chama Escola de Frankfurt. Pasmem, partes da proposta dos frankfurtianos são também as leituras do que se chama de centro-esquerda ou de liberalismo de esquerda; também são da direita, da centro-direita, da leitura liberal de centro-direita, mas está até no campo que se poderia chamar de marxista. Essa leitura não foi proposta de início nem por Horkheimer nem por Adorno, ela foi proposta por Friedrich Pollock, um homem pouco lembrado e albergado pela tradição marxista, mas, eventualmente, o mais decisivo pensador a dar norte e guia para a própria Escola de Frankfurt. Entre outras questões – e agora é o marxismo analisando como funciona materialmente o próprio marxismo –, Pollock era um economista que cuidava do dinheiro do Instituto para Pesquisas Sociais, o núcleo formal da Escola de Frankfurt. Portanto, Horkheimer e Adorno, e os demais que estavam no entorno da Escola de Frankfurt, tinham em Pollock seu financiador. A leitura de Pollock é a que, volto aqui a dizer, talvez seja a matriz de uma certa fração de visão teórica sobre o fascismo que até se reputa de esquerda, mas que ao final das contas é simplesmente a leitura liberal, democrática, institucionalista burguesa. Diz Pollock que o problema do fascismo e do nazismo na Alemanha é o problema do capitalismo de Estado. Essa leitura de capitalismo de Estado propõe que, no século XX, o capital e a burguesia se fundiram com os Estados, criando um capitalismo monopolista. Então, quando um país faz guerra com outros, o faz em proveito desses empresários e desses monopólios. Vejamos nós: os Estados Unidos e o Brasil auxiliaram, ou até mesmo, eventualmente, induziram o golpe na Bolívia e agora, faz dois dias, um empresário estadunidense declarou que é isso mesmo, escancarou que deu um golpe porque quer ganhar o lítio da Bolívia, e o lucro que ele teve apenas nessa crise de agora da pandemia foi maior que todo o PIB da Bolívia. Pois bem, há uma associação muito clara entre capital, grandes empresários e Estados. Trata-se de um complexo só. Essa leitura de Pollock dá a baliza para a Escola de Frankfurt e para boa parte das leituras liberais de esquerda. Ela diz que o capital se juntou ao Estado, organizando um monopólio burguês fundido com o aparelho estatal, de tal sorte que se trata de um complexo só. Qual é a conclusão de Pollock? Esse complexo não tem fissura, ele é totalitário. Agora começa a tradição do totalitarismo. E ela tem uma vertente dita de esquerda, muito clara, no próprio

Friedrich Pollock, que vai dizer que a Alemanha fundiu os capitais, os grandes conglomerados alemães, com o Estado nazista, e a partir disso se tornou um Estado totalitário. Claro, o próximo passo é dizer que alguns outros países mais do mundo, em especial os que fazem revoluções socialistas, também são Estados totalitários, por isso essa leitura é de muito gosto da esquerda liberal, porque pretende bater na direita e na esquerda revolucionária, ficando num confortável e idealizado meio-termo, defendendo o direito e as instituições. Essa visão frankfurtiana de Pollock, ao final das contas, defende o direito como arma contra o totalitarismo. Trata-se de leitura frequente no campo da universidade; liberal, institucionalista, que vê no direito o papel de salvador da sociedade contra o nazismo.

No entanto, além dessa leitura dos frankfurtianos "oficiais", organizada em torno de Pollock e que situa o problema do fascismo no totalitarismo, no capitalismo de Estado, quero chamar a atenção para leituras divergentes, de pensadores que até estiveram no entorno da Escola de Frankfurt, mas que foram mantidos ao largo de seu núcleo decisivo. Desses alijados, chamarei a atenção aqui, nesta minha conferência, para pelo menos dois: Franz Neumann e Alfred Sohn-Rethel. Para esse tema, Neumann tem um livro central, *Behemoth*, que estuda como se deram as características da formação do nazismo na Alemanha. Sohn-Rethel, em várias obras, faz um estudo, inclusive no nível econômico, do funcionamento do nazismo. Esses dois pensadores são fundamentais e trazem contextos de muita excelência teórica, apresentando visões distintas daquelas de Pollock sobre o fascismo. Pollock e a Escola de Frankfurt mais "oficial" propunham que os capitais se juntaram com os Estados resultando num amálgama tão forte – essa liga de cobre e estanho forjando um bronze perfeito – que atravessaria tempos históricos; é muito difícil bater-se contra o nazismo, internamente não há condições, precisa vir o Exército russo para libertar a Alemanha do nazismo porque, internamente, quem lutou contra morreu.

Pois bem, dirá Neumann e dirá Sohn-Rethel, essa leitura está errada; trata-se do oposto. O nazismo e o fascismo não são uma fusão total de enormes poderes dominantes no nível econômico e político. Muito pelo contrário, fascismo e nazismo e todas as formas de extrema direita aglutinam fraquezas, e essa junção de várias fragilidades dá um acordo, uma coesão, a que se chama então, no caso da Itália, fascismo, no caso da Alemanha, nazismo. É o contrário de uma fusão plena do poder econômico e do político; é uma contradição e uma concorrência tamanha entre Estado e capital, e entre frações do Estado e frações do capital, que no final das contas apenas uma certa coesão frágil de uma liderança que capte inimigos externos como judeus, homossexuais, comunistas, outros países, outras nações, ciganos, pessoas com deficiência, testemunhas de Jeová, apenas algo que construa externalidades de inimigos artificiais é capaz de dar uma junção para tanta gente, tantas classes e tantos grupos distintos, cuja organização social é extremamente competitiva entre si. Então, diz Sohn-Rethel, a Alemanha vivia uma disputa entre uma burguesia que queria exportar e uma que queria o aumento do mercado interno, e a Alemanha optou por aumentar o mercado interno e fazer guerra com o exterior para dar conta de satisfazer um certo tipo de acumulação; então frações burguesas ficaram de lado. Ao mesmo tempo, o Estado alemão tinha uma burocracia sólida e um Exército vitimado pela Primeira Guerra Mundial, um Exército em desonra, e o interesse de um não era o interesse do outro. Essas várias camadas, todas opostas entre si, encontram em Hitler um ponto nodal que se impõe contra os inimigos distintos ou fracos, ou até fortes do exterior, ou então alheios a esse complexo social. Com isso, então, esses setores se aglutinam.

Tanto a tese de Neumann quanto a de Sohn-Rethel apontam que o fascismo advém das fraquezas. E as senhoras e os senhores transplantem essa leitura de Neumann e de Sohn-Rethel para o tempo presente. Tudo aquilo que nós lemos como mobilização de extrema direita no mundo, não só no Brasil, em geral não advém de setores econômicos extremamente olímpicos, no sentido de alta lucratividade, de Estados fortíssimos ou então de classes ou grupos sociais com alta dominância, advém da crise do capital, do lúmpen da classe burguesa, do lúmpen do próprio Estado, do lúmpen intelectual. São várias fraquezas todas juntas que se unem, e essa união faz com que ninguém tire um palitinho desse bloco, porque, se retirá-lo, caem todos. Então, é a fraqueza que une, não a força. Ou seja, Sohn-Rethel faz exatamente o oposto da leitura que diz que o fascismo e o nazismo advêm do totalitarismo; muito pelo contrário, advêm de uma sociedade capitalista altamente esgarçada, altamente rompida, em crise. Como é uma sociedade capitalista na qual as classes estão em disputa, uma explora e a maioria está explorada, e os grupos sociais explorados também disputam entre si, o fascismo é a forma de tentar unificar o máximo possível dos frágeis para sustentar a reprodução da exploração.

Teorias marxistas posteriores sobre o fascismo

Dado o delineamento das explicações teóricas a quente, escritas e pensadas ao tempo do nazismo e do fascismo, quero encaminhar agora o delineamento de suas teorias derradeiras. Depois da queda do fascismo e do nazismo, surgem ainda leituras e interpretações marxistas a frio, já com o fenômeno passado. Quero trazer algumas dessas reflexões centrais feitas na segunda metade do século XX, abeirando-se daquilo que, em *Estado e forma política*, chamo de "novo" marxismo, e que se sustentam nas bases categoriais de Marx em *O capital*, buscando entender a forma mercadoria, a crise econômica, a crise da acumulação. Para esse horizonte, não ligado ao stalinismo e pouco ligado ao chamado marxismo "ocidental", a forma Estado não salva a sociedade das contradições do capitalismo, a forma Estado é uma das formas das contradições; o direito não salva a sociedade, o direito é uma forma da estruturação da sociedade capitalista.

Trarei para essa reflexão ao menos três autores da segunda metade do século XX, pouco estudados no espaço intelectual do Brasil, que ainda se arraiga nos autores clássicos, canônicos, como por exemplo os da Escola de Frankfurt e os do marxismo "ocidental".

Chamo a atenção para o primeiro deles, Michal Kalecki, enorme economista marxista polonês, responsável pelo desenvolvimento econômico da Polônia após a Segunda Guerra Mundial. Sendo polonês, Kalecki tinha uma interface imediata com o problema do nazismo alemão, mas sua proposição serve para pensar as movimentações de direita de todas as sociedades capitalistas. A tese de Kalecki é chocante: nas sociedades capitalistas, em algumas circunstâncias, as classes médias e as classes capitalistas desarmam a estrutura da reprodução burguesa que elas mesmas constroem. A burguesia e as classes médias instituem um modelo de reprodução econômica capitalista liberal, democrático. Pessoas votam, mas nunca um voto muda a sociedade, o voto pode só melhorar uma coisa ou outra. Exatamente isso permite a reprodução do capitalismo e sua sustentação sem grandes alterações. Daí a burguesia, na democracia, vai vivendo como quer e as classes médias também; pobre não se torna de classe média, classe média não se torna rica, mas também classe média não vira pobre e rico não vira classe média. Esse é o padrão. No entanto, as classes médias e a burguesia rompem com as amarras do capitalismo democrático e liberal, jurídico, e constroem a reação – como o nazismo e o fascismo – quando há pleno emprego. Essa é a tese de Kalecki, uma tese marxista no plano econômico, de que o pleno emprego gera a sucumbência das próprias condições institucionais liberais burguesas.

Talvez quem acompanhe agora essa minha reflexão não consiga alcançar de imediato a questão teórica proposta: que tem a ver o pleno emprego com fascismo? Que tem a ver uma categoria meramente de base econômica com fascismo? Kalecki explica: com o pleno emprego, o salário aumenta. Com as condições da massa salarial subindo, na sociedade, procura-se mais gente para ser explorada, só que já se está em pleno emprego; por isso é que, então, o salário aumentará. O Brasil viveu o pleno emprego no início do governo Dilma Rousseff, até 2013, 2014. Para cá acorriam bolivianas e bolivianos, haitianas e haitianos; vinham para trabalhar no Brasil porque já brasileiros e brasileiras não queriam laborar em certos serviços que essas pessoas consideravam inferiorizados ou mal pagos, como o emprego doméstico. Esse fluxo do exterior se dava porque aqui tínhamos pleno emprego. Pois bem, diz Kalecki, o pleno emprego gera o reacionarismo, como o fascismo, porque as classes médias e as elites, quando veem que a distância relativa dos pobres e dos trabalhadores em relação a elas está diminuindo, reagem destruindo as condições desse progresso. Nem é necessário, para tal processo, que o pobre se torne efetivamente de classe média; basta diminuir um pouco a distância relativa entre pobres e classes médias. Aquilo que talvez no caso da Alemanha do começo do século XX, parodiando o discurso-padrão brasileiro recente, representasse dizer algo assim: "Agora não dá mais para utilizar a estação ferroviária porque o pobre também pega trem executivo de primeira classe; a estação ferroviária está parecendo um estábulo". E os senhores conhecem no século XXI as tantas versões mais modernas e sofisticadas desse exemplo: troquem estação ferroviária por aeroporto. Pois bem, diz Kalecki, existe uma movimentação política das classes médias e da elite de tal modo que elas destroem as condições de progresso econômico parcial de governos de centro-esquerda. Capitalistas e classes médias investem contra governos assentados em instituições democráticas burguesas, mesmo que ao cabo o capital perca economicamente. O movimento político da burguesia no pleno emprego é o de acabar com sua alta lucratividade, o mesmo com a classe média, só que num processo no qual os pobres caem ainda mais. Ou seja, os termos da diferença social relativa voltam a ser repostos, ainda que contra o interesse numérico imediato da classe capitalista.

Essa leitura de Kalecki cabe como uma luva no tempo presente, quando as classes burguesas inflam um pato de plástico na avenida para ao final não venderem como vendiam no tempo daqueles que eram os ditos inimigos da classe burguesa. No fundamental, o que fazem essas classes dominantes e médias? Sua movimentação política é necessariamente reacionária: rebaixam ainda mais as condições do povo, desgraçando-o em níveis maiores. Nesse sentido, então, a classe média, ainda que ganhe menos, sente-se no paraíso quando em comparação com os mais pobres. Kalecki chama atenção para o aspecto ideológico e para o desarme político que gera o fascismo com base em algumas mudanças progressistas de centro-esquerda dentro do capitalismo.

Chego agora a outra leitura do fascismo, também de fundo econômico, de Charles Bettelheim, o maior economista marxista da segunda metade do século XX. Bettelheim associa o fenômeno do nazismo e do fascismo ao problema do subconsumo. Há um problema econômico alemão e italiano: sociedades que não têm condições de consumir, suas massas não têm dinheiro para o consumo. Nessa condição de subconsumo, com uma produção muito maior que a capacidade de consumo, tal produção tem de ser encaminhada à guerra. Com o nazifascismo, essa faixa de subconsumo foi ampliada, aumentada, mantendo e sustentando a divergência entre as classes que consomem pouco e as que são as capitalistas. No entanto, diz Bettelheim, se houve um problema de subconsumo na Alemanha e na Itália, e isso gerou fascismo e nazismo, o subconsumo é, na verdade, uma característica central da própria exploração capitalista; continuamos a ter problemas de subconsumo em toda a história do capitalismo. Conclusão altiva e direta de Bettelheim: então, o capitalismo, estruturalmente, é potencialmente fascista, porque sempre se lastreia no subconsumo. Sempre há uma crise social, uma crise do consumo, sempre há uma pobreza que gera o esgarçamento social.

A derradeira reflexão que trago aqui é da década de 1970, a leitura de Nicos Poulantzas. Após aspectos do fascismo apontados por Kalecki e por Bettelheim, Poulantzas aponta também mais um fenômeno na base do fascismo, o imperialismo. Países que estão em dinâmica produtiva e econômica acoplada a uma afirmação política de expansão, como eram os casos da Itália e da Alemanha, inclusive em disputas que envolviam guerras, esses países se conduzem a uma organização social fascista. Poulantzas arma uma específica tipologia do fascismo com base em suas estruturas políticas e econômicas. Embora haja pontuais comparações possíveis, não há equiparação entre os mesmos movimentos que levaram ao nazismo e os movimentos que levaram às ditaduras militares do Terceiro Mundo na década de 1960, como as ditaduras militares do Brasil, da Argentina, do Chile, ou a própria ditadura militar da Grécia, país de origem de Poulantzas. A tipologia lançada por Poulantzas, estruturando as categorias do fascismo e da ditadura, permite não aproximar o fascismo de forma genérica com tantos fenômenos que possam tangenciá-lo.

As leituras do marxismo da segunda metade do século XX, de Kalecki, Bettelheim e Poulantzas, dão-nos também condições de entender aquilo que os próprios Sohn-Rethel e Neumann de algum modo apontavam: disputas, concorrências e fraquezas no seio do capitalismo vão se aglutinando, até o ponto em que capitalistas e classes médias tomem posições que geram o próprio fascismo.

Fascismo e formas sociais

E agora, senhoras e senhores, chego à última das reflexões desta conferência. Proponho que mergulhemos o histórico da reflexão filosófica crítica sobre o fascismo nessas águas da forma de subjetividade jurídica. Isso que fez Marx, fez Pachukanis e que faz toda uma tradição contemporânea. Trata-se de enredar o fascismo nas formas da própria sociabilidade capitalista. Pachukanis tem textos históricos para dizer que se deve pensar o fascismo com base na forma política estatal e na forma de subjetividade jurídica, porque enquanto houver uma sociedade cindida em classes – e uma explora a outra –, baseada na forma mercadoria, haverá uma forma política e uma forma jurídica correspondentes que garantem o capital. E quando a garantia do capital não for mais possível no liberalismo, na democracia, nas bases jurídicas da constituição, ou do dito Estado democrático de direito, a forma política estatal e a forma jurídica não ficam ao lado do povo, são formas derivadas da forma mercadoria: então, Estado e direito sempre, potencialmente, desempatam em favor do capital, em margens fascistas se necessário.

Fundando essa reflexão também em *Estado e forma política* e em *Crise e golpe*, as formas do capital, quando não mais puderem sustentar a acumulação, a reprodução social ou a diferença relativa entre classes, quando não mais puderem conduzir o processo de estabelecimento da produção com o consumo nos termos tradicionais, a forma Estado e a forma direito desempatam pela ditadura, pelo golpe ou pelo fascismo. Claro, o fascismo é um desempate extremo, a ditadura e o golpe são desempates médios, mas se trata aqui de diferenças em termos quantitativos. Não desconhecendo os graus da quantidade, o que mais importa é a forma social, suas determinações e suas latências, e como a forma conduz a formação social. As formas sociais do capitalismo, em crise, conduzem ao desaguadouro do desarme, do abalo ou do ferimento das estruturas liberais ou democráticas do direito ou do Estado. Jamais Estado e direito estarão nas mãos do povo, jamais desempatarão em favor do povo, nem são formas sociais aptas a isso. É preciso quebrar a ilusão jurídica, o socialismo jurídico, nos termos do que dizia Engels, é preciso, então, mostrar que a subjetividade jurídica jamais é suficiente para dizer: "Eu tenho direito de ser respeitado, não pode o ditador ou o nazista me desrespeitar". Não se pode fiar esperanças num vago humanismo, não se trata da sagração desses que seriam os direitos individuais eternos e perenes. Muito pelo contrário, a subjetividade jurídica – ter direitos – é exatamente o que articula a exploração, o trabalho assalariado, a extração do mais-valor, e é o que articula o capital, a circulação mercantil. Todo o resto, tudo o que vem a mais, tudo o que vem para além disso, não se garante por si só.

Em *Estado e forma política*, chamo a atenção para um ponto da específica relação entre forma política e Estado. Denomino o processo de relação entre a forma jurídica e a forma política estatal de conformação, coformação. Trata-se aqui do processo de acoplamento de duas formas autônomas entre si. Elas advêm, ambas, da forma mercadoria; cada uma, no entanto, é insigne. Suas razões materiais não dependem da outra. Sua relação, então, é de uma derivação secundária. Elas se conformam de acordo com uma derivação principal que lhes dá o talhe. Ocorre que esse acoplamento secundário às vezes se mantém e muitas vezes se destrói. Quando essa relação entre direito e Estado, além de garantir a reprodução do capital, vier a garantir direitos sociais, direitos individuais, liberdade de expressão ou qualquer coisa dita democrática ou progressista, advindo a crise, advindo problemas na acumulação e na sustentação da distinção de classes, então essa conformação entre forma política estatal e forma de subjetividade jurídica abandona os penduricalhos dos direitos, conquistas e garantias, e remanesce no central. O que é o central? A manutenção da forma propriedade privada, a extração de mais-valor mediante contrato, trabalho assalariado. É isso que nunca quebra no capitalismo. E o que são os penduricalhos que acabam? Democracia, dita dignidade humana, ditos respeitos individuais e interesses sociais ou coletivos. Portanto, no núcleo do Estado e no núcleo do direito, podemos chegar tranquilamente e, via de regra, chegamos, ao golpe, à ditadura e ao fascismo. O que nunca acaba é a derivação principal dessas formas da forma mercadoria; cessam as derivações secundárias de conquistas políticas. Dentro do capitalismo, Estado e direito servem materialmente apenas para a dinâmica da reprodução do capital, para a exploração.

Não se pode fundar a luta contra o fascismo, tanto o historicamente dado no século XX quanto também em modalidades que surjam posteriormente, na estratégia da defesa da ordem, das instituições e do direito, como se eles viessem salvar a sociedade do fascismo. A ordem, as instituições, o direito e o Estado conduzem, sempre quando necessário for, ao fascismo. O comando político, eventual ou parcialmente, vem pela autonomia relativa do Estado; fundamentalmente, no entanto, a dinâmica política é feita pelo capital. O sujeito da história na sociedade capitalista é o capital. Ele escreve o fascismo quando quer.

Palavra da esperança. O sujeito da história da revolução são as massas, é a classe trabalhadora, somos todas e todos nós. Que nós não nos enganemos com as formas do capital, que nós não peçamos, que nós não imploremos por um direito que salve do fascismo, que nós peguemos o poder nas mãos e construamos a única coisa que salva do fascismo. Se fascismo é a margem extrema sempre possível, sempre frequente, do capitalismo, a cura de tudo isso não é norma, não é direito, a cura de capitalismo se chama socialismo.

6
Em defesa das causas perdidas*

> O nazismo desloca a luta de classes para a luta racial e, assim, encobre seu verdadeiro lugar. O que muda na passagem do comunismo para o nazismo é a forma, e é nessa mudança de forma que reside a mistificação ideológica nazista: a luta política é convertida em conflito racial, o antagonismo (de classe) inerente à estrutura social é reduzido à invasão de um corpo estranho (judeu) que perturba a harmonia da comunidade ariana. A diferença entre fascismo e comunismo, portanto, é "ontológico-formal". [...] O fascismo, portanto, esconde o antagonismo transformando-o num conflito de termos positivos.[1]

No livro *Em defesa das causas perdidas*, Slavoj Žižek inscreve-se, definitivamente, como um dos grandes filósofos políticos do nosso tempo. Desde a década de 1980 um pensador de intervenção constante na cultura, na psicanálise, nos impasses políticos do presente, arguto contestador do pensamento bem-estabelecido da contemporaneidade, Žižek alcança nesta obra – fazendo a passagem entre a constatação factual e a plena intervenção política – o estágio que denota a maturidade política de um filósofo: o apontar dos caminhos. E, contra toda *cômoda* visão do pensamento político atual, que ou está parada ou marca passo sem sair do lugar, o caminho apontado por ele é um passo para trás, para ganhar o futuro.

Tal dinâmica peculiar de sua proposta não é um mero elogio do ontem. Trata-se, sim, de tornar problemática a afirmação do presente, bombardeando sistematicamente seus fundamentos com energias que desde o passado ainda não se esgotaram. Contra o pensamento confortável do presente, para Žižek, duas perspectivas de mundo restaram engajadas na busca da verdade, tanto como teorias quanto como luta concreta: o marxismo e a psicanálise. Para ambas, a relação entre teoria e prática é dialética. Marxismo e psicanálise se insurgem como críticas radicais ao presente.

---

* Originalmente publicado como prefácio de Slavoj Žižek, *Em defesa das causas perdidas* (trad. Beatriz Medina, São Paulo, Boitempo, 2011). (N. E.)
[1] Ibidem, p. 263-4.

Em face da complacência pós-moderna, são consideradas, por muitos, causas perdidas. O pensamento social crítico pleno, vinculado às lutas sociais revolucionárias, tem-se reduzido à defensiva, mas aí não podem ficar adstritas: para sua afirmação contra a média bem-assentada da atualidade, deve-se fazer uma luta sistemática no ataque. Žižek propõe uma ruptura teórica com o bem-estabelecido. Seu passo de vanguarda não será apenas o passo para trás: a defesa das causas perdidas é um largo passo para a frente. É contra o presente que fala Žižek. O passado é apenas um calço para firmar a caminhada do futuro.

O pensamento presente, democrático, liberal, contrário aos autoritarismos, afirmando-se em muitos casos como pós-moderno, sempre respeitador dos direitos humanos e defensor das minorias, tem se vendido como um valor muito melhor que o passado das lutas comunistas. A filosofia atual, consensual e construída nos limites internos da democracia, não apenas age no negativo, refutando o totalitarismo, mas age principalmente no positivo, oferecendo sempre alternativas boas e responsáveis ao mundo. É um universo da ordem, institucionalizado e normatizado, mas tão complacente e frágil que até a exceção à norma já se encontra prevista na regra, o que só enfraquece a ambas. No mundo pós-moderno, a transgressão já é imposta diretamente pela lei. Trata-se do pensamento de um mundo sem decisão. Ao se abominar a avaliação forte, tão distante se está de uma apreensão da verdade das coisas que até os direitos humanos serão afirmados por meio de uma fragilidade essencial: não é da natureza humana que tiramos sua determinação, mas sim de uma postulação advinda de uma mera vontade axiomática. Para Žižek, as experiências de resistência atuais, como a que se extrai do lema do Fórum Social Mundial – "Um outro mundo é possível" –, relacionam-se ambiguamente com a estrutura já posta do capitalismo. O esforço por arrancar das rebarbas da reprodução capitalista algo um pouco diferente dentro do mesmo todo só demonstra que o possível tem sido utilizado, na verdade, como uma contenção das plenas possibilidades. As grandes impossibilidades é que são as atuais causas ganhas.

Defendendo as causas perdidas, Žižek se apresenta na tangente entre as duas opções filosóficas majoritárias de recusa das causas ganhas: de um lado, o existencialismo-decisionismo extremado e, de outro, o marxismo. Dessa tangente, sua opção conclusiva é o marxismo, embora boa parte da construção de sua argumentação seja feita pelo caminho existencial-decisionista. Por causa de tal balanço teórico sempre tangencial, o autor consegue também, imediatamente, a peculiar atenção de um público que não se conforma com as causas ganhas, mas que também se incomoda com os "maus hábitos" marxistas. Nisso está uma das insólitas atenções despertadas por ele no cenário mundial atual, mas também o mais interessante uso político progressista que faz de sua função de intelectual público: toma a si o papel de tornar sedutor o marxismo a partir de todos os elementos filosóficos alheios que possam lhe ser aproximados pelo plano da radicalidade, contra o convencionalismo liberal bem-estabelecido.

A posição de Žižek é diferente daquela do pós-marxismo da década de 1980, que lançou pontes ao existencial-decisionista como forma de salvar algumas poucas coisas boas do marxismo restante entregando-as à pura adoção nesse colo que era, à época, mais novo, forte e facilmente aceitável pelo público intelectual e pelo universo político. Para ele, são as coisas boas existenciais-decisionistas que vêm reforçar o marxismo, que agora inverte sua posição, de adotado para adotante. Há nessa mudança uma constante tensão. Por estar sempre na tangente entre os dois mundos da crítica radical, Žižek é um pensador processual, que caminha em um fluxo de ajuste situacional, não necessariamente linear. Sua posição não se orienta apenas por conta de algumas certas *causas*: é também pelo fato de estarem atualmente *perdidas* que essas causas aumentam a circunstancialidade e a dinâmica dos posicionamentos žižekianos.

Os passos e suas direções

Žižek não deixa de ser, nesta obra, o provocador filosófico já conhecido do grande público, articulando Lacan, Hegel e Marx, analisando o cinema, a música, a cultura popular e os objetos de consumo. No entanto, neste livro consolida uma perspectiva de filosofia política que, se estava anteriormente unida por um amálgama provisório, agora ganha ares de proposição específica: a defesa das causas perdidas é um caminhar em conjunto das visões filosóficas não liberais existenciais e marxistas. Para além de Lacan e Marx, Žižek alinha Heidegger e, complementarmente, Foucault em sua empreitada política.

Para ele, nessa longa lista dos rejeitados pela filosofia democrática, liberal ou pós-moderna atual – Marx e os marxistas, Heidegger, Foucault, Schmitt –, todos dão passos certos, embora alguns na direção errada. São, como diz, os intelectuais radicais. O radicalismo é seu passo certo; certos propósitos políticos, sua direção errada.

Tenho proposto nos últimos anos, em especial no livro *Filosofia do direito*[2], que se pode enquadrar a leitura da filosofia do direito e da filosofia política contemporânea a partir de três grandes horizontes: o *liberal*, o *existencial-decisionista* e o *crítico*, que podem ser lidos, especificamente para o campo do direito, como o *juspositivismo*, o *não juspositivismo* e o *marxismo*. No campo do liberalismo e do juspositivismo, sua derradeira manifestação é de caráter ético, como no caso dos pensamentos de Rawls e Habermas. No campo do não juspositivismo, fundado

---

[2] Alysson Leandro Mascaro, *Filosofia do direito* (9. ed., São Paulo, GEN-Atlas, 2022), cap. 12.

numa percepção do poder existencial-decisionista, são Heidegger, Gadamer, Schmitt e Foucault seus grandes teóricos. O terceiro grande campo, o da crítica, é o do marxismo.

Žižek se encaminha por reconhecer que, além do horizonte liberal, institucionalista e juspositivista, abrem-se justamente mais duas correntes do pensamento contemporâneo, e o que as unifica é o passo radical (ainda que o marxismo supere o existencial-decisionismo na orientação correta de seu passo). Heidegger é o grande pensador do passo certo na direção errada. É contundente e a princípio incômoda a apreciação žižekiana nesse sentido: "a verdade difícil de admitir é que Heidegger é 'grande' *não a despeito, mas por causa de* seu envolvimento com os nazistas, que esse engajamento é um constituinte fundamental dessa 'grandeza'"[3]. As próprias etapas do pensamento heideggeriano são contadas de outro modo por Žižek: "quando Heidegger mais errou (seu envolvimento com o nazismo) foi quando chegou mais perto da verdade"[4]. O mesmo que vale para o Heidegger que se retirou do *Dasein* para a poesia é também válido, no critério žižekiano, para Foucault, quando ao final de sua vida abeirou-se da ética e dos direitos humanos. O arrependimento posterior desses grandes intelectuais é um ato intelectual de menor qualidade que as suas anteriores apostas corretas no extremo.

Em defesa das causas perdidas apresenta um Žižek que não afirma o pensamento de Heidegger como tem feito a tradição conservadora ou reacionária: costuma-se dizer que o combate ao comunismo é que teria dado legitimidade de objetivos ao nazismo e ao heideggerianismo, mas não seus meios. Para Žižek, trata-se do contrário. Os meios radicais podem ser plenos, o erro é justamente do objeto. O nazismo, querendo ser radical, na verdade nunca o foi, porque manteve intocada a estrutura social capitalista. Assim, sua coragem é má, o que vem a ser, no fundo, uma forma de covardia política. "A 'coragem' dos nazistas foi sustentada por sua covardia na hora de atacar a principal característica de sua sociedade: as relações de produção capitalistas"[5].

É porque também somam a si a direção correta que Žižek aponta para a afirmação dos passos radicais no seio do marxismo e das lutas revolucionárias. A Revolução Francesa, que tem sido historicamente narrada pelos conservadores como um incômodo, na verdade deve ser lida como um evento inconcluso porque não levou ao limite o terror revolucionário. Žižek denuncia que a fórmula liberal e conservadora "1789 sem 1793" é a petição por uma revolução descafeinada... Por isso, deve-se afirmar que é por carência de Robespierres, e não por excesso deles, que a Revolução Francesa fracassou. Para Žižek, é preciso afirmar o inumano. Nas

---

[3] Slavoj Žižek, *Em defesa das causas perdidas*, cit., p. 133.
[4] Ibidem, p. 160.
[5] Ibidem, p. 163.

equações políticas que presidem nosso tempo, do par humanismo *ou* terror, "o *terror* e não mais o humanismo é o termo positivo"[6]. Nesse momento, mais uma vez Lacan, com o inumano do próximo, e Althusser, com o anti-humanismo teórico, passam a lhe servir de fundamento filosófico.

A história do terror revolucionário, da Revolução Francesa à derrocada do bloco soviético, cobre o arco que vai de Robespierre a Mao, ambos objetos de recentes intervenções teóricas de Žižek. As transubstanciações do marxismo revelam sua face mais avançada, e também o mais alto estágio para analisar suas contradições e seus problemas. Se o extremo revolucionário foi dado sob Mao, cria-se ao marxismo o embaraço de que, na China, houve solos mais férteis que os da classe operária com a Revolução Cultural. Tal inesperado revolucionário, que não se limita exatamente à classe, pode ser visto de modo melhor, para Žižek, na proposição de Alain Badiou de que, ao contrário das lutas anticapitalistas e antiglobalização atuais, o inimigo é a Democracia: "Hoje, o que impede o questionamento radical do próprio capitalismo é exatamente *a crença na forma democrática da luta contra o capitalismo*"[7]. Para Badiou e Žižek, embora o *econômico* seja o campo último e fundamental de batalha, o *político* é o atual espaço da intervenção revolucionária.

Žižek se aprofunda na busca e na defesa dos passos perdidos, resgatando o radical em tempos de bom-tom liberal mediano. No campo do marxismo, destrincha as mesmas contradições, surpreendendo ao alterar proposições tradicionalmente consolidadas. De Mao, para Žižek, talvez seja necessário ponderar se o radicalismo é mesmo o problema principal. O senso comum contemporâneo rejeita a Revolução Cultural porque os propósitos socialistas podem até ser bons, mas os meios foram péssimos. Žižek inverte a proposição: e se o radicalismo maoista for apropriado e o errado tiver sido justamente o horizonte do que se pressupunha ser a específica forma de luta socialista que se travou contra o capitalismo? Os acertos na direção é que revelarão a salvação do passo firme. No pensamento de Žižek, a questão do radicalismo, que faz com que um liberal contemporâneo rejeite em bloco o nazismo e o socialismo, deve ser objeto de uma diferenciação substancial. O nazismo representou uma vontade autotélica de extermínio dos judeus, e não pode ser considerado parte de uma estratégia racional, ao contrário da radicalidade socialista. Embora extremos, os passos se deram em direções contrárias, sendo uma delas total e absolutamente errada.

Para Žižek, comparar o radicalismo revolucionário socialista ao nazista já é, de início, um movimento pela relativização ou até mesmo pela absolvição do nazismo. Embora este, ao contrário do socialismo da Alemanha Oriental, tenha empregado

---

[6] Ibidem, p. 175.
[7] Ibidem, p. 191.

muito menos agentes de repressão, para a análise žižekiana isso não quer dizer que a natureza do socialismo seja mais repressora que a do fascismo, mas, pelo contrário, que o nazismo era muito mais totalitário, porque contava com uma repressão conexa na própria sociedade. A repressão stalinista se dava contra um povo que utilizava, como resistência, a ideologia oficial de liberdade real, solidariedade social e verdadeira democracia que, em realidade, o Estado não praticava. Do comunismo para o nazismo, é a forma que muda: não a luta política, mas sim o conflito racial; não antagonismo de classe, mas o corpo estranho judeu que perturba a harmonia comunitária ariana. Se o nazismo estabelece algum vínculo com o socialismo, isto se dá apenas como reação: "o nazismo *foi* uma repetição, uma cópia do bolchevismo; em termos nietzschianos, foi um fenômeno profundamente *re-ativo*"[8].

Assim, para além de uma genérica identidade do poder, é por uma especificidade da forma que o marxismo se levanta em face de todas as radicalidades da história contemporânea. É a crítica à forma mercantil que faz o marxismo superar definitivamente o existencial-decisionismo. Como o chão de Žižek, de início, é um solo comum, será apenas em alguns momentos que se aproximará com mais detalhe do aparato dessas críticas da lógica marxista, que desmontam as instituições jurídicas e políticas por conta de sua natureza especificamente capitalista.

A defesa das causas perdidas é também um inventário do passado, para justamente dele afastar o que se acusa e não é próprio, como única condição possível para extrair o que plenamente garanta o futuro. No contexto da análise do pensamento de Ernesto Laclau, Žižek dá esse passo para trás a fim de propor um outro novo à frente: "Um dos tópicos mais comuns do pós-marxismo é que, hoje, a classe operária *não é mais* o sujeito revolucionário 'predestinado', as lutas emancipadoras contemporâneas são plurais, sem um agente específico que reclame um lugar privilegiado. A maneira de responder a essa advertência é ceder ainda mais: *nunca houve* esse privilégio da classe operária, o papel estrutural da classe operária não envolve esse tipo de prioridade"[9].

O que se há de fazer?

Repetindo ao seu modo a crucial pergunta de Lênin e do marxismo do século XX, Žižek, na parte final de *Em defesa das causas perdidas*, faz um balanço das possibilidades políticas que se apresentam ao nosso tempo. A maior parte delas encontra-se refém das próprias estruturas capitalistas, que não estão sendo postas em questão. São poucos os movimentos que, nos últimos dois séculos, restaram historicamente consagrados como plenamente libertários, como foi o caso dos sovietes – que receberam

---

[8] Ibidem, p. 265.
[9] Ibidem, p. 292.

a admiração até de liberais como Hannah Arendt. Mas, com o fim do mundo estatal soviético, também sucumbiu o modelo dos sovietes. Dirá Žižek, provocativamente, que "o modelo dos conselhos do 'socialismo democrático' era apenas um duplo espectral do 'socialismo real' 'burocrático', sua transgressão inerente sem nenhum conteúdo positivo substancial próprio, isto é, incapaz de servir de princípio organizador básico e permanente de uma sociedade"[10]. O mesmo Žižek estende o problema do atrelamento ao Estado às práticas atuais de democracia direta, às culturas digitais pós-industriais, comunidades de *hackers* etc.: "todas têm de basear-se num aparelho de Estado, isto é, por razões estruturais não podem ocupar o campo todo"[11]. Mesmo querendo afastá-lo, o Estado ainda é a precondição, no campo de fundo, de várias práticas atualmente toleradas ou apontadas como libertárias.

A articulação entre democracia, populismo, excesso totalitário e ditadura do proletariado de Žižek é inovadora. Não está perfilada ao lado de Habermas, Arendt, Rorty e Giddens, mas sim problematizando experiências concretas e insólitas como as de Chávez e Morales. As forças destes advêm dos vínculos privilegiados com os despossuídos das favelas. Chávez é o presidente deles, sua legitimação está no povo, embora respeite o processo eleitoral democrático. Para Žižek, em uma avaliação que é crítica, "essa é a 'ditadura do proletariado' na forma de democracia"[12].

A defesa das causas perdidas de Žižek revela-se, ao final, também uma escatologia. Cristianismo, marxismo e psicanálise alinham-se nessa mesma necessidade de repetição a partir do fracasso. "Isso nos leva a mais uma hipótese: necessariamente, o Evento falha da primeira vez, de modo que a verdadeira fidelidade só é possível na forma de ressurreição, como uma defesa contra o 'revisionismo'. [...] Quando surge um novo ensinamento, do cristianismo ao marxismo ou à psicanálise, primeiro há confusão, cegueira a respeito do verdadeiro alcance de seu ato; as heresias são tentativas de esclarecer essa confusão com a retradução do novo ensinamento para as coordenadas antigas, e é só contra esse pano de fundo que se pode formular o âmago do novo ensinamento"[13].

Repetir não é provar a fraqueza do que se busca novamente, mas sim demonstrar a necessidade premente de volver ao passado para concretizar sua grandeza, buscando no mínimo errar menos nessa nova retomada do processo revolucionário. O potencial emancipatório que ainda não se esgotou continua a nos perseguir, e o futuro que nos persegue pode ser *o futuro do próprio passado*. A irrupção da revolução passada se deu em um momento incerto, e sua repetição presente também assim se apresentará, porque "o ato revolucionário – por definição – é sempre

---

[10] Ibidem, p. 375.
[11] Idem.
[12] Ibidem, p. 378.
[13] Ibidem, p. 385.

'prematuro'"[14]. Nunca haverá de se esperar um tempo certo para a revolução, e então, para Žižek, o amanhã que é futuro do ontem pode ser já hoje.

Num tempo que naturalizou a dinâmica e o constante fluxo histórico, que considera a mudança como um cálculo da própria reprodução social, a pergunta crítica, para Žižek, é então: o que *continua igual*? "É claro que a resposta é o capitalismo, as relações capitalistas."[15] Aí reside a matriz contra a qual há de se insurgir a radicalidade da mudança revolucionária. Sendo a mesma, cabe então, exatamente, a repetição das causas perdidas.

Com base na sua formação filosófica hegeliana, Žižek aponta à relação dialética entre senhor e escravo como exemplar da possibilidade de superação dos tempos presentes. Ilustra sua interpretação revolucionária com o Cristo: "É nesse sentido que Cristo é nosso senhor e, ao mesmo tempo, a fonte de nossa liberdade. O sacrifício de Cristo nos liberta. Como? Não como pagamento dos pecados nem como resgate legalista, mas assim como, quando tememos alguma coisa (e o medo da morte é o medo supremo que nos torna escravos), um amigo de verdade nos diz: 'Não tema, olhe, eu vou fazer. Do que você tem tanto medo? Eu vou fazer, não porque eu tenho de fazer, mas por amor a você. Eu não tenho medo!'. Ele faz e, dessa forma, nos liberta, demonstrando *in actu* que *pode ser feito*, que também podemos fazer, que não somos escravos..."[16].

Para Žižek, em tempos dinâmicos que chegam até a plena manipulação tecnológica da natureza, onde a única grande estabilidade é a própria exploração capitalista, contra a qual já se luta e já se perde há tempos, trata-se então de mostrar que é possível fazer a defesa das causas perdidas, para agora perder melhor ou, quiçá, plenamente ganhar.

---

[14] Ibidem, p. 389.
[15] Ibidem, p. 401.
[16] Ibidem, p. 427.

7
Direitos humanos: uma crítica marxista*

Sobre o tema dos direitos humanos continuam a recair, no presente, muitas oposições por parte de seus inimigos e incompreensões por parte de seus amigos. Espremida entre a fúria de seus antagonistas e a impotência de seus defensores está sua história.

Da parte de seus inimigos, de pronto ressaltam aqueles que ainda persistem na marcha da insensatez regressiva: odeiam a igualdade formal, o respeito ao outro e a liberdade de diferenças, opções e horizontes de cultura. Em termos de dinâmica social, os grupos que resistem contra a isonomia capitalista buscam perpetuar uma espécie de naturalização da diferença contra a igualdade que a vida mercantilizada enseja. Muitos movimentos religiosos, num papel de resguardar o absoluto de sua cultura e de seus crentes como superiores em face dos ímpios, incentivam a negativa dos direitos humanos aos que se chocam com seus princípios: o direito ao divórcio e o direito ao casamento dos homossexuais, por exemplo, são odiados por muitos.

Mas a recusa em face dos direitos humanos não é apenas um instrumental regressivo, daqueles que resistem à marcha da pasteurização das individualidades, grupos e comunidades sob o capitalismo. No fundamental, os direitos humanos são negados exatamente por aqueles que operam nos seus termos e louvores. Sua institucionalização e sua reprodução são lastreadas por vários níveis de formas sociais e relações necessárias. Numa sociedade atomizada, concorrencial, atravessada por antagonismos e conflitos de muitos níveis, na qual a forma política estatal e a forma jurídica também se ligam por meio de autonomias relativas, os direitos humanos se manifestam, inexoravelmente, de modo contraditório.

---

* Originalmente publicado na revista *Lua Nova*, n. 101, de 2017. (N. E.)

Pode-se dizer que há nuclearidades de direitos humanos que refletem, diretamente, as próprias formas da sociabilidade capitalista. Mas, para além desse espaço basilar, todo o grande campo que os séculos contemporâneos identificam como de direitos humanos é assentado em dinâmicas variáveis, conflitivas e contraditórias de seus termos. A estrutura política do capitalismo só se erige, nos dois últimos séculos, em um processo variável de afirmação, negação, garantia, seletividade e limitação dos padrões de direitos humanos. A reprodução capitalista demanda estabilizações políticas e jurídicas lastreadas em formas sociais necessárias e em quantidades razoáveis. Com isso, justamente o movimento que garante o capital e seus detentores também é o que garante ou nega a liberdade de expressão, os direitos sociais, as liberdades associativas e políticas etc. No capitalismo, os núcleos da forma jurídica e da forma política estatal constrangem, ainda que de modo variável e incidental, a vasta quantidade dos direitos humanos.

Afirmação e negação dos direitos humanos se dão numa mesma sociabilidade. É defendendo os direitos do indivíduo que os proprietários do capital do mundo dormem tranquilos, sem medo do saque ou da divisão compulsória do que é seu com os pobres. Os Estados, ao operarem com base em constrições como as da legalidade, ensejam apenas um movimento de distribuição dentro dos termos do *suum cuique tribuere* capitalista. As tensões e lutas sociais fazem avançar garantias políticas e jurídicas, mas, quando Estados e direitos ameacem arranhar determinadas distribuições da riqueza ou do poder, direitos humanos são varridos do cenário da própria sociabilidade burguesa. Não é necessário se limitar a casos exemplares da história contemporânea, como o Brasil com um golpe militar cuja normativa jurídica máxima e simbólica foi o Ato Institucional número 5, o Chile do horror de Pinochet ou, no extremo, o nazismo e o fascismo. A reprodução capitalista normal, cotidiana e reiterada é a que opera os direitos humanos como mecanismo de sociabilidade, de combate político aos que não o respeitam ou, ainda, de sua negação constante em face de seus incômodos. A política dos Estados Unidos, campeões dos direitos humanos, é exatamente, e não apenas em casos extremos ou isolados, uma política de seletividade. Para dar alento à máquina econômica do petróleo e da guerra, Bush investia os EUA contra o direito internacional e, ao mesmo tempo, a bandeira dos direitos humanos servia como arma de combate político contra países de um dito eixo do mal. Não se trata de separar o momento da legalidade daquele da exceção, mas, sim, de fazer entender a legalidade e a exceção num necessário e único movimento de marcha econômica, política, jurídica e cultural da mercadoria[1]. A defesa dos direitos humanos na sociabilidade contraditória capitalista é, exatamente e ao mesmo tempo, de algum modo sua negação.

---

[1] China Miéville, *Between Equal Rights: A Marxist Theory of International Law* (Leiden/Boston, Brill 2005), p. 117-52.

Justamente porque são instituições advindas de condições estruturais específicas e necessárias, com usos conjunturais muito variáveis, os direitos humanos não podem ser tomados acriticamente, como escudo de resistência total à barbárie ou como atributo imediato, imparcial e neutro da dignidade humana. Os amigos dos direitos humanos necessitam compreender, mais profundamente, sua lógica e sua anunciação nas sociedades contemporâneas. É por gostar da dignidade humana e por ela lutar que não se pode deitar confortavelmente na ilusão normativista causada pelos direitos humanos como mera ferramenta jurídica de garantias. É preciso entender sua estrutura íntima, peculiar e necessária para, com base nela, divisar os horizontes mais largos – e as lutas também então mais difíceis – para garantir a dignidade à humanidade.

Direitos humanos e pensamento jurídico

A leitura do pensamento jurídico sobre os direitos humanos se espraia em três caminhos. Tais horizontes também correspondem a leituras teóricas sobre a própria política, sua manifestação, suas estruturas e seus proveitos. Um primeiro caminho do pensamento jurídico, de *juspositivismos*, inscreve na norma jurídica e nas instituições correspondentes o fundamento do direito. Um segundo caminho, de *não juspositivismos*, quase sempre avança por encontrar o poder por detrás do direito. Já uma terceira leitura, *crítica marxista*, busca alcançar, no direito, as determinações sociais estruturais do capitalismo[2].

Pelas variadas visões juspositivistas, vislumbra-se uma história pendular, que vai, de um lado, à redução dos direitos humanos a meros direitos fundamentais normatizados até, de outro lado, a afirmação dos direitos humanos como compreensão superior, distinta e de principiologia inexorável para o manejo das normas. O processo de mero reducionismo às normas corresponde, de alguma sorte, ao tipo de juspositivismo que denomino juspositivismo estrito, bastante arraigado no século XX. Já a afirmação dos direitos humanos em grau de superioridade corresponde ao pensamento que denomino juspositivismo ético, típico das décadas recentes.

As posições do juspositivismo podem ser exemplificadas em pensadores como Hans Kelsen, pelo ângulo do juspositivismo estrito, e Ronald Dworkin, por um juspositivismo ético. Já Norberto Bobbio, vindo da tradição do juspositivismo estrito, de alguma maneira discípulo de Kelsen, encarnou por vastos campos da comunidade jurídica internacional, na segunda metade do século XX, a liderança de uma leitura em favor dos direitos humanos por caminhos juspositivistas, apostando em sua consecução com base em variados graus de articulação de seus termos normativos. Assim declara:

---

[2] Ver o capítulo 12, "Os três caminhos da filosofia do direito contemporânea", em Alysson Leandro Mascaro, *Filosofia do direito* (9. ed., São Paulo, GEN-Atlas, 2022), p. 273-80.

Afirmei, no início, que o importante não é fundamentar os direitos do homem, mas protegê-los. Não preciso aduzir aqui que, para protegê-los, não basta proclamá-los. Falei até agora somente das várias enunciações mais ou menos articuladas. O problema real que temos de enfrentar, contudo, é o das medidas imaginadas e imagináveis para a efetiva proteção desses direitos. [...]. Parece-me, antes de mais nada, que é preciso distinguir duas ordens de dificuldades: uma de natureza mais propriamente jurídico-política, outra substancial, ou seja, inerente ao conteúdo dos direitos em pauta.
Creio que uma discussão sobre os direitos humanos deve hoje levar em conta, para não correr o risco de se tornar acadêmica, todas as dificuldades procedimentais e substantivas, às quais me referi brevemente. A efetivação de uma maior proteção dos direitos do homem está ligada ao desenvolvimento global da civilização humana.[3]

De outro lado, horizontes de pensamento jurídico não juspositivistas não se agrupam por identidades internas fundantes, mas exatamente pela negativa em reconhecer no direito positivo a verdade do direito. Tais variadas leituras tanto se baseiam em perspectivas existenciais – Hans-Georg Gadamer, por exemplo, apontando para a pré-compreensão como negação do silogismo normativista da aplicação do direito – ou em denúncias da fragilidade das normas jurídicas em face do poder – num arco tão amplo que se estende de Carl Schmitt[4], pelo decisionismo e pela exceção, até, num outro extremo, Michel Foucault[5], pela microfísica do poder como rompimento da centralidade das instituições jurídicas e de suas declaradas intenções.

Numa leitura que remonta ao conservadorismo católico, mas que avança para uma vigorosa reconstrução de toda a história do fenômeno jurídico, Michel Villey, na França, figurou, na segunda metade do século XX, como um vigoroso crítico não juspositivista dos direitos humanos. Em sua obra, assim aponta:

> Ferramenta de mil usos. Usaram-na em proveito das classes operárias ou da burguesia – dos malfeitores contra os juízes – das vítimas contra os malfeitores. Mas atenção! Cumpre escolher: *ou bem* de uns, *ou bem* dos outros. Nunca se viu na história que os direitos humanos fossem exercidos em proveito de *todos*. O problema com os direitos humanos é que ninguém poderia tirar partido deles senão em detrimento de alguns homens. A que se deverá o enorme sucesso desse lugar-comum dos direitos humanos na retórica contemporânea? Ao fato de que ele consegue esconder o reverso: militando por esses direitos contra o xá do Irã, teremos ajudado a instauração do regime de Komeini.
> O aparecimento dos direitos humanos atesta a decomposição do conceito do direito. Seu advento foi o correlato do eclipse ou da perversão, na filosofia moderna individualista, da ideia de justiça e de seu instrumento, a jurisprudência. Ela tinha por finalidade

---

[3] Norberto Bobbio, *A era dos direitos* (trad. Carlos Nelson Coutinho, Rio de Janeiro, Elsevier, 2004), p. 56 e 64.
[4] Carl Schmitt, *Teologia política* (trad. Elisete Antoniuk, Belo Horizonte, Del Rey, 2006).
[5] Michel Foucault, *Microfísica do poder* (trad. Roberto Machado, Rio de Janeiro, Graal, 1993).

a mensuração de justas relações. Essa arte autônoma cumpria uma função própria, insubstituível. As filosofias da Europa moderna deixaram-na de lado. O cuidado de uma justa *repartição* desapareceu de suas obras. Esses *não juristas*, que foram os inventores dos direitos humanos, sacrificaram-lhe a justiça, sacrificaram o direito.

Duvido que esse fosse um progresso. Vejo nele apenas uma *perda*, devido à ignorância.[6]

Uma terceira leitura dos direitos humanos é a do marxismo, que tanto põe em causa a normatividade jurídica, seus princípios e intenções, como o poder. Para além disso, desvenda a especificidade da forma do direito com o capitalismo. Uma aplicação das descobertas do marxismo jurídico é fundamental e necessária à questão dos direitos humanos. Aqui se revela um impasse: quase sempre, uma crítica marxista aos direitos humanos não esteve fundada em categorias marxistas, mas em torções à esquerda de um não juspositivismo. Somente a retomada das categorias do marxismo jurídico fará com que os potenciais estruturais de crítica à sociedade possam ser levados, então, ao crucial tema dos direitos humanos.

Os três caminhos do pensamento jurídico contemporâneo não necessariamente representam, *per se*, posições de apoio ou combate aos direitos humanos. Pelo juspositivismo, é possível dizer que o respeito é devido porque está normatizado ou, via reversa, que não está extensível a determinados grupos ou classes porque justamente haja carência de fundamentos normativos. As posições de não juspositivismo, por sua vez, agrupadas pelo negativo da normatividade, representam um vasto arco que vai da negação do mérito dos direitos humanos a, até, sua afirmação pelo poder contra o direito.

Na esteira do marxismo, o pensamento de Evguiéni B. Pachukanis é índice do mais alto entendimento acerca da relação entre direito e capitalismo, partindo daí, necessariamente, a perquirição acerca dos direitos humanos. Ao perceber o direito não como instituição, conjunto normativo ou referencial de conteúdos para a ação, nem como ação ou poder arraigados, mas, em especial, como forma social específica do capitalismo, o alcance de tal leitura chega ao ápice da compreensão dos direitos humanos e de sua crítica: não adstrita apenas às injunções no nível dos conteúdos, chega-se à própria forma da sociabilidade. E, nesse nível de crítica dos direitos humanos, não se trata de se posicionar a favor ou contra, mas, sim, de avançar para a superação das formas sociais nas quais as mazelas da exploração e da opressão humanas têm nos direitos humanos um espelho, ainda que pelo negativo e ainda que heroicamente batalhado por muitos.

---

[6] Michel Villey, *O direito e os direitos humanos* (trad. Maria Ermantina de Almeida Prado Galvão, São Paulo, Martins Fontes, 2007), p. 162. A respeito, ver, ainda, Juliana Paula Magalhães, *Crítica à subjetividade jurídica: reflexões a partir de Michel Villey* (São Paulo, Contracorrente, 2022).

Direitos humanos e direitos subjetivos

Os direitos humanos se configuram, estruturalmente, como uma espécie dos direitos subjetivos. Suas lógicas e seu processo de formação são iguais, ainda que ressalvadas ambiguidades e contradições nessa dinâmica.

Para que haja direitos humanos, é preciso que socialmente se forje a categoria do *sujeito de direito*. A partir do momento em que cada individualidade deixa de ser considerada um dado imediato ou da natureza, ela é investida de uma condição jurídica: porta direitos e submete-se a deveres. O escravo e o servo assim não o são nem adquiriram, historicamente, essa condição estrutural. A forma de sujeito de direito é a diferença, em termos de relações sociais, entre o indivíduo moderno, capitalista, e as variadas condições das figuras humanas pré-capitalistas.

A forma de subjetividade jurídica é derivada da forma da mercadoria: advém diretamente das relações sociais entre seus portadores, num processo que se condensa quando a mercadoria atinge o âmago da produção. A venda do trabalho dá então a forma de subjetividade jurídica ao indivíduo. "Assim, o princípio da subjetividade jurídica e os alicerces de sua esquemática [...] decorre com absoluta inevitabilidade das condições da economia mercantil-monetária"[7]. Mas, na totalidade social capitalista, esse movimento somente se completa com a interferência de uma forma política específica, estatal. Em uma entidade politicamente terceira, o Estado, está situado o poder de garantir o capital e os vínculos contratuais, como os do próprio trabalho assalariado. As relações econômicas entre portadores de mercadorias se estruturam numa imbricação entre forma de subjetividade jurídica e forma de controle social e político estatal. Com essa relação entre as formas – uma conformação –, a subjetividade jurídica se institucionaliza na figura técnica do sujeito de direito.

No campo técnico resultante da conformação entre forma jurídica e forma política estatal, o sujeito de direito, por sua vez, é aquele que possui *direitos subjetivos*, que se configuram como faculdades, liberdades, imunidades e garantias, em variadas modulações. Se o dado qualitativo é a passagem de uma mera individualidade natural para um sujeito de direito – possuidor de direitos subjetivos –, o dado quantitativo daí advindo é a especificação do rol desses direitos subjetivos. No qualitativo, as sociedades capitalistas, estruturando-se exatamente quando os burgueses e os trabalhadores se tornam sujeitos de direito, ensejam a posse de algo como propriedade respaldada pelo Estado e a exploração de um pelo outro como vínculo contratual, portanto como ato de vontade de ambas as partes, uma "relação entre sujeitos formalmente iguais perante a lei"[8]. No quantitativo, a história do capitalismo é a de

---

[7] Evguiéni B. Pachukanis, *Teoria geral do direito e marxismo* (trad. Paula Vaz de Almeida, São Paulo, Boitempo, 2017), p. 63.
[8] Ibidem, p. 62-3.

uma complexa e contraditória marcha da distribuição de direitos subjetivos, deveres e responsabilidades, atravessada por lutas de classes, grupos e indivíduos.

Assim, os direitos humanos são um *quantum* de específicos direitos subjetivos que venha a ser dado a partir da forma geral do sujeito de direito. Para que haja direitos humanos, é preciso que, antes, os indivíduos naturais sejam considerados sujeitos de direito. Então, após essa qualidade formadora, os chamados direitos humanos são um certo grupo de garantias políticas e jurídicas específicas respaldadas às mesmas individualidades.

Há uma diferença histórica entre os momentos da consolidação do sujeito de direito e de seus primeiros e derivados direitos subjetivos e o momento de afirmação dos direitos humanos. Do estabelecimento da sociedade capitalista resulta que os indivíduos sejam compulsoriamente tratados e reconhecidos como possuidores de vontade livre, presumida igual, para o contrato de exploração do trabalho assalariado. Assim, o primeiro núcleo dos direitos subjetivos, que acompanhou a formação do próprio conceito de sujeito de direito, é a igualdade formal entre os indivíduos e a possibilidade de dispor de si sob contrato, mediante a autonomia da vontade.

Tais direitos, que já funcionavam para a reprodução do capital, passam depois, politicamente, a ser considerados núcleos sagrados da dignidade humana, e é apenas num segundo momento que a eles vem se acrescer um rol maior e variável de outros direitos. Direito à liberdade de expressão, ao voto, a não ser torturado, à informação dos dados sobre si mesmo, por exemplo, são variantes que surgem em momentos posteriores ao da consolidação do ponto central dos direitos subjetivos. Historicamente, é só de maneira retrospectiva, e não prospectiva, que os direitos humanos foram compreendidos: já havia o sujeito de direito, já havia o direito subjetivo de ser igual e livre para se vender ao capital mediante salário, começavam já a surgir quantidades de direitos subjetivos variáveis que tratavam de questões de dignidade humana quando, posteriormente, a teoria geral do direito e da política passa a considerar todo esse bloco de direitos subjetivos como "direitos humanos" e as lutas políticas começam então a se orientar sob esse dístico.

Para a própria técnica jurídica, muito tempo ainda haveria de passar para se distinguir, em termos normativos e hierárquicos, os institutos que tratam desse núcleo, de direitos humanos, dos demais direitos subjetivos. Somente quando a ideia de sistema jurídico se estabiliza, e daí ressaltando a noção de hierarquia normativa, é que se começa a considerar um bloco de direitos subjetivos em nível mais alto que os demais direitos: direitos constitucionais acima da legislação infraconstitucional, cláusulas pétreas de direitos humanos acima das demais normas constitucionais, além de normativas determinando responsabilidades, impotências e deveres públicos. A noção privilegiada que se constrói a respeito dos direitos humanos é, de certo modo, uma valoração que se fez a partir da decantação da própria estrutura sistemática do direito.

O avanço da lógica do direito positivo delimita e especifica os direitos humanos. Embora sejam reflexo de estruturas sociais insignes e atravessados por lutas concretas, os direitos humanos são especificados e modulados pelo avanço da lógica do direito positivo. Mas, para o jurista, seu fim é seu começo. E, se ainda hoje o jurista toma os direitos humanos apenas pelo campo da técnica juspositiva, é porque, na atualidade, os direitos humanos continuam sendo miseravelmente sustentados pela política do direito, circunscritos ao campo da técnica jurídica, mesmo que sendo considerados num campo hierarquicamente superior dos direitos subjetivos. Ainda que situacionado e alimentado por lutas concretas, o tratamento da questão tem se esgotado nas formalidades jurídicas. Por direitos humanos se acaba dizendo sobre normas jurídicas que orientem ou garantam tais conteúdos de direito subjetivo. Sua operacionalização se faz por meio dos regimes jurídicos tradicionais: obrigação dos agentes estatais ao orientar suas políticas públicas, pleito jurisdicional do desrespeitado, garantias normativas superiores que se configuram ou em cláusula pétrea ou em maioria qualificada para sua reforma legislativa, relação com um sistema normativo internacional.

Do solo da subjetividade jurídica geral brotou o específico do que se chama política e juridicamente de direitos humanos: fazer dos indivíduos portadores de direitos. Nesse solo do mínimo da forma jurídica parece ter residido também, confortável ou desgraçadamente, o horizonte do máximo do que se espera e do que se luta por tal.

Direitos humanos e reprodução capitalista

Se os direitos humanos são um tipo que exsurge da generalidade da forma jurídica do sujeito de direito, é preciso então que justamente nessa estrutura geral do próprio direito se possa entender a especificidade de sua manifestação social e histórica. O capitalismo é o sistema de organização social que levanta a forma de subjetividade jurídica como cerne de sua reprodução. No capitalismo, está a chave do fenômeno histórico do sujeito de direito, dos direitos subjetivos e dos direitos humanos.

Nas sociedades pré-capitalistas, as relações de produção não se fundam em categorias jurídicas. O escravismo e o feudalismo são modos de produção de exploração direta. Neles, até as normatividades existentes – e que muitas vezes podem ser chamadas, de modo inespecífico, por direito – não funcionam segundo a forma que vai se estabelecendo na modernidade. O mando é direto, como se vê nas figuras típicas do senhor de escravo e do senhor feudal. Mesmo nas sociedades pré-capitalistas mais complexas, como as gregas e a romana, acordos normativos que em certos períodos sustentaram suas organizações políticas não representaram a ereção da instância jurídica como forma de sua reprodução social. As normas, nessas sociedades, são um modo de arranjo dos que detêm o poder bruto e direto. Não se separam a instância política e os dominantes da sociedade. Nem a política nem a normatividade têm especificidade em face das contingências dos senhores[9].

Somente na Idade Moderna, com o surgimento de relações de tipo capitalista, vai-se instaurando uma instância estatal como conhecida até a atualidade, isolada e insigne. Mais que o mando imediato de um senhor, começa a ser construído um aparato político a princípio estranho a cada senhor específico. Tal esfera política paulatinamente se aparta da vontade direta dos exploradores e dominadores. Com as revoluções burguesas, aliás, essa organização estatal se separa até mesmo do monarca de poderes absolutos. O Estado passa a se regular em relação com a forma jurídica, apresentando-se como necessário para a reprodução da sociedade da mercadoria[10].

Numa sociedade de produtores que se funda na atomização de suas relações e na separação do trabalhador dos seus meios de produção, é o próprio trabalhador que vai ao capitalista para ser explorado, oferecendo seu trabalho em troca de salário. Ambos serão considerados sujeitos de direito. Ambos terão direitos subjetivos. Ambos serão tidos por formalmente iguais, para poder transacionar seus direitos em condições consideradas intercambiáveis. Ambos terão como corolário de sua condição de sujeitos de direito a liberdade negocial, isto é, a autonomia da vontade. Além disso, a propriedade privada resultante tanto da acumulação primitiva quanto da exploração do trabalho e do comércio de mercadorias será garantida não apenas pelo sujeito que é seu proprietário, mas por uma entidade política maior que ele, o próprio Estado.

No complexo jogo de tais chancelas fundamentais para permitir a funcionalidade da reprodução da exploração capitalista, Estado e direito exercem um papel decisivo. Sem o ente estatal e sua força, não é possível garantir a propriedade privada como acumulação infinita e indistinta de capitais. Sem a constituição jurídica dos sujeitos, suas transações atomizadas e infinitas ficariam à sorte do acaso. A dinâmica do capitalismo institucionaliza a forma jurídica e uma organização política correspondente, estatal.

Embora haja entre si uma relação próxima, não são o Estado e suas normas os núcleos genéticos do fenômeno jurídico moderno. A forma jurídica, mais que qualquer normatividade genérica, surge do eixo estrutural do sujeito de direito, do direito subjetivo e da garantia estatal da propriedade privada. Os direitos humanos, como um tipo de direito subjetivo, estão perpassados pelo núcleo da estrutura da própria reprodução do capitalismo. Estado e norma jurídica secundam[11] e

---

[9] Márcio Bilharinho Naves, *A questão do direito em Marx* (São Paulo, Outras Expressões, 2014), p. 68.
[10] Alysson Leandro Mascaro, *Estado e forma política* (São Paulo, Boitempo, 2013), p. 39-44.
[11] "Consequentemente, para a análise das definições fundamentais do direito, não há necessidade de se partir do conceito de lei e a ele recorrer como um fio condutor, pois o próprio conceito de

conformam a condição de sujeitos de direito aos indivíduos constituídos com base nas relações entre as classes exploradoras e exploradas do capitalismo.

Na sociedade produtora de mercadorias está o fundamento da forma jurídica. Como todas as coisas são mercadorias e, entre elas, a mais importante é o trabalhador, que para ser explorado precisa vender seu trabalho como genérico no mercado, entende-se então que a forma jurídica é espelho da forma mercantil. Se os indivíduos têm direitos – se são considerados sujeitos de direito –, isso se deve ao fato de que a exploração capitalista se faz por meio de contratos, o que exige a investidura dos indivíduos em uma certa qualidade jurídica. A forma jurídica corresponde, então, à mercantilização de tudo e de todos. Para que as coisas e as pessoas sejam intercambiáveis no mercado, é preciso empreender as trocas mediante atributos jurídicos e disponibilizações de seus específicos direitos subjetivos. "O movimento mais ou menos livre da produção e da reprodução social, que na sociedade de produção mercantil acontece formalmente por meio de uma série de transações privadas, é o *objetivo prático profundo* da mediação jurídica."[12]

Os direitos humanos, sendo um núcleo específico dos direitos subjetivos, são considerados, louvados e reputados como aqueles tais que promovam um determinado padrão político e social de dignidade, mas, essencialmente, aqueles que garantam as estruturas político-jurídicas necessárias à dinâmica de reprodução do próprio modo de produção capitalista. Assim, por mais variáveis que tenham sido suas origens em termos de luta, interesses, bandeiras e dísticos, os direitos humanos são, no campo jurídico, a forma da reprodução da exploração de um mundo cada vez mais pleno de mercadorias, entre as quais a mais importante – e mais simbólica pelo seu grau de contradição e indignidade – é o trabalho.

Se é verdade que variados conteúdos de direitos subjetivos vão se construindo e se afirmando na história moderna e contemporânea, muitos deles contra a vontade imediata da burguesia, é também verdade que a forma político-jurídica pela qual se briga e na qual essas conquistas são concretizadas é uma forma necessariamente correlata do capitalismo.

O conteúdo dos direitos humanos

Das defesas que historicamente foram se aglutinando no conjunto das normas de garantia dos direitos humanos, é preciso identificar seus diferentes motores. De

---

lei (como uma imposição do poder político) é pertinente a um estágio de desenvolvimento em que a divisão entre sociedade civil e sociedade política já teve lugar e está consolidada e em que, portanto, os momentos fundamentais da forma jurídica já se realizaram"; Evguiéni B. Pachukanis, *Teoria geral do direito e marxismo*, cit., p. 63-4.

[12] Ibidem, p. 65.

início, há uma forma comum a todos os direitos humanos, a forma-sujeito, que é espelho da própria reprodução capitalista e da sua forma mercantil subjacente. Mas os conteúdos defendidos sob tal forma são variados. Seu núcleo é a armação necessária à própria existência do capitalismo: para que o trabalho possa ser explorado de modo assalariado, levantam-se, ao mesmo tempo, a igualdade formal entre capitalista e proletário e a autonomia da vontade como base do vínculo contratual de exploração[13]. Além disso, acresce-se o direito à propriedade privada e sua garantia por meio das forças estatais.

Claro está que os direitos humanos não se resumem a tal núcleo. Historicamente, vêm-se expandindo a ponto de abarcar direitos sociais, coletivos, instituindo uma gama de defesas que podem ser consideradas mesmo, em variados níveis, antagônicas entre si. É por conta desse núcleo expandido e imediatamente contraditório que alguns discursos sobre os direitos humanos se pretendem ultrapassantes das necessidades capitalistas: os direitos do trabalhador e do meio ambiente não são do proveito imediato do burguês. Por conta da contradição de defesas, interesses e princípios, a afirmação dos direitos humanos parece aberta, universal, apta tanto ao capital quanto a seu desfavor. É preciso, no entanto, entender o mecanismo formal de operacionalização de suas contradições e a estrutura constituinte de seus interesses contrapostos.

No campo das técnicas jurídicas, conteúdos distintos e contraditórios não representam meios distintos de operacionalização dos direitos humanos. A técnica advinda da forma jurídica moderna é a mesma, revelando-se por meio de ferramentas como sujeito de direito, direito subjetivo, dever, responsabilidade etc. Se há sujeitos de direito cujas garantias, quando cotejadas, são contraditórias e limitadas, isso não nega o fato de que há sempre distribuição ou mensuração dos direitos das individualidades. A noção de indivíduo operante no mercado, que compra e vende tudo e a si próprio, está resguardada ainda que determinados direitos subjetivos seus sejam limitados em face de direitos subjetivos alheios. Porque o burguês não pode mais contratar trabalho por menos que um salário mínimo, isso não quer dizer que o direito que agora fixa o patamar remuneratório para o trabalhador se insurja contra a possibilidade da exploração do trabalho por meio de contrato. Os direitos subjetivos contrapostos não negam o mecanismo geral da reprodução do capitalismo, antes o reafirmam constantemente, conforme arranjos conjunturais da dinâmica das lutas políticas e sociais.

No campo do mérito dos conteúdos, é preciso entender que a marcha progressista de inclusão dentro da lógica capitalista tem representado, historicamente,

---

[13] "[A] relação de exploração [...] não é [...] de modo nenhum ligada às relações de troca e imaginada pela forma natural da economia. Mas, apenas na sociedade capitalista burguesa, em que o proletário aparece na qualidade de sujeito que dispõe de sua força de trabalho como mercadoria, as relações econômicas de exploração são mediadas juridicamente na forma do contrato"; idem.

a própria salvação do sistema de exploração. Os direitos do trabalhador se notabilizam não pela superação, mas pela estabilização do capitalismo sob bases mínimas de garantias ao explorado. As fases de desregulamentação, como a do neoliberalismo em recentes décadas, representam um ganho imediato extremado para a burguesia, mas com decorrências posteriores de desarranjos, na medida em que a derrocada de quantidades de garantias sociais quebra cadeias da dinâmica da produção e da circulação e enseja ainda maiores crises econômicas, políticas e sociais. Em contraste com o neoliberalismo, fases de incremento de direitos humanos sociais representaram via de regra o ingresso de amplas parcelas dos excluídos no mercado de consumo. As expansões e as contrações de direitos humanos, nos variados regimes de acumulação e modos de regulação dentro do capitalismo, são distintas dinâmicas da exploração de um mundo sempre medido por mercadorias.

Mas, historicamente, a contraditória marcha dos conteúdos dos direitos humanos não se apresenta segundo uma inteligibilidade de que uma distribuição de dircitos sociais e uma relativa perda imediata do burguês sejam boas para o reforço estrutural da reprodução capitalista. Ao contrário, pela visão e pela ação de exploradores e opressores, levantam-se resistências e contenções. Se o ponto central do conteúdo dos direitos humanos – propriedade privada, autonomia da vontade e igualdade formal para a circulação mercantil e exploração do trabalho assalariado – é originário da própria dinâmica do capital, sendo que para as classes capitalistas há uma necessidade estrutural de tal constituição jurídica, os demais direitos políticos individuais inclusivos e os direitos sociais, por sua vez, só advêm de lutas das classes e grupos explorados ou, então, são garantidos por meio de respaldos, intervenções e planejamento meramente estatais. O acoplamento desses direitos humanos inclusivos ou sociais à lógica de reprodução capitalista é mais incidental que o daqueles que permitem a exploração imediata. Por isso, direito à propriedade privada, direito à liberdade e direito à igualdade formal não sofrem contestações sociais. Direitos do trabalhador, direitos sociais – saúde, educação, habitação –, direito de minorias, direitos políticos ampliados e direitos ambientais vivem em constante perseguição. A institucionalização dos direitos humanos advém de fontes distintas. Seu núcleo central é o reflexo da própria dinâmica da reprodução do capital, e é por tal razão que determinados direitos humanos são estruturais. Sua periferia, os direitos políticos, sociais e coletivos, é incidental.

Em momentos de crise, são apenas os movimentos dos grupos explorados – e, eventualmente, algum espaço jurídico estatal – que garantem os direitos humanos incidentais; por sua vez, os direitos humanos estruturais são garantidos pela própria dinâmica do capitalismo. Em caso de diplomas constitucionais que preveem direitos sociais, como o do Brasil, imediatamente se espera que pelo Estado se garanta tal injunção jurídica. Mas por serem as classes capitalistas opositoras a eles e o Estado ser fundamentalmente um motor da reprodução do capital, nos embates profundos também a política descarta os direitos humanos ampliados políticos e sociais em favor do interesse do capital. Em momentos de crise, os conteúdos da propriedade privada e da exploração do trabalho assalariado falam mais alto que as demais proteções políticas, individuais, sociais e das minorias.

Os direitos humanos se estruturam por uma forma que lhes é universal, mas com conteúdos que se originam e são instituídos com base em dinâmicas sociais distintas. A defesa de todo esse bloco é a defesa da própria forma da reprodução geral do capital, agravada pelo fato de que os ganhos sociais são incidentais em face do núcleo estrutural dos direitos humanos, que gravitam apenas em torno do capital e de sua reprodução. Ao defender os direitos do trabalhador, pensando com isso garantir o mínimo de dignidade, defende-se o capital que, em circunstâncias de crise, destrói as próprias garantias mínimas, já que estas orbitam apenas sustentadas pela política, pelo direito e pelo Estado, mas não pela dinâmica capitalista.

O processo histórico dos direitos humanos

A partir da segunda metade do século XX, a reflexão produzida a respeito dos direitos humanos começou a falar, a partir de Vasak[14], de fases específicas de sua afirmação, tratando seu processo histórico, aliás, como uma linearidade evolutiva: "Os direitos fundamentais passaram na ordem institucional a manifestar-se em três gerações sucessivas, que traduzem sem dúvida um processo cumulativo e quantitativo"[15]. Nessa narrativa de suas conquistas, num primeiro momento, com as revoluções liberais, afirmam-se os direitos individuais. Posteriormente, constroem-se os direitos sociais, como os ligados à questão do trabalho. Num terceiro momento, surgem os direitos coletivos, como os ligados ao meio ambiente, havendo classificações que subdividem ainda outras fases mais novas, como os da paz e o biodireito, de tal sorte que se vislumbrem, a depender dos autores, até quatro ou cinco gerações de direitos humanos[16].

Removendo a narrativa glorificante do progresso da civilização humana, a razão do desdobrar histórico dos direitos humanos diz respeito tanto à necessidade de sua manifestação estrutural quanto a suas variações incidentais no contexto da reprodução da sociedade capitalista. Se somente é possível a exploração capitalista

---

[14] Karel Vasak, "Pour une troisième génération des droits de l'homme", em Cristophe Swinarski (org.), *Studies and Essays on International Humanitarian Law and Red Cross Principles in Honour of Jean Pictet* (Genebra, International Committee of the Red Cross/The Hague/Martinus Nijhoff Publishers, 1984).

[15] Paulo Bonavides, *Curso de Direito Constitucional* (São Paulo, Malheiros, 2006), p. 563.

[16] Idem, "A quinta geração de direitos fundamentais", *Revista Brasileira de Direitos Fundamentais & Justiça*, v. 2, n. 3, abr.-jun. 2008, p. 85-6.

por meio contratual, então o núcleo primeiro dos direitos humanos é, de fato, o que torna explorador e explorado sujeitos de direito. Liberdade negocial e igualdade formal aí residem. Também a propriedade privada é considerada um princípio estrutural dos direitos humanos, porque é nela que se assenta a garantia estatal do capital do burguês.

Mesmo essa alvorada dos direitos humanos individuais se realiza por força de luta, nesse caso da burguesia contra o feudalismo e os setores do Antigo Regime. Mas, a partir disso, as demais ampliações dos direitos humanos se fazem contra a vontade imediata da burguesia, ainda que tal processo permaneça adstrito às formas sociais do capitalismo e, no limite, se preste à reprodução da própria classe burguesa. O direito do trabalho, sofrendo contestações reiteradas dos capitalistas e seus áulicos, é burguês pela forma e pelo resultado de estabilização das condições do trabalho assalariado. No entanto, no cotidiano das lutas, a burguesia não opera com tal prisma nem tampouco os trabalhadores se sentem, nos embates com o capital, corroborando com um conservadorismo estrutural. Isso porque as lutas sociais se fazem pulverizadas, condicionadas no solo de sociedades concorrenciais, sem que haja a capacidade de pensamento e estratégia que tome por base a totalidade do sistema social. Assim, o engalfinhar das lutas no constrangimento das formas contraditórias do capitalismo se deve tanto pela ausência de um comitê gestor geral do capitalismo quanto pela inexistência de uma ciência geral das classes e grupos explorados sobre a plena superação do capitalismo e das práticas opressoras.

A relação entre as formas sociais do capitalismo e os direitos humanos, assim, não é de derivação lógica e, sim, factual. Se o processo histórico de afirmação dos direitos humanos está albergado na sociabilidade burguesa, isso não se deve a um ideário de princípios capitalistas que engendre a mudança social. De modo contraditório, a luta de classes, grupos e indivíduos constitui necessariamente a reprodução capitalista, atravessa sua história e dá sua dinâmica. Nela está o motor de afirmação de variadas fases de direitos.

Como os direitos humanos se consolidam ideológica e discursivamente pelos espaços de cultura, inteligência, valoração e institucionalização jurídica e política, também de alguma sorte sua afirmação, ainda que derivada das formas sociais capitalistas e das lutas de classes e grupos variados, não é necessariamente uma conquista da vontade direta das mesmas classes e grupos a que salvaguardam. O burguês se sente burguês e não burguesia; a luta pelos direitos burgueses não foi nem é uma bandeira ideologicamente fincada por todos os burgueses, nem representou uma conquista quantitativa da consciência dos burgueses. O mesmo quanto aos direitos do trabalhador, da mulher, do negro, do homossexual, do estrangeiro. É verdade que da movimentação geral das lutas de classes e grupos decorrem horizontes de conflitos e superações que dão condição ao surgimento das conquistas institucionais. Tais instituições políticas e jurídicas têm uma materialidade direta que está adstrita a essa dinâmica social concreta. Mas, a partir disso, as normativas, declarações e a cultura dos direitos humanos acabam sendo cultivadas e gestadas em especial por agentes das classes médias, afeitos aliás às profissões que de tais direitos se ocupam. Decorre então que é possível encontrar, por todas as sociedades contemporâneas, bifurcações na apropriação dos direitos humanos. Uma ideologia imediata de burgueses e trabalhadores se põe contra os direitos humanos, sejam individuais ou sociais, quando se miram casos como os de criminosos ou quando se narram os custos dos direitos sociais para a manutenção do emprego. Já a sustentação dos direitos humanos como cultura, valor e afirmação jurídica acaba sendo própria de setores progressistas de todas as classes e grupos e, em especial, das classes médias.

Por mais que sejam combatidos pelas classes exploradoras, os direitos humanos é que dão sustento a modos mais estabilizados de reprodução da própria exploração capitalista. A inteligência imediata das classes burguesas ou dominantes não permite ver que as perdas representadas pelos direitos humanos são, na verdade, ganhos de médio e longo prazo. O mesmo, pela via reversa, pode-se dizer a partir do ângulo dos trabalhadores e dos explorados: o imediato ganho de direitos sociais e políticos, possibilitando alguma melhora e estabilidade no seio da sua vida cotidiana, é a manutenção da própria exploração estrutural. Um caráter peculiar das lutas pelos direitos humanos está no fato de que se origina de demandas e condições exasperantes dos explorados e dos oprimidos, mas deságua em alguma sorte de distribuição de proteções, garantias, faculdades, deveres e responsabilidades que é tipicamente das formas do capitalismo e que não atenta contra o fundamental de sua sociabilidade.

A tese da evolução dos direitos humanos é outra quando lida pelo ângulo de sua materialidade. Sua história não é gratuita nem voluntarista nem dependente de um grau de consciência humana. Há uma íntima conexão entre direitos humanos e estruturação das relações sociais capitalistas. A afirmação dos direitos humanos nunca se deu por bondade do poder, sendo objeto de cruentas lutas históricas. O ensejo de tais lutas se dá exatamente conforme dinâmicas das relações de produção capitalistas. As batalhas pela libertação da servidão na Europa a partir do século XVIII e da escravidão nas Américas do século XIX estão no mesmo movimento da marcha da burguesia e do capital ao tempo da revolução industrial. A proeminência dos direitos humanos que tratam do núcleo da subjetividade jurídica tanto se deve às lutas revolucionárias como se apresenta como concreção estrutural necessária de instrumentais e garantias para possibilitar a própria exploração assalariada.

Uma etapa posterior no seio dessa primeira geração de direitos humanos, a dos direitos humanos políticos – como os de liberdade de expressão, voto ou igualdade da mulher –, representam, também, um desdobrar de lutas que estão, necessariamente, no contexto da expansão da vida urbana, do aumento do consumo de mercadorias por parte dos trabalhadores, do surgimento de setores de classe média, da incorporação da mulher ao mercado de trabalho. Alguns desses direitos, como os políticos eleitorais, típicos de uma classe média que simboliza a circulação de mercadorias e de vontades, são historicamente mais fragilizados que os direitos da circulação mercantil, em razão da própria relativa debilidade econômica de tais setores.

Do mesmo modo, os direitos humanos sociais, considerados como sua segunda geração, só aparecem quando as relações de produção capitalistas já estejam assentadas num contínuo sistemático que una trabalho e consumo. No seu alvorecer, o trabalho industrial apenas produziu, política e juridicamente, o horror advindo da contenção de lutas dos explorados. Mas, num momento posterior, a própria incorporação das massas trabalhadoras ao consumo e a legalização de suas ações políticas e direitos sociais revelaram-se instrumentos de estabilização geral da reprodução social capitalista. As lutas dos trabalhadores vencem quando seus ganhos pleiteados são contabilizados como ganhos para a exploração do trabalho e para o circuito geral da circulação das mercadorias.

Também novas levas de direitos envolvendo ambiente, consumo, bioética e genética são correspondentes a ampliações da penetração da mercadoria nas relações sociais do capitalismo contemporâneo. Somente quando a acumulação adentrar novas fronteiras ecológicas, o consumo se exponenciar como massificado e plenamente indistinto e os recônditos do corpo forem trabalhados é que surgirão lutas capazes de levar a novas extensões dos direitos humanos. Essas dimensões, já não localizáveis em indivíduos, grupos ou classes, atravessam uma subjetividade geral e pousam em objetos de direitos humanos como a natureza ou o patrimônio histórico e cultural, tal qual a marcha presente de expansão da mercadoria vai pelo consumo de massas, pelos serviços, pelo turismo, pela tecnologia ou pela bioengenharia[17].

A determinação dos conteúdos dos direitos humanos reflete contradições necessárias da sociabilidade capitalista. As explorações e opressões, os antagonismos e os conflitos havidos desde os primórdios da sociabilidade capitalista não são chagas que possam vir a ser curadas pelos direitos humanos. As lutas sociais, políticas, de classes, grupos e indivíduos são constrangidas pela forma política estatal e pela forma da subjetividade jurídica, não para que suas mazelas se resolvam, mas, sim, como condição de sua existência e permanência.

O exemplar caso do direito do trabalho e dos demais direitos sociais é bastante da manutenção da exploração econômica mediante as formas política estatal e jurídica. Os direitos humanos do trabalhador não o emancipam nem o libertam do capital[18]; antes, dão-lhe trato de estabilização das suas próprias condições no salariado.

---

[17] Ver o capítulo 1, em Bernard Edelman, *Ni chose ni personne: le corps humain en question* (Paris, Hermann, 2009).

[18] Ver o capítulo 7, "A taxa do mais-valor", em Karl Marx, *O capital: crítica da economia política: Livro 1: O processo de produção do capital* (trad. Rubens Enderle, São Paulo, Boitempo, 2013, coleção Marx-Engels), p. 289-304.

Já a partir das primeiras levas de conquistas de direitos individuais, mas em especial no decorrer dos séculos XIX e XX, a extensão do direito ao voto às mulheres e a proibição da discriminação de gênero ou raça não representaram a plena igualdade social da mulher ou do negro, mas, sim, instrumentos melhores para a reprodução do patriarcalismo e do racismo em condições mais estáveis e menos conflituosas[19]. No campo do trabalho e da seguridade social e nas questões de gênero e raça, as conquistas de direitos humanos não superam as próprias bases da exploração e da opressão, porque estas são fundadas nas mesmas formas sociais que também levam à proteção. É na sociedade da mercadoria que a forma jurídica e a forma política estatal se levantam, sendo-lhe constituintes. Graus distintos no arranjo dos conteúdos de tais formas não alteram aquilo que elas próprias ensejam. Trabalho assalariado, patriarcalismo e racismo são estruturais ao capitalismo. Suas proteções jurídicas não podem ser sua superação, por natureza da forma.

Revolução e direitos humanos

No mesmo compasso de uma afirmação processual e variável dos diferentes conteúdos de direitos humanos também está sua relação com as revoluções. Historicamente, há disputas ideológicas sobre o sentido dos processos de ruptura acontecidos nos séculos das idades Moderna e Contemporânea. Revoluções que carreiam lutas por direitos individuais são diretamente coordenadas por classes ou grupos burgueses, de tal sorte que, desde a Independência dos Estados Unidos até a Revolução Francesa, há um louvor da revolução (embora, aqui, claramente, em disputa: as classes burguesas abominam as fases de excesso dos franceses, que são justamente as fases progressistas dos trabalhadores ou dos extratos mais radicais da pequena burguesia). O acoplamento das revoluções à bandeira de direitos individuais serve como clamor histórico das classes exploradoras para rupturas com os absolutismos ou, até mesmo, com a legalidade, no caso do século XX, quando esta seja contrária a suas demandas. Na bandeira dos direitos humanos individuais está a base mínima para a reprodução social capitalista.

Tratamento distinto sofrem todos os processos de lutas e revoltas contrários ao núcleo dos direitos humanos que seja afeto à reprodução do capital. Revoluções socialistas, movimentos de insurgência anticapitalistas ou antiditatoriais e até mesmo as batalhas pelos direitos sociais são tomados como oposições aos direitos

---

[19] Immanuel Wallerstein, "The Ideological Tensions of Capitalism: Universalism versus Racism and Sexism", em Étienne Balibar e Immanuel Wallerstein, *Race, Nation Class: Ambiguous Identities* (trad. Chris Turner, Londres, Verso, 1991), p. 34 [ed. bras.: "As tensões ideológicas do capitalismo: universalismo *versus* racismo e sexismo", em *Raça, nação, classe: as identidades ambíguas*, trad. Wanda Caldeira Brant, São Paulo, Boitempo, 2021, p. 70-1].

humanos, se se considera, por isso, o núcleo da liberdade negocial e do direito subjetivo ilimitado ao capital. Os múltiplos e variados objetivos das lutas revolucionárias explicam alinhamentos políticos que, ao se colocarem sob a bandeira dos direitos humanos, resultam nos mais seletivos usos possíveis: na mesma América Latina, Cuba de Fidel e Chile de Pinochet sofrem distintas apreciações. Nas revoltas árabes que se iniciaram em 2011, as ditaduras inimigas são apeadas do poder com o apoio dos governos dos Estados Unidos e de países europeus segundo a justificativa de que atentam contra os direitos humanos. Contudo na mesma região, outras ditaduras sangrentas, mas amigas, são sustentadas. No plano menor, das manifestações de rua, é suficiente ver o tratamento distinto dado pelas polícias brasileiras a grupos de direita e de esquerda.

É preciso atrelar o movimento político à estrutura íntima da reprodução do capital para entender as posições práticas e teóricas quanto ao tema da relação das revoluções com os direitos humanos. A base mínima necessária à reprodução do capital é defendida como revolução ansiada, "legítima". As lutas por expansão do conteúdo dos direitos humanos ou pela superação da exploração capitalista são consideradas revoluções indesejadas, "ilegítimas". Mais que a legitimidade, como atributo meramente ideológico, há um dado estrutural: a luta revolucionária pela conformação à reprodução do capital é um caminho que se impõe com a força da dinâmica das suas próprias formas sociais estruturantes. Nesse sentido, a defesa constante da revolução por direitos humanos individuais e por democracia eleitoral formal é uma manifestação da ideologia.

A naturalização das ações de ruptura que refluam à ordem de reprodução do capital faz com que o discurso dos direitos humanos se concentre no seu núcleo individual, esquecendo ou mesmo declarando abominável o campo dos direitos humanos sociais e das revoluções superadoras das formas capitalistas. O teto ideológico dos direitos humanos não permite que estes acompanhem o processo de transformação social quando para além do próprio capitalismo. Assim, por mais que se projete uma bandeira de socialismo como sucessor melhorado dos direitos humanos, são estes que, na estrutura formal de sua reprodução em sustento do direito ao capital, não permitem serem sucedidos por aquela.

Direitos humanos e dignidade humana

Se a forma dos direitos humanos é uma forma social da exploração capitalista – distintas combinações de conteúdos com base no sujeito de direito, dos direitos subjetivos, da propriedade privada –, a luta pelos direitos humanos, sendo em favor de alguma dignidade, é feita no seio de uma indignidade estrutural. A separação dos trabalhadores dos seus meios de produção é o primeiro dos fatos sustentados pelos direitos subjetivos. A dignidade tornada remédio é seu segundo corolário. Em se dando uma indignidade estrutural, os direitos humanos, como o caso exemplar dos direitos sociais, são tentativas de solucionar efeitos sem alterar as causas.

Nas sociedades contemporâneas, a forma da constituição dos sujeitos, de sua consciência e de seus valores práticos se faz por meio de mensurações, sendo a distribuição dos direitos subjetivos uma das mais centrais. Por isso, acaba por ser incompreensível, para a maioria dos explorados do mundo, uma luta que não resulte, ao final, em ganhos jurídicos. Se se buscam melhores condições no trabalho, o resultado positivo da luta será o incremento normativo assegurado pelo direito do trabalho. Se se busca o fim da tortura, a ação em vista no horizonte teórico-prático da maioria é o seu ganho em termos de normas jurídicas estatais que garantam a dignidade humana. Num mundo onde tudo se mede como mercadoria, os sujeitos são os portadores das mercadorias por excelência e, então, sua inteligibilidade se faz por meio da forma necessária que lhes permite portar mais ou melhor – o direito. Daí que, para muitos, é inconcebível que haja um horizonte das lutas e das revoluções maior que a própria luta por direitos humanos.

No entanto, o passo histórico da dignidade humana é muito maior que a manutenção da forma jurídica que corresponde à exploração capitalista. Não se pode considerar que a divisão do mundo entre os detentores do capital e os trabalhadores assalariados se resolva, em termos de plena dignidade, apenas com a concessão de aumentos salariais. É preciso que os horizontes teórico-práticos da luta revolucionária se expandam. É porque a dignidade humana não se perfaz em termos da reprodução da forma-jurídica e da forma-mercadoria que se luta pela ruptura com os padrões estabelecidos no capitalismo. A plena revolução, assim, mais que aumentar os direitos humanos, opera sua superação.

A dificuldade de desejar uma esfera de dignidade humana está justamente na materialidade e nas práticas da vida sob a forma da mercadoria. O arranque de uma sociabilidade distinta envolve a negação dos horizontes que constituem a própria subjetividade contemporânea. As lutas de superação do capitalismo partem do chão da própria vida capitalista. Seu desenvolvimento se faz em tal solo, constrangido pelas suas formas sociais e, tendencialmente, tragado por elas. Mas, ao mesmo tempo, apenas a luta nesse mesmo solo, atravessada por suas contradições, é que permite a eventualidade de sua superação.

O discurso e a luta por dignidade encerrados em tipos jurídicos revelam a manutenção da exploração capitalista. Ainda que os direitos humanos sejam uma batalha árdua contra a barbárie reacionária, é preciso reconhecer o capitalismo como uma barbárie estrutural, mesmo que, eventualmente, melhorada juridicamente. Tal como há uma distância enorme entre o odiar o outro, o respeitar formalmente o outro e o amar o outro, há uma distância enorme e similar entre o ódio aos direitos humanos, o respeito formal aos direitos humanos e o amor à dignidade estrutural de todos os seres humanos. É nesse ponto mais alto que revolução e horizonte de humanidade devem estar ligados, para buscar a superação das indignidades capitalistas em favor de uma dignidade tomada em outro nível: numa sociabilidade socialista.

Referências bibliográficas

ADLER, Max. The Sociology of Revolution. In: BOTTOMORE, Tom; GOODE, Patrick (orgs.). *Austro-Marxism*. Trad. Tom Bottomore e Patrick Goode, Oxford, Clarendon Press, 1978.

ADORNO Theodor; HORKHEIMER, Max. *Dialética do esclarecimento*. Trad. Guido Antônio de Almeida, Rio de Janeiro, Zahar, 1985.

_____. *Ensaios sobre psicologia social e psicanálise*. Trad. Verlaine Freitas, São Paulo, Ed. Unesp, 2015, coleção Adorno.

_____. *Estudos sobre a personalidade autoritária*. Trad. Virgínia Helena Ferreira da Costa, Francisco López Toledo Corrêa e Carlos Henrique Pissardo, São Paulo, Ed. Unesp, 2019, coleção Adorno.

AJELLO, Nello. *O escritor e o poder:* uma visão panorâmica da literatura italiana neste século. Trad. Múcio Bezerra, Rio de Janeiro, Civilização Brasileira, 1992.

ALMEIDA, Affonso Lopes de. *O gênio rebelado (Por Dalmácia e Fiume)*. Rio de Janeiro, Annuário do Brasil, 1923.

ALMEIDA, Silvio Luiz de. *O direito no jovem Lukács*: a filosofia do direito em *História e consciência de classe*. São Paulo, Alfa Omega, 2006.

ALTVATER, Elmar. O capitalismo se organiza: o debate marxista desde a guerra mundial até a crise de 1929. In: HOBSBAWM, Eric J. (org.). *História do marxismo*, v. 8: *O marxismo na época da Terceira Internacional:* o novo capitalismo, o imperialismo, o Terceiro Mundo. Trad. Carlos Nelson Coutinho, Luiz Sérgio N. Henriques e Amélia Rosa Coutinho, Rio de Janeiro, Paz e Terra, 1987, coleção Pensamento Crítico, n. 64.

ARENDT, Hannah. *Eichmann em Jerusalém:* um relato sobre a banalidade do mal. Trad. José Rubens Siqueira, São Paulo, Companhia das Letras, 1999.

_____. *Origens do totalitarismo*. Trad. Roberto Raposo, São Paulo, Companhia das Letras, 2012.

BALDAZZI, Anna. *Critica dannunziana nei periodi italiani dal 1880 al 1938*. Roma, Cooperativa Scrittori, 1977.

BALLARINI, Amleto. *L'antidannunzio a Fiume*: Ricardo Zanella. Trieste, Italo Svevo, 1995.

BAUER, Otto. Two Revolutions. In: BOTTOMORE, Tom; GOODE, Patrick (orgs.). *Austro-Marxism*. Trad. Tom Bottomore e Patrick Goode, Oxford, Clarendon Press, 1978.

BENJAMIN, Walter. Sobre o conceito da História. In: *Obras escolhidas*, v. 1: *Magia e técnica, arte e política:* ensaios sobre literatura e história da cultura. Trad. Sérgio Paulo Rouanet, 7. ed., São Paulo, Brasiliense, 1994.

BERCOVICI, Gilberto. *Constituição e Estado de exceção permanente:* atualidade de Weimar. Rio de Janeiro, Azougue, 2012.

BERNSTEIN, Eduard. *Socialismo evolucionário*. Trad. Manuel Teles, Rio de Janeiro, Zahar, 1997.

BERTELLI, Antonio Roberto. *Revisionismo e ortodoxia no marxismo*. São Paulo, Ipso/IAP, 2003.

BERTONHA, João Fábio. *Fascismo e antifascismo italianos:* ensaios. Caxias do Sul, Educs, 2017.

BETTARELLO, Ítalo. *A poesia italiana atual*. Trad. Elvira Rina Malerbi Ricci, São Paulo, Departamento de Letras Modernas 3, FFLCH-USP, Curso de Italiano 1, 1977, p. 135-7.

BETTELHEIM, Charles. *La economía alemana bajo el Nazismo*, v. 2. Trad. Ignacio Romero de Solís, Madri, Editorial Fundamentos, 1973.

BIANCHI, Alvaro. *O laboratório de Gramsci:* filosofia, história e política. Porto Alegre, Zouk, 2018.

BLOCH, Ernst. *Erbschaft dieser Zeit*. Frankfurt, Suhrkamp, 1985.

BOBBIO, Norberto. *A era dos direitos*. Trad. Carlos Nelson Coutinho, Rio de Janeiro, Elsevier, 2004.

BOITO JR., Armando. O lugar do conceito de fascismo na teoria marxista do Estado. *Crítica Marxista*, n. 53, 2021, p. 11-32.

_____. Por que caracterizar o bolsonarismo como neofascismo. *Crítica Marxista*, n. 50, 2020, p. 111-19.

BONAVIDES, Paulo. A quinta geração de direitos fundamentais. *Revista Brasileira de Direitos Fundamentais & Justiça*, v. 2, n. 3, abr.-jun. 2008, p. 82-93.

_____. *Curso de Direito Constitucional*. São Paulo, Malheiros, 2006.

BOSI, Alfredo. *Céu, inferno:* ensaios de crítica literária e ideológica. São Paulo, Duas Cidades/Editora 34, 2010.

BOTTOMORE, Tom. Introduction. In: BOTTOMORE, Tom; GOODE, Patrick (orgs.). *Austro-Marxism*. Trad. Tom Bottomore e Patrick Goode, Oxford, Clarendon Press, 1978.

CODATO, Adriano. Poulantzas, o Estado e a Revolução. *Crítica marxista*, n. 27, 2008, p. 65-85.

COELHO, Flora Simonetti; DISTANTE, Carmelo. *Il percorso storico-estetico della lingua e della letteratura italiana*. São Paulo, Hucitec, 2015.

D'ANNUNZIO, Gabriele. *Alcione*. Milão, Fratelli Treves, 1908.

_____. *Asterope*. Verona, Arnoldo Mondadori, 1964.

_____. *Elettra*. Verona, Arnoldo Mondadori, 1950.

_____. La Carta del Carnaro. In: VENEZIANI, Marcello (org.). *Anni incendiari. 1909-1919:* il decennio che sconvolse l'arte e il pensiero, la storia e la vita. Firenze, Valecchi, 2009. Disponível também em: <http://dircost.di.unito.it/cs/pdf/19200000_Carnaro_DAnnunzio_ita.pdf>; acesso em: 29 jul. 2022.

_____. *Maia*. Milão, Treves, 1922.

_____. *Per l'Italia degli italiani*. Milão, Bottega di poesia, 1923.

_____. *Poesie*. Milão, BUR-Mondadori, 2018.

DE AMBRIS, Alceste. La Carta del Carnaro. Disponível em: <http://dircost.di.unito.it/cs/docs/carnaro1920.htm>; acesso em: 4 ago. 2022.

DYMETMAN, Annie. *Uma arquitetura da indiferença:* a República de Weimar. São Paulo, Perspectiva, 2002, coleção Estudos, n. 188.

ECO, Umberto. *O fascismo eterno*. Trad. Eliana Aguiar, Rio de Janeiro, Record, 2018.

EDELMAN, Bernard. *Ni chose ni personne*: le corps humain en question. Paris, Hermann, 2009.

ENGELS, Friedrich; KAUTSKY, Karl. *O socialismo jurídico*. Trad. Lívia Cotrim e Márcio Bilharinho Naves, São Paulo, Boitempo, 2012.

FERREIRA, Adriano de Assis. *Questão de classes:* direito, Estado e capitalismo em Menger, Stutchka e Pachukanis. São Paulo, Alfa Omega, 2009.

FERREIRA, Assuéro. *Limites da acumulação capitalista:* um estudo da economia política de Michal Kalecki. São Paulo, Hucitec, 1996, série Economia & Planejamento.

FISCHER, Ruth. *Stalin and German Communism:* A Study in the Origins of the State Party. Cambridge, Harvard University Press, 1948.

FOA, Lisa. Bukhárin entre a teoria do colapso e a estabilização. In: LÊNIN et al. *Bukhárin, teórico marxista*. Trad. Antonio Roberto Bertelli, Belo Horizonte, Oficina de Livros, 1989, coleção Estudos Marxistas.

FOUCAULT, Michel. *Microfísica do poder*. Trad. Roberto Machado, Rio de Janeiro, Graal, 1993.

FRESU, Gianni. *Nas trincheiras do Ocidente:* lições sobre fascismo e antifascismo. Ponta Grossa, Ed. UEPG, 2017.

FRIEDMAN, Milton. *Milton Friedman en Chile:* bases para un desarollo económico. Santiago, Fundación de Estudios Económicos, 1975.

GENTILE, Emilio. Mussolini fala às massas. In: GENTILE, Emilio; PIOVEZANI, Carlos. *A linguagem fascista*. São Paulo, Hedra, 2020.

GIANNANTONI, Mario. *Gabriel D'Annunzio*. Trad. Marina Guaspari, Rio de Janeiro, Sfreddo & Gravina, 1939.

GOMES, Rosa. *Rosa Luxemburgo:* crise e revolução. São Paulo, Ateliê, 2018.

GRAMSCI, Antonio, *Cadernos do cárcere*, v. 2: *Os intelectuais, o princípio educativo, jornalismo*. Trad. Luiz Sérgio Henriques, Marco Aurélio Nogueira, Carlos Nelson Coutinho, Rio de Janeiro, Civilização Brasileira, 2000.

_____. *Cadernos do cárcere*, v. 3: *Maquiavel. Notas sobre o Estado e a política*. Trad. Luiz Sérgio Henriques, Marco Aurélio Nogueira e Carlos Nelson Coutinho, Rio de Janeiro, Civilização Brasileira, 2000.

_____. *Cartas do cárcere*, v. 2: *1931-1937*. Trad. Carlos Nelson Coutinho, Rio de Janeiro, Civilização Brasileira, 2005.

_____. *Sul fascismo:* a cura di Enzo Santarelli. Roma, Editori Riuniti, 1973.

GUÉRIN, Daniel. *Fascismo e grande capital*. Trad. Lara Christina de Malimpensa, Campinas, Ed. Unicamp, 2021.

_____. *Rosa Luxemburgo e a espontaneidade revolucionária*. Trad. Cecília Bonamine, São Paulo, Perspectiva, 1982, coleção Khronos, n. 14.

GUERRI, Giordano Bruno. *Antistoria degli italiani:* da Romolo a Giovanni Paolo II. Milão, Arnoldo Mondadori, 1999.

_____. *Disobbedisco*: cinquecento giorni di rivoluzione – Fiume 1919-1920. Milão, Arnoldo Mondadori, 2019.

_____. *La mia vita carnale*: amori e passioni di Gabriele D'Annunzio. Milão, Arnoldo Mondadori, 2017.

HAYEK, Friedrich August von. *O caminho da servidão*. Trad. Anna Maria Capovilla, José Ítalo Stelle e Liane de Morais Ribeiro, 6. ed., São Paulo, Instituto Ludwig von Mises, 2010.

HERRERA, Carlos Miguel. *A política dos juristas:* direito, liberalismo e socialismo em Weimar. Trad. Luciana Caplan, São Paulo, Alameda, 2012.

HERRERA, Carlos Miguel (org.). *Par le droit, au-delà du droit:* texts sur le socialisme juridique. Paris, Kimé, 2003.

HILFERDING, Rudolf. Die Aufgaben der Sozialdemokratie in der Republik. In: STEPHAN, Cora (org.). *Zwischen den Stühlen, oder über die Unvereinbarkeit von Theorie und Praxis Schriften Rudolf Hilferdings, 1904–1940*. Bonn, J. H. W. Dietz Nachf, 1982.

_____. *O capital financeiro*. Trad. Reinaldo Mestrinel e Wanda Caldeira Brant, São Paulo, Nova Cultural, 1985, coleção Os economistas.

HOBSBAWM, Eric J. (org.). *História do marxismo*, v. 2: *O marxismo na época da Segunda Internacional, primeira parte*. Trad. Leandro Konder e Carlos Nelson Coutinho. 3. ed., Rio de Janeiro, Paz e Terra, 1982, coleção Pensamento Crítico, n. 46.

HORKHEIMER, Max. Die Juden und Europa. In: HORKHEIMER, Max (org.). *Zeitschrift für Sozialforschung/Studies in Philosophy and Social Science*, ano 8: *1939--1940*. Munique, Deutscher Taschenbuch, 1980.

INFANTE, Miguel Salmerón. Introducción. In: BLOCH, Ernst. *Herencia de esta época*. Trad. Miguel Salmerón Infante, Madri, Tecnos, 2019.

JESI, Furio. *Spartakus:* simbologia da revolta. Trad. Vinícius Nicastro Honesko, São Paulo, N-1, 2018.

JESSOP, Bob. *Nicos Poulantzas:* Marxist Theory and Political Strategy. Londres, Macmillan, 1985.

JOBIM, Antonio Jaime Gama. *A macrodinâmica de Michal Kalecki.* Rio de Janeiro, Graal, 1984.

KALECKI, Michal. Os aspectos políticos do pleno emprego. In: MIGLIOLI, Jorge (org.). *Crescimento e ciclo das economias capitalistas.* Trad. Jorge Miglioni, 2. ed., São Paulo, Hucitec, 1990, série Economia & Planejamento.

KLEIN, Claude. *Weimar.* Trad. Geraldo Gerson de Souza, São Paulo, Perspectiva, 1995, coleção Khronos, n. 18.

KRAUSZ, Tamás. *Reconstruindo Lênin:* uma biografia intelectual. Trad. Baltazar Pereira, Pedro Davoglio e Artur Renzo, São Paulo, Boitempo, 2017.

LACLAU, Ernesto. *Política e ideologia na teoria marxista:* capitalismo, fascismo e populismo. Trad. João Maia e Lúcia Klein, Rio de Janeiro, Paz e Terra, 1979, coleção Pensamento Crítico, n. 26.

LENINE, V. I. A doença infantil do "esquerdismo" no comunismo. In: *Obras escolhidas*, v. 3. Trad. Instituto de Marxismo-Leninismo de Moscou, São Paulo, Alfa Omega, 2004.

_____. A revolução proletária e o renegado Kautsky. In: *Obras escolhidas*, v. 3. Trad. Instituto de Marxismo-Leninismo de Moscou, São Paulo, Alfa Omega, 2004.

LIMA, Gilberto Tadeu; MIGLIOLI, Jorge; POMERANZ, Lenina (orgs.). *Dinâmica econômica do capitalismo contemporâneo:* homenagem a M. Kalecki. São Paulo, Edusp, 2001.

LOPES, José Reinaldo de Lima. *Direito e transformação social:* ensaio interdisciplinar das mudanças no direito. Belo Horizonte, Nova Alvorada, 1997.

LOSANO, Mario G. A República de Weimar e a Cidade Livre de Fiume: de projetos criativos a resultados autoritários. In: BERCOVICI, Gilberto (org.). *Cem anos da Constituição de Weimar (1919-2019).* Trad. Milene Chavez Bercovici, São Paulo, Quartier Latin, 2019.

LOUREIRO, Isabel. *A Revolução Alemã (1918-1923).* São Paulo, Ed. Unesp, 2005.

_____. *Rosa Luxemburgo:* os dilemas da ação revolucionária. São Paulo, Ed. Unesp, 1995.

LUKÁCS, Georg. *El asalto a la razón:* la trayectoria del irracionalismo desde Schelling hasta Hitler. Trad. Wenceslao Roces, Barcelona, Grijalbo, 1968.

_____. *História e consciência de classe.* Trad. Rodnei Nascimento, São Paulo, Martins Fontes, 2003.

LUXEMBURGO, Rosa. A crise da social-democracia. In: LOUREIRO, Isabel (org.). *Rosa Luxemburgo:* textos escolhidos, v. 2: *1914-1919.* Trad. Isabel Loureiro, São Paulo, Ed. Unesp, 2017.

_____. Reforma social ou revolução?. In: LOUREIRO, Isabel (org.). *Rosa Luxemburgo:* textos escolhidos, v. 1: *1899-1914.* Trad. Stefan Fornos Klein, Bogna Thereza Pierzynski, Grazyna Maria Asenko da Costa e Pedro Leão da Costa Neto, São Paulo, Ed. Unesp, 2018.

MAGALHÃES, Juliana Paula. *Crítica à subjetividade jurídica*: reflexões a partir de Michel Villey. São Paulo, Contracorrente, 2022.

MARCUSE, Herbert. *Tecnologia, guerra e fascismo*. Trad. Maria Cristina Vidigal Borba, São Paulo, Ed. Unesp, 1999.

MARIÁTEGUI, José Carlos. *As origens do fascismo*. Trad. Luiz Bernardo Pericás, São Paulo, Alameda, 2010.

MARINETTI, Filippo Tommaso. Para além do comunismo. In: BERNARDINI, Aurora Fornoni (org.). *O futurismo italiano:* manifestos. Trad. Maria Aparecida Abelaira Vizotto, Nancy Rozenchan, Aurora Fornoni Bernardini, Jacob Guinsburg, Elisa Guimarães, Vojislav Aleksander Jovanovic, São Paulo, Perspectiva, 2013, coleção Debates, n. 167.

MARRAMAO, Giacomo. *O político e as transformações:* crítica do capitalismo e ideologias da crise entre os anos vinte e trinta. Trad. Antonio Roberto Bertelli, Belo Horizonte, Oficina de Livros, 1990.

MARX, Karl. *Crítica do Programa de Gotha*. Trad. Rubens Enderle, São Paulo, Boitempo, 2012, coleção Marx-Engels.

_____. *O capital*, Livro I: *O processo de produção do capital*. Trad. Rubens Enderle, São Paulo, Boitempo, 2013, coleção Marx-Engels.

MASCARO, Alysson Leandro. Encontro e forma: política e direito. In: MASCARO, Alysson Leandro; MORFINO, Vittorio. *Althusser e o materialismo aleatório*. São Paulo, Contracorrente, 2020.

_____. *Estado e forma política*. São Paulo, Boitempo, 2013.

_____. *Filosofia do direito*. 9. ed., São Paulo, GEN-Atlas, 2022.

_____. O marxismo e Weimar. In: BERCOVICI, Gilberto (org.). *Cem anos da Constituição de Weimar (1919-2019)*. São Paulo, Quartier Latin, 2019.

_____. *Utopia e direito:* Ernst Bloch e a ontologia jurídica da utopia. São Paulo, Quartier Latin, 2008.

MATTICK, Paul. Karl Kautsky: de Marx a Hitler. In: MATTICK, Paul et al. *Karl Kautsky e o marxismo*. Trad. Carlos Melo e Sara Amâncio, Belo Horizonte, Oficina de Livros, 1988, coleção Estudos Marxistas.

MENDONÇA, José Carlos. *Além de partidos e sindicatos:* organização política em Anton Pannekoek. Rio de Janeiro, Achiamé, 2011.

MIÉVILLE, China. *Between Equal Rights:* A Marxist Theory of International Law. Leiden/Boston, Brill, 2005.

MISES, Ludwig von. *Liberalismo*. Trad. Haydn Coutinho Pimenta, São Paulo, Instituto Ludwig von Mises, 2010.

MONTALE, Eugenio. *Ossos de sépia*. Trad. Renato Xavier, São Paulo, Companhia das Letras, 2011.

MORAES, João Quartim de. Configurações históricas da ditadura. *Crítica Marxista*, n. 50, 2020, p. 87-93.

MORAES FILHO, Evaristo de. *Profetas de um mundo que morre*. Rio de Janeiro, Cia. Editora Leitura, 1946.

MUSSE, Ricardo. *De socialismo científico a teoria crítica:* modificações na autocompreensão do marxismo entre 1878 e 1937. Doutorado em filosofia, São Paulo FFLCH-USP, 1997.

MUSSI, Daniela. *Socialismo e liberalismo antes do fascismo*. Porto Alegre, Zouk, 2020.

MUSSOLINI, Benito. A doutrina do fascismo. In: MUSSOLINI, Benito; TROTSKI, Leon. *Fascismo*. Trad. Regina Lyra, Rio de Janeiro, Nova Fronteira, 2019.

NAVES, Márcio Bilharinho. *A questão do direito em Marx*. São Paulo, Outras Expressões, 2014.

_____. *Marxismo e direito:* um estudo sobre Pachukanis. São Paulo, Boitempo, 2000.

NEGT, Oskar. A social-democracia alemã: modelo de um partido nas "armadilhas da dialética". In: *Dialética e história:* crise e renovação do marxismo. Trad. Ernildo Stein, Porto Alegre, Movimento, 1984.

NEUMANN, Franz. A mudança de função da lei no direito da sociedade burguesa. Trad. Bianca Tavolari, *Revista Brasileira de Estudos Políticos*, n. 109, jul.-dez. 2014, p. 13-87.

_____. *Behemoth:* pensamiento y acción en el nacional-socialismo. Trad. Vicente Herrero e Javier Márquez, México, Fondo de Cultura Económica, 1983.

_____. *O império do direito:* teoria política e sistema jurídico na sociedade moderna. Trad. Rúrion Melo, São Paulo, Quartier Latin, 2013.

NOBRE, Marcos. *A dialética negativa de Theodor W. Adorno:* a ontologia do estado falso. São Paulo, Iluminuras, 1998.

_____. *Lukács e os limites da reificação*: um estudo sobre *História e consciência de classe*. São Paulo, Editora 34, 2001.

OLIVEIRA, Marcos Alcyr Brito de. *Sujeito de direito e marxismo:* da crítica humanista à crítica anti-humanista. São Paulo, Alfa Omega, 2017.

OSÓRIO, Luiz Felipe Brandão. *Imperialismo, Estado e relações internacionais*. São Paulo, Ideias & Letras, 2018.

_____. Rapallo, uma ponte entre Weimar e Moscou. In: BERCOVICI, Gilberto (org.). *Cem anos da Constituição de Weimar (1919-2019)*. São Paulo, Quartier Latin, 2019.

PACHUKANIS, Evguiéni B. *Fascismo*. Trad. Paula Vaz de Almeida, São Paulo, Boitempo, 2020.

_____. Kak germanskiye sotsial-fashisty fal'sifitsirovali Sovety. *Soviyeskoye gosudarstvo*, n. 6, 1933, p. 21-39.

_____. *Teoria geral do direito e marxismo*. Trad. Paula Vaz de Almeida, São Paulo, Boitempo, 2017.

_____. Zur Charakteristik der faschistischen Diktatur. *Unter dem Banner des Marxismus*, ano 2, mar.-nov. 1928.

PANCRAZI, Pietro. *Studi sul D'Annunzio*. Roma, Tumminelli, 1944.

PASOLINI, Pier Paolo. *Escritos corsários*. Trad. Maria Betânia Amoroso, São Paulo, Editora 34, 2020.

_____. *Poemas*. Trad. Maurício Santana Dias, São Paulo, Cosac Naify, 2015.

PILOTO, Valfrido. *Gabriele D'Annunzio*. Curitiba, Centro Cultural Ítalo-Brasileiro Dante Alighieri, 1963.

POLLOCK, Friedrich. State Capitalism: Its Possibilities and Limitations. In: ARATO, Andrew; GEBHARDT, Eike (orgs.). *The Essential Frankfurt School Reader*. Nova York, Continuum, 1982.

POULANTZAS, Nicos. *Fascismo e ditadura:* a III Internacional face ao fascismo. Trad. Bethânia Negreiros Barroso, Florianópolis, Enunciado Publicações, 2021.

_____. *Fascismo e ditadura:* a III Internacional face ao fascismo, v. 1. Trad. João G. P. Quintela e M. Fernanda S. Granado, Porto, Portucalense, 1972, coleção A, n. 9.

_____. *Fascismo e ditadura:* a III Internacional face ao fascismo, v. 2. Trad. João G. P. Quintela e M. Fernanda S. Granado, Porto, Portucalense, 1972, coleção A, n. 10.

PUZONE, Vladimir Ferrari. *Capitalismo perene:* reflexões sobre a estabilização do capitalismo a partir de Lukács e da Teoria Crítica. São Paulo, Alameda, 2017.

RAULET, Gérard. Modernes et post-modernes. In: *Weimar ou l'explosion de la modernité:* actes du colloque "Weimar ou la modernité", sous la direction de Gérard Raulet. Paris, Anthropos, 1984.

REGATIERI, Ricardo Pagliuso. *Do capitalismo monopolista ao processo civilizatório*. Doutorado em sociologia, São Paulo, FFLCH-USP, 2015.

REICH, Wilhelm. *Psicologia de massas do fascismo*. Trad. Maria da Graça M. Macedo, 3. ed., São Paulo, Martins Fontes, 2001.

RICHARD, Lionel. *A República de Weimar, 1919-1933*. Trad. Jônatas Batista Neto, São Paulo, Companhia das Letras, 1988, coleção A Vida Cotidiana.

RODRIGUEZ, José Rodrigo. *Fuga do direito:* um estudo sobre o direito contemporâneo a partir de Franz Neumann. São Paulo, Saraiva, 2009.

RODRIGUEZ, José Rodrigo; RUGITSKY, Fernando. Friedrich Pollock e Franz Neumann. In: NOBRE, Marcos (org.). *Curso livre de Teoria Crítica*. Campinas, Papirus, 2008.

ROUANET, Sérgio Paulo. *Teoria crítica e psicanálise*. Rio de Janeiro, Tempo Brasileiro, 1998.

RUGITSKY, Fernando. Crises e transformações do capitalismo: o diagnóstico de época de Friedrich Pollock. *Cadernos de Filosofia Alemã*, v. 22, n. 2, 2017, p. 111-34.

RUSCONE, Gian Enrico. *Teoría crítica de la sociedad*. Trad. Alberto Méndez, Barcelona, Martinez Roca, 1977.

SAFATLE, Vladimir. *O circuito dos afetos:* corpos políticos, desamparo e o fim do indivíduo. Belo Horizonte, Autêntica, 2016.

SCHMITT, Carl. *Teologia política*. Trad. Elisete Antoniuk, Belo Horizonte, Del Rey, 2006.

SODRÉ, Niomar Muniz. *D'Annunzio*. Rio de Janeiro, Norte Editora, s/d.

SOHN-RETHEL, Alfred. A economia dual da transição. In: TRONTI, Mario et al., *Processo de trabalho e estratégias de classe*. Trad. Waltensir Dutra, Rio de Janeiro, Zahar, 1982, série Biblioteca de Ciências Sociais: Economia.

_____. *The Economy and Class Structure of German Fascism*. Trad. Martin Sohn-Rethel, Londres, Free Association Books, 1987.

STALIN, Josef. Relatório sobre o trabalho do Comitê Central ao XVIII Congresso do PCUS. In: *Obras escolhidas de J. V. Stalin (1901-1952)*. Trad. João Carvalho, Marcelo Bamonte, Otávio Losada e Klaus Scarmeloto, São Paulo, Raízes da América, 2018.

TELÒ, Mario. Teoria e política de planificação no socialismo europeu entre Hilferding e Keynes. In: HOBSBAWM, Eric J. (org.). *História do marxismo*, v. 8: *O marxismo na época da Terceira Internacional:* o novo capitalismo, o imperialismo, o Terceiro Mundo. Trad. Carlos Nelson Coutinho, Luiz Sérgio N. Henriques e Amélia Rosa Coutinho, Rio de Janeiro, Paz e Terra, 1987, coleção Pensamento Crítico, n. 64.

TESTA, Enrico. *Cinzas do século XX:* três lições sobre a poesia italiana. Trad. Patricia Peterle e Silvana de Gaspari, Rio de Janeiro, 7 Letras, 2016.

THALMANN, Rita. *A República de Weimar*. Trad. Álvaro Cabral, Rio de Janeiro, Zahar, 1988, coleção Cultura Contemporânea, n. 11.

TOLEDO, Edilene. *Travessias revolucionárias:* ideias e militantes sindicalistas em São Paulo e na Itália (1890-1945). Campinas, Ed. Unicamp, 2004).

TROTSKY, Leon. *A luta contra o fascismo:* revolução e contrarrevolução. Trad. Mário Pedrosa e Rafael Pardial, São Paulo, Sundermann, 2019.

UNGARETTI, Giuseppe. *Poemas*. Trad. Geraldo Holanda Cavalcanti, São Paulo, Edusp, 2017.

VASAK, Karel. Pour une troisième génération des droits de l'homme. In: SWINARSKI, Cristophe (org.). *Studies and essays on International Humanitarian Law and Red Cross Principles in Honour of Jean Pictet*. Genebra, International Committee of the Red Cross/ The Hague/Martinus Nijhoff Publishers, 1984.

VILLEY, Michel. *O direito e os direitos humanos*. Trad. Maria Ermantina de Almeida Prado Galvão, São Paulo, Martins Fontes, 2007.

WALLERSTEIN, Immanuel. The Ideological Tensions of Capitalism: Universalism versus Racism and Sexism. In: BALIBAR, Étienne; WALLERSTEIN, Immanuel. *Race, Nation, Class*: Ambiguous Identities. Trad. Chris Turner, Londres, Verso, 1991 [ed. bras.: As tensões ideológicas do capitalismo: universalismo *versus* racismo e sexismo. In: *Raça, nação, classe:* as identidades ambíguas. Trad. Wanda Caldeira Brant, São Paulo, Boitempo, 2021].

ZETKIN, Clara. *Como nasce e morre o fascismo*. Trad. Eli Moraes, São Paulo, Autonomia Literária, 2019.

ŽIŽEK, Slavoj. *Em defesa das causas perdidas*. Trad. Beatriz Molina, São Paulo, Boitempo, 2011.

Domínio público

Publicado em 2022, cem anos após a Marcha sobre Roma, evento que marcou a ascensão de Benito Mussolini e dos fascistas ao poder na Itália, este livro foi composto em Adobe Garamond Pro, corpo 11/13,2 e reimpresso em papel Pólen Natural 80 g/m² pela gráfica pela Rettec, para a Boitempo, em agosto de 2023, com tiragem de 2 mil exemplares.